William A. Richards

Conocimiento sagrado

Psicodélicos y experiencia religiosa

Traducción del inglés de David González Raga

Título original: SACRED KNOWLEDGE. *Psychedelics and Religious Experiences*

© WILLIAM A. RICHARDS, 2016, 2023

© de la edición en castellano:
2024 Editorial Kairós, S.A.
Numancia 117-121, 08029 Barcelona, España
www.editorialkairos.com

© **de la traducción del inglés al castellano:** David González Raga
Revisión: Amelia Padilla

Diseño cubierta: Editorial Kairós
Imagen cubierta: Sander Mathlener
Fotocomposición: Florence Carreté
Impresión y encuadernación: Romanyà-Valls. 08786 Capellades

Primera edición: Mayo 2024
ISBN: 978-84-1121-239-7
Depósito legal: B 3.806-2024

Todos los derechos reservados.
Cualquier forma de reproducción, distribución, comunicación
pública o transformación de esta obra solo puede ser realizada
con la autorización de sus titulares, salvo excepción prevista por
la ley. Diríjase a CEDRO (Centro Español de Derechos Reprográficos,
www.cedro.org) si necesita algún fragmento de esta obra.

Este libro ha sido impreso con papel que proviene de fuentes respetuosas
con la sociedad y el medio ambiente y cuenta con los requisitos necesarios
para ser considerado un «libro amigo de los bosques».

A mis hijos, Daniel y Brian

Debes saber que las experiencias reveladoras son universalmente humanas. Las religiones se basan en la revelación, un tipo concreto de experiencia a la que, independientemente del lugar en el que viva, puede acceder cualquiera y que siempre posee poderes salvíficos. Es imposible separar revelación de salvación. Dios nunca deja de dar testimonio de sí.

>Paul Tillich (1886-1965),
>*The Future of Religions*

El hombre siempre es más que lo que sabe de sí.

>Karl Jaspers (1883-1969),
>*The Perennial Scope of Philosophy*

La vida humana religiosamente concebida apunta a convertir en luz duradera los destellos de la iluminación.

>Huston Smith (n. 1919),
>*Cleansing the Doors of Perception*

Sumario

Prólogo de G. William Barnard 11
Prefacio: El descubrimiento de la trascendencia 19
Agradecimientos 25
Introducción 29
Nota al lector 35

Parte I. La preparación del escenario
1. Muerte y renacimiento de la investigación psicodélica 39
2. Orientación, definiciones y límites del lenguaje 47
3. Revelación y duda 79

Parte II. Formas místicas y visionarias de conciencia
4. El conocimiento intuitivo 91
5. Aproximaciones a la conciencia unitiva 117
6. Nuevas perspectivas sobre el tiempo y el espacio 133
7. Visiones y arquetipos 145

Parte III. Dinámicas personales e interpersonales
8. Lo interpersonal y lo místico 173
9. Experiencias de falta de sentido,
   desesperación y malestar somático 181
10. Conversión religiosa y experiencias psicodinámicas 193
11. Disciplina e integración 201
12. Reflexiones sobre la muerte 211

Parte IV. Aplicaciones presentes y futuras de los enteógenos
13. Las fronteras psicodélicas de la medicina 229
14. Las fronteras psicodélicas de la educación 249
15. Las fronteras psicodélicas de la religión 269
16. Cómo maximizar la seguridad y el beneficio 287

Parte V. Sigamos avanzando
17. El miedo a despertar 309
18. Adentrándonos en un nuevo paradigma 323
19. Un movimiento hacia el futuro 327

Epílogo: Breve informe sobre la frontera existente entre la ciencia y la espiritualidad 331
Bibliografía selecta 333
Lista de reproducción de la Johns Hopkins para los estudios sobre la psilocibina (versión 2008) 345

Prólogo

G. William Barnard

El libro que el lector tiene entre sus manos es un auténtico tesoro.

Pero, antes de describir lo que el lector puede esperar de este libro, me gustaría decir algunas palabras sobre su autor, Bill Richards, una figura capital dentro de la tradición de investigadores y terapeutas psicodélicos.

Recuerdo perfectamente la ocasión en que nos conocimos, cuando, de camino al sur de Texas, tuvo la deferencia de pasar por Dallas a visitarme. El día en que fui a recogerle al aeropuerto internacional Fort Worth de Dallas sabía algunas cosas sobre él, pero, como ignoraba cuál era su aspecto, no dejaba de preguntarme cómo lo reconocería mientras observaba la entrada en el área de recogida de equipajes de los pasajeros del vuelo que acababa de aterrizar.

Lo cierto es que esa preocupación se reveló superflua porque, apenas apareció, lo reconocí de inmediato. «¡Seguro que es él!», me dije apenas vi a ese hombre alto con gafas y el pelo canoso que estaba de pie, con una enorme sonrisa de elfo en el rostro y un destello (casi literal) en los ojos que transmitía la extraña impresión de ser el único, en esa abigarrada y ruidosa parte del aeropuerto, que estaba disfrutando de cada momento.

De inmediato supe que íbamos a congeniar y lo cierto es que no me equivoqué.

El doctor Richards es un raro ejemplo de intelectual erudito y riguroso que, no obstante, parece estar profundamente iluminado. Es una persona que no se limita a hablar de conocimiento sagrado, psicodelia y experiencias religiosas, sino que, siguiendo sus propios consejos, se las ha arreglado para convertirse, si se me permite la osadía, en un sabio, en un auténtico místico sin dejar, por ello, de ser una persona ingeniosa, cordial y con los pies en la tierra.

Estoy seguro de que, apenas empiece a leer *Conocimiento sagrado*, el lector no tardará en darse cuenta de que el doctor Richards es alguien que ha dedicado mucho tiempo a reflexionar sobre cuestiones tanto complejas como profundas y que tiene que decir algo que considera profundamente valioso. Este libro no solo es oportuno y necesario, sino que también explica, con una sencillez que no parece exigirle el menor esfuerzo, muchas de las sutiles implicaciones metafísicas de los psicodélicos, y tampoco se limita a hablar del gran potencial terapéutico de estas sustancias, sino que tiene también en cuenta su extraordinario poder espiritual. Y aunque estos no sean temas fáciles de abordar, su prosa lúcida, su humor amable y sencillo y su voz tan característica (tan humilde como erudita y tan sincera como directa) le permiten hablar de cuestiones complejas con palabras muy sencillas.

Como persona que lleva mucho tiempo en el movimiento psicodélico, el doctor Richards no tiene grandes dificultades en transmitir a los lectores su experiencia, profundamente práctica, de décadas de investigación sobre el efecto de las sustancias psicodélicas. Él ya estaba ahí a comienzos de la década de 1960, una época en la que, junto a numerosos amigos y colegas, empezó a investigar (con una esperanza y optimismo extraordinarios) los beneficios psicológicos y espirituales de los psicodélicos. El doctor Richards era amigo íntimo de Walter Pahnke, el investigador que dirigió el famoso «experimento del Viernes Santo», que tuvo lugar el 20 de abril de 1962 en la Capilla Marsh de la Universidad de Boston, cuando veinte estudiantes de la Facultad de Teología Andover-Newton participaron en un estudio de doble ciego destinado a investigar el poder de la psilocibina para inducir de un modo fiable experiencias místicas. También estaba ahí cuando, en 1977, tuvo la «dudosa distinción» (la expresión es suya) de ser el último investigador y clínico en administrar psilocibina a un paciente en el Centro de Investigación Psiquiátrica de Maryland, la única institución de los Estados Unidos que, por aquel entonces, contaba aún con permiso para investigar con sustancias psicodélicas. Y cuando, en 1999, el péndulo volvió a oscilar de nuevo hacia una actitud más sana y ponderada respecto a las sustancias psicodélicas, el doctor Richards se hallaba también en la vanguardia de la reanudación de la investigación responsable y cuidadosa de los psicodélicos que, comenzando en la Escuela de Medicina de la Universidad Johns Hopkins, fue difundiéndose, con el tiempo, a otros centros de estudio ubicados en Norteamérica y Europa en un movimiento cuya expansión prosigue hasta nuestros días.

Esa enorme riqueza de experiencia le permite alternar (con suma habilidad, todo hay que decirlo), a lo largo de este libro, entre la exposición de los principales resultados de décadas de investigación científica realizada sobre los psicodélicos y el estudio cuidadoso y sutil de un amplio abanico de profundas cuestiones religiosas y metafísicas. Debo admitir que me parece muy refrescante escuchar la pasión y claridad con la que el doctor Richards habla, desde el corazón, en un entorno intelectual que suele valorar el distanciamiento, el escepticismo y la ironía, de cuestiones que muchos (por no decir la mayoría) de los académicos eluden, como la curación, la búsqueda de sentido y el despertar espiritual.

Y el doctor Richards aborda estos importantes temas desde tres perspectivas diferentes. En primer lugar, como persona que ha dedicado más de veinticinco años de trabajo clínico al estudio y la experimentación legal y abierta de los efectos terapéuticos de una variedad de psicodélicos y es capaz, en consecuencia, de incluir muchos relatos apasionantes en primera persona de las experiencias de sus pacientes con estas sustancias y del efecto transformador que han tenido en sus vidas. En segundo lugar, el doctor Richards escribe desde la perspectiva de una persona que ha dedicado décadas al estudio de la literatura religiosa y filosófica centrada en el estudio del misticismo y otros estados «no ordinarios» de conciencia y de su vivo compromiso con ellos. Y, en tercero y último lugar, el doctor Richards nos proporciona unos cuantos relatos, tan cuidadosamente elegidos como claramente descritos, de sus propias experiencias con psicodélicos. De un modo directo y despojado tanto de todo atisbo de ironía como de ingenuidad, no tiene el menor empacho en atreverse a hacer la audaz y sorprendente afirmación (al menos para mucha gente) de que, administradas en el contexto adecuado y con una determinada actitud o intención, las sustancias psicodélicas pueden provocar –y provocan– auténticas experiencias místicas y visionarias.

Esta me parece una afirmación muy valiente y que deberíamos tomarnos muy en serio. Estoy plenamente convencido de que, en cuanto persona que ha dedicado toda su carrera profesional al estudio riguroso de las implicaciones psicológicas y filosóficas de las experiencias místicas y otras experiencias «no ordinarias», y como persona que ha dedicado muchos años al estudio de la tradición del Santo Daime (una religión centrada en la ingesta sacramental de la sustancia psicodélica llamada ayahuasca), las experiencias psicodélicas potentes están lejos de ser meras disfunciones alucinatorias provocadas por alguna patología de nuestros circuitos cerebrales. En mi opinión, por el contrario, estas experiencias no son el resultado de encuentros genuinos con estratos habitualmente ocultos de nuestra psique, sino que también revelan la posibilidad de acceder a niveles de la realidad que bien merecen ser calificados como «sagrados». Y, como estudioso del misticismo, lo que más me sorprende de este texto es que, después de haberse zambullido profundamente en la literatura que rodea a este tema (tan arcano como importante), el doctor Richards demuestra, de un modo exhaustivo y convincente, la extraordinaria correspondencia existente entre las cualidades clave de los estados místicos clásicos de conciencia y los estados de conciencia que afloran cuando el voluntario de alguno de sus estudios de investigación recibe una dosis potente de psilocibina. (E igualmente impresionantes –si no más– son los relatos de los transformadores efectos provocados por esas experiencias en la vida cotidiana de las personas que participaron en esos estudios).

Espero, hablando de nuevo a título personal, que este libro ayude a disipar las décadas de desinformación y distorsión (cuando no de propagación de auténticas mentiras) que han caracterizado la violencia y agresividad con las que nuestra nación se ha enfrentado, desde hace décadas, a los psicodélicos. Este libro, en fin, incluye palabras de moderación, claridad y cordura sobre un tema tan maltratado por la prensa sensacionalista. Como este texto subraya claramente, en modo alguno debemos confundir a los psicodélicos con drogas altamente adictivas y frecuentemente tóxicas como la heroína, la cocaína, las metanfetaminas (y por supuesto también –digámoslo sin ambages– el alcohol y la nicotina). A diferencia de estas drogas, a menudo profundamente destructivas, las sustancias en las que el doctor Richards centra su atención en este texto (como, por ejemplo, el LSD, la mescalina, la psilocibina y la DMT) no son adictivas ni tóxicas. Además, como evidencia de manera clara este texto, tomadas o administradas de un modo responsable y dentro de un contexto adecuadamente psicoterapéutico o religioso, estas sustancias poseen un extraordinario poder terapéutico y espiritual.

No obstante, hay que decir que el doctor Richards no considera los psicodélicos como una panacea. Es plenamente consciente de los peligros que entraña el uso irresponsable y hedonista de estas potentes sustancias. Pero también es consciente de los miles de cuidadosos estudios que se llevaron a cabo durante más de una década de intensa investigación científica y clínica, desde finales de los años 50, hasta los 60 y comienzos de los 70, que demostraron, de un modo reiterado y coherente, el extraordinario potencial psicoterapéutico y médico de estas sustancias (y en los que su uso para el tratamiento del alcoholismo resultaba muy prometedor). La rica experiencia clínica del doctor Richards le ha llevado a reconocer también los extraordinarios beneficios que pueden acompañar al empleo cuidadosamente supervisado de estas sustancias. La descripción que hace este libro de los avances psicoterapéuticos y espirituales de sus sujetos de investigación y pacientes clínicos quizás sea uno de sus aspectos más destacados.

El doctor Richards dedica, en este libro, una gran atención a las implicaciones de algunos de los hallazgos más cruciales y sorprendentes de esta investigación. Si, como parece ser el caso, las experiencias catalizadas por estas sustancias son indistinguibles de los relatos místicos que impregnan la literatura religiosa de las grandes tradiciones religiosas, los científicos y estudiosos cuentan con una oportunidad única y preciosa. Dicho de otro modo, el uso correcto de las sustancias psicodélicas –es decir, administrando la dosis adecuada a voluntarios cuidadosamente preparados, con objetivos que merecen la pena y en un entorno cómodo y edificante– puede provocar de un modo reproducible y bastante fiable experiencias místicas con frecuencia efímeras e impredecibles. Es imposible subestimar la importancia de esta oportunidad de estudiar el misticismo, porque esos estados exaltados de conciencia, antes tan raros y difíciles de estudiar, resultan así accesibles de un modo bastante fiable y pueden ser investigados cuidadosa y respetuosamente por académicos, científicos, clínicos y profesionales religiosos en un entorno seguro y responsable.

El doctor Richards tampoco elude las implicaciones que tiene esta investigación para cuestiones fundamentales relativas a la naturaleza del yo e incluso a la naturaleza de la realidad. Estos son temas que el autor aborda con una prosa serena y lúcida de un modo sutil y sistemático. Página a página despliega su visión de las extraordinarias profundidades de la psique y de la maravillosa belleza subyacente de ese mundo. Y no se trata, en este caso, de una mera especulación metafísica despojada de todo fundamento, sino que se apoya en el relato convincente y detallado de las experiencias y comprensiones de sus pacientes y voluntarios de investigación (así como en las narraciones de sus propias experiencias escritas con lucidez que tan generosamente nos ofrece).

Este texto proporciona también consejos serenos y sobrios sobre el modo de afrontar el malestar psicosomático que, en ocasiones, acompaña a la ingesta de sustancias psicodélicas: cómo maximizar (cuando se toman estas sustancias) la posibilidad de acceder a una experiencia mística psicológica y espiritualmente transformadora; de qué manera integrar estas profundas experiencias en la vida cotidiana; cómo pueden, estas sustancias, dar sentido tanto a la vida cotidiana como a la experiencia del morir; cómo pueden ayudar los psicodélicos a sobrellevar el dolor asociado a la muerte de un ser querido y el extraordinario potencial, por último, de estas sustancias para tratar tanto las adicciones graves como la depresión clínica. (El reciente estudio llevado a cabo en la Universidad Johns Hopkins que descubrió una tasa de abstinencia del 80% en la adicción a la nicotina después de tres simples sesiones que combinaban la administración de psilocibina con una terapia de corte cognitivo-conductual resulta, al menos para mí, especialmente interesante). El incurable optimismo del doctor Richards le lleva incluso a ofrecernos varias e interesantes reflexiones sobre el poder de estas sustancias para aumentar la creatividad en los campos del arte, las ciencias y hasta la vida religiosa.

Estoy seguro de que las extraordinarias implicaciones terapéuticas y místicas de los psicodélicos que presentamos en este libro serán muy reveladoras y enriquecedoras para cualquier lector interesado.

¡Que lo disfruten!

Prefacio

El descubrimiento de la trascendencia

Mi primer encuentro con la conciencia mística tuvo lugar a los veintitrés años siendo estudiante de postgrado de Teología y Psiquiatría. Estudiaba en la Universidad de Gotinga (Alemania), habitualmente conocida como la Georg-August Universität, y me había ofrecido voluntario para participar en un proyecto de investigación con una droga llamada psilocibina de la que nunca antes había oído hablar. Sintetizada y distribuida a investigadores psiquiátricos y médicos por la farmacéutica suiza Sandoz, esa nueva droga era el principal ingrediente psicoactivo del género de setas *psilocybe* que los pueblos indígenas consideraban «mágicas» o «sagradas» y llevaban utilizando en sus prácticas religiosas desde hace, al menos, 3000 años y, quizá, incluso desde el quinto milenio antes de Cristo. Ese 4 de diciembre de 1963, sin embargo, nos hallábamos aún en plena edad oscura de la investigación psicodélica y las investigaciones psicofarmacológicas solían emplear drogas como la psilocibina sin preparación ni orientación alguna.

En aquel tiempo se esperaba que los estados de conciencia radicalmente diferentes –a veces desorganizados o psicóticos, aunque, por fortuna, provisionales– que acompañaban a la ingesta de esas sustancias contribuyesen a aumentar nuestra comprensión de la esquizofrenia y estados mentales similares. Hanscarl Leuner, el profesor de psiquiatría que dirigía las investigaciones en la Nervenklinik de Gotinga, acababa de publicar una monografía científica de sus observaciones al respecto titulada *Die experimentelle Psychose* (Las psicosis experimentales). El acceso a las drogas psicodélicas estaba abierto, en aquel tiempo, a su envío por correo a investigadores cualificados de Europa y los Estados Unidos. La psilocibina se comercializaba bajo el nombre de Indocybin y la distribución de LSD, conocida como Delysid, estaba restringida, como se afirmaba en un panfleto de Sandoz de 1964, «a psiquiatras para su empleo en hospitales y clínicas psiquiátricas».

Yo no solo no sabía nada sobre la psilocibina, el LSD o la mescalina, sino que ni siquiera había oído hablar del término «psicodélico» acuñado siete años antes por el psiquiatra británico Humphrey Osmond en una carta a Aldous Huxley. Sin embargo, dos de mis nuevos amigos me contaron que se habían presentado voluntarios para un interesante proyecto de investigación que implicaba la administración de una droga experimental en una clínica psiquiátrica próxima. No era fácil recordar su nombre, pero tenía fama de proporcionar comprensiones relativas a la primera infancia. Un amigo había tenido la experiencia de estar sentado en el regazo de su padre y, como este había muerto durante la Segunda Guerra Mundial, la experiencia le resultó muy tranquilizadora y significativa. Otro había tenido visiones de soldados nazis de las SS desfilando por las calles que él calificó como «alucinaciones». Yo estaba intrigado y, como tenía curiosidad por los procesos psicodinámicos de mi primera infancia y nunca había experimentado una «verdadera alucinación», decidí acercarme a la clínica e interesarme por la posibilidad de participar como sujeto en ese proyecto de investigación. En aquel tiempo consideraba mi mente como una especie de laboratorio psicológico, me tomaba muy en serio a mí mismo y a veces me quedaba sin desayunar para tomar nota de mis sueños a primera hora de la mañana, una disciplina a la que consideraba, de manera un tanto pomposa, como «recuperar mis datos fenomenológicos» (entonces me gustaban ese tipo de expresiones grandilocuentes, aunque, *a posteriori*, admito que un buen desayuno me habría sentado mucho mejor).

No tardé en enterarme de que mi solicitud había sido aceptada y me sometí a un somero reconocimiento médico durante el cual recuerdo que me preguntaron si me emborrachaba con frecuencia (cosa que, por cierto, no hacía). Superado ese trámite me llevaron a una habitación oscura y anodina ubicada en el sótano, amueblada con una cama plegable, una mesa auxiliar y una silla. Ahí conocí a Gerhard Baer, un amable residente de psiquiatría de más o menos mi edad que llevaba una elegante bata blanca y un fonendoscopio colgado del cuello y que, después de una breve charla, me administró una inyección de un derivado líquido de la psilocibina. Aunque estuvo observándome de vez en cuando durante las tres o cuatro horas siguientes, pasé básicamente todo ese tiempo solo. Entonces fue cuando, apelando a la piedad de mi infancia metodista, deposité mi confianza en que, en el caso de que aflorase algún recuerdo difícil de mi infancia, Dios estaría conmigo.

Para mi asombro, no tardé en advertir la emergencia, en mi campo visual, de una hermosa red multidimensional de complejas pautas geométricas semejantes a neones que captaban cada vez más mi atención. Podía ver ese despliegue con los ojos abiertos, pero me di cuenta de que, si los cerraba, todo era más vívido y más nítido. Entonces me di cuenta de que esas pautas ondulantes estaban vivas y empecé a sentir como si, de algún modo, pudiera sumergirme en la energía que fluía en su interior. Pronto me sentí envuelto por imágenes increíblemente detalladas que solo podría describir como arabescos de la arquitectura y la caligrafía islámicas de las que no sabía absolutamente nada. Entonces (y perdónenme la licencia poética) me pareció perder mi identidad habitual y fundirme en esas pautas multidimensionales que expresaban el resplandor eterno de la conciencia mística. Súbitamente advertí que esa conciencia trascendía el tiempo, un punto desde el que podía contemplar la historia. Mi conciencia se vio entonces inundada de un amor, una belleza y una paz que trascendían con mucho no solo lo que hasta entonces había experimentado, sino también lo que había imaginado, una experiencia que solo podía describir empleando palabras como «maravilla», «gloria» y «gratitud».

Durante unos instantes, el ruido de los basureros vaciando los cubos de basura metálicos de la clínica en el callejón que había frente a la estrecha ventana de la habitación y el lejano tañido de las campanas del templo me trajeron de nuevo a tierra. Luego hubo un momento en el que Gerhard entró en la habitación y me pidió que me sentara en el borde del catre y cruzase las piernas para comprobar el estado de mi reflejo rotuliano. Recuerdo haber accedido a su solicitud y haberme sentado en silencio con los brazos extendidos y las manos abiertas. Luego Gerhard golpeó atentamente con su martillito mi tendón patelar y anotó su resultado mientras yo sentía lo que más tarde denominé «compasión por la infancia de la ciencia». Era consciente de que los investigadores no parecían tener la menor idea de la indescriptible belleza y extraordinaria importancia de lo que yo estaba experimentando.

Cuando volví a quedarme solo y me sumergí de nuevo en el asombro, mi ego o mi personalidad cotidiana se restablecieron lo suficiente como para temer la posibilidad de olvidar la convincente realidad de este majestuoso estado de conciencia. Con cuidado volví a comprobar que mi cuerpo podía moverse. Luego extendí el brazo derecho para coger una hoja de papel azul que había sobre la mesita, tomar un lápiz y escribir: «*Realität ist. Es ist vielleicht nicht wichtig was man darüber denkt*!» (¡La realidad es! ¡Sin importar quizá lo que uno piense de ella!) y subrayé tres veces el primer «*ist*».

Después de recobrar la conciencia unas cuatro horas después del momento de la inyección y de tratar en vano de describirle a Gerhard algo de mi experiencia, volví caminando lenta y pensativamente a mi dormitorio en la Uhlhorn Studienkonvikt [la residencia de estudiantes], a poca distancia de la clínica. Una vez allí subí a la cuarta planta, di las gracias por la privacidad, abrí la puerta de mi habitación, entré, la cerré suavemente y me postré, desbordado por el agradecimiento y la reverencia, en los anchos tablones de madera áspera y encerada, como un monje ante un altar. Consciente de que, si alguien me hubiera visto, podría considerar mi conducta como algo extraño y hasta como una auténtica locura, di las gracias por la privacidad, aunque intuitivamente sabía que todo estaba bien y que no quería que amigos bienintencionados se preocupasen por mí.

Días más tarde, asombrado aún por la conmoción que había sacudido mi vida, vi aquel trocito de papel azul y, después de leerlo, me pregunté: «¿Pero qué diablos significará esto?». «¡Quién podría negar que "la realidad es"! ¡Eso lo sabe cualquier idiota!». Era como si hubiese escrito «el agua es húmeda» y, por alguna razón que se me escapaba, hubiese pensado que se trataba de una idea muy profunda. Por primera vez cobré entonces conciencia de las limitaciones del lenguaje para tratar de expresar las dimensiones místicas de la conciencia. Pretendía captar el ser primordial y eterno, lo que el teólogo cristiano Paul Tillich llamaba «el Fundamento del Ser» o lo que los budistas denominan «la Tierra Pura», algo profunda e intensamente real que se halla por detrás del mundo fenoménico y temporal que la mayoría experimentamos en la vida cotidiana. Las palabras garabateadas en aquel trozo de papel azul no eran más que un desabrido recordatorio de mi primera incursión profunda en las dimensiones trascendentales de la conciencia.

Por eso, por más que trate de comunicar del modo más completo y exacto que lo permitan mis habilidades literarias, estoy convencido de que habrá ocasiones en las que mis palabras pondrán a prueba la paciencia y la licencia poética del lector. Les aseguro que, mientras exploramos los límites de una frontera tan importante como fascinante, procuraré ofrecerles lo mejor de mí, aunque una voz procedente de mi interior preferiría limitarse a tocar simplemente el piano: quizás los nocturnos de Chopin con sus muchos sutiles matices de expresión emocional o la profundamente poderosa, alegre y juguetona *Fantasía y fuga en sol menor* de Johann Sebastian Bach.

Agradecimientos

Quiero expresar mi mayor agradecimiento a los principales mentores de mi vida profesional: Huston Smith, Walter Houston Clark, Hanscarl Leuner y Abraham Maslow, además de Paul Tillich y Karl Jaspers, a los que nunca tuve el honor de conocer personalmente.

Muchos colegas me han proporcionado su apoyo a lo largo de los años, compartiendo sus visiones y dedicación a alentar el uso responsable de las sustancias psicodélicas. Doy las gracias especialmente a Charles Savage, Walter Pahnke, Stanislav Grof, Helen Bonny, Richard Yensen y John Rhead, por los días de investigación en el Spring Grove Hospital y el Centro de Investigación Psiquiátrica de Maryland, y a mis colegas actuales, Roland Griffiths, Mary Cosimano, Matthew Johnson, Margaret Kleindinst, Albert García-Romeu, Frederick Barrett, Theresa Carbonaro y Annie Umbricht del equipo de investigación de los estados de conciencia de la Escuela de Medicina de la Universidad Johns Hopkins. Robert Jesse, coordinador del Council of Spiritual Practices, merece un reconocimiento especial por sus numerosas contribuciones, hábilmente orquestadas, destinadas al renacimiento de la investigación científica de estas sustancias sagradas.

A nivel personal, agradezco el apoyo constante de mi principal compañera en esta fase de mi vida, la artista Edna Kurtz Emmet, y de sus dos hijos adultos, Nadav y Danielle. Asimismo estoy agradecido a mis hijos, Daniel y Brian, y a su madre Ilse que, durante dos décadas antes de su muerte, no solo fue mi esposa, sino que trabajó también como enfermera psiquiátrica conmigo en la implementación de varios proyectos de investigación psicodélica. También estoy agradecido a mis padres, Ruth y Robert Richards, y a mis dos hermanos, Robert y John, que, aunque estaban bastante desconcertados por lo que yo consideraba importante en mi actividad académica, siguieron confiando en mí mientras proseguía mi singular trayectoria vital.

Me resulta muy inspiradora también la brillante nueva generación de investigadores psicodélicos, entre los cuales quiero destacar a Stephen Ross, Anthony Bossis, Jeffrey Guss, Michael Bogenschutz, Paul Hutson, Karen Cooper, Randall Brown, Peter Hendricks, Michael y Annie Mithoefer, James Grigsby, Franz Vollenweider, Torsten Passie, Jordi Riba, José Carlos Bouso, Peter Gasser, Peter Oehen, Robin Carhart-Harris, David Nutt, David Erritzoe y muchos otros. Asimismo quiero expresar mi gratitud y mi deuda a quienes han proporcionado financiación privada en apoyo de la investigación en curso a través del Instituto de Investigación Heffter y el Council of Spiritual Practices, así como del Instituto Fetzer, la Fundación Betsy Gordon, la Fundación Beckley y la Fundación Riverstyx.

También estoy profundamente agradecido a los centenares de voluntarios de investigación y clientes de psicoterapia que me han permitido adentrarme en las profundidades de su vida y han compartido conmigo sus singulares luchas y experiencias transformadoras. Cada uno de ellos ha tenido un peso importante en mi vida y en mi pensamiento.

Son muchos los amigos y compañeros inspiradores e innovadores en la comunidad de investigación psicodélica en constante expansión que contribuyen a su manera, como Luis Eduardo Luna, James Fadiman, Thomas Roberts, Charles Grob, Alicia Danforth, Rick Doblin, Neal Goldsmith, Iker Puente, Ben Sessa, David Nichols, George

Greer, Dennis McKenna, Julie Holland, Amanda Feilding, Gabor Maté, Joshua Wickerham y mi hijo, Brian Richards, y que me vienen inmediatamente a la mente. Autores que han combinado la erudición y una valiente creatividad, como Jeremy Narby, Michael Pollan y Simon Powell, merecen asimismo mi reconocimiento explícito. Las comidas bimensuales con mi amigo Allan Gold, acompañados de *sushi* o cocina nepalesa, han sido también muy nutritivas en varios sentidos. Mi difunto amigo Wayne Teasdale, a quien le gustaba meditar más que a nadie que haya conocido, merece un reconocimiento especial, y lo mismo ocurre con Wendy Lochner, mi editora de la Columbia University Press. A ella, que intuyó que tenía un libro en mi interior que necesitaba ver la luz y que tan hábilmente me ha guiado durante su elaboración y composición, le estoy profundamente agradecido. Su aliento me ha impulsado a escribir en un estilo comprensible para el gran público, en lugar de limitarme a un formato académico tradicional dirigido solo a profesionales de la salud mental o de las comunidades religiosas.

Por último, y dado que este libro trata del encuentro con lo sagrado y el descubrimiento de los reinos eternos de la conciencia, quiero también expresar mi reconocimiento a la fuente creativa que nos trajo a todos a la existencia, sostiene nuestra vida y quizás disfruta con las aventuras de nuestras ideas y nuestra continua evolución, aquí y ahora.

Introducción

Este libro es la humilde ofrenda del conocimiento y la perspectiva que he tenido el privilegio de alcanzar por haber tenido la suerte de participar, durante más de veinticinco años de mi vida profesional, en la puesta en marcha de proyectos legales de investigación con sustancias psicodélicas. La increíble y rica variedad de voluntarios a los que he tenido la oportunidad de acompañar y apoyar a través de los sorprendentes estados de conciencia provocados por estas sustancias develadoras de la mente incluye a hombres y mujeres de edades comprendidas entre los veinticuatro y los ochenta y un años procedentes de sustratos raciales, educativos, ocupacionales, nacionales y religiosos muy diferentes. Algunos padecían de ansiedad, depresión y otras manifestaciones del estrés psicológico; otros habían visto limitada su vida debido a la adicción al alcohol o a los estupefacientes; y otros, en fin, eran personas que padecían de un cáncer galopante y estaban enfrentándose a la inminencia de la muerte y haciendo las paces con la vida que habían vivido.

Entre esos voluntarios había líderes de los campos de la salud mental y de la religión, así como personas dedicadas a ocupaciones muy diversas cuyo anhelo de desarrollo personal, educativo o espiritual los impulsó a participar en estos estudios de investigación. Casi ninguno de ellos tenía experiencia personal previa con las sustancias psicodélicas y, de no haberse hallado bajo la protección médica o legal, no habrían mostrado el menor interés en participar. Tampoco eran personas implicadas en un determinado grupo contracultural, ni interesados en lo que ha acabado denominándose consumo recreativo de las drogas. Este libro, pues, es un resultado de las experiencias psicodélicas de personas normales que vivían vidas igualmente corrientes.

Escribo como psicólogo clínico con una formación académica que incluye también estudios de teología, religiones comparadas y psicología de la religión. También lo hago como psicoterapeuta con una orientación de base amplia que podría etiquetar como existencial o transpersonal. Como sucede con muchos lectores, me he hecho preguntas profundas, he buscado el sentido de la vida y he tratado de entender los procesos de crecimiento personal en medio de las inevitables luchas que aquejan a la mayoría de las personas en la existencia cotidiana. Como he tenido la suerte de tomar personalmente sustancias psicodélicas en un entorno legal y me encuentro en condiciones de compartir algunos de los conocimientos experienciales así adquiridos, las fuentes de este libro no solo se derivan de las observaciones transmitidas por voluntarios que han participado en la investigación y el análisis científico de los datos, sino también por los descubrimientos proporcionados por las sustancias psicodélicas sobre los recovecos de mi propia mente.

La cantidad de conocimientos, tanto de tipo experiencial como científico, acumulados en las páginas que siguen van desde las comprensiones sobre la existencia humana hasta las luchas y sufrimientos que afectan a la mayoría de los seres humanos. También describen procesos que facilitan la curación y proporcionan sentido y otros que pueden alentar el despertar espiritual. Los descubrimientos hechos por los centenares de personas con las que me he encontrado sobre las profundidades de su vida psicológica y espiritual tienen una profunda relevancia para ayudarnos a entender mejor quiénes somos, quiénes podemos llegar a ser y cuál puede ser la naturaleza última de la realidad. Esta recopilación de observaciones y experiencias no solo es relevante para filósofos, psicólogos, antropólogos, teólogos, microbiólogos, neurocientíficos y físicos cuánticos, sino también para quien se descubra inmerso en el proceso que los budistas denominan «la preciosa vida humana». Como el lector advertirá a medida que el contenido de este libro vaya desplegándose, esa frontera más avanzada de la ciencia es también la frontera que nos separa del conocimiento religioso y espiritual.

El objetivo secundario de este libro es el de proporcionar información que ayude a los lectores a entender la afirmación de un número cada vez mayor de personas sensatas y críticas según la cual, administradas e ingeridas de un modo responsable, las sustancias psicodélicas son muy prometedoras. Este conocimiento puede contribuir a disipar el clima generado, durante los años 60, por la prensa sensacionalista que sigue pesando poderosamente en la actitud de las comunidades médica, religiosa y política, así como en el público en general. Esta actitud, habitualmente basada en la ignorancia, la información distorsionada, el empeño desesperado por combatir el abuso de las drogas, y las decisiones legislativas que han hecho caso omiso de los hallazgos realizados por la ciencia, se ha manifestado en una política pública que ha desalentado –y llegado incluso a prohibir–, tanto a nivel nacional como internacional, la exploración de esta frontera.

Durante los cuarenta y cinco últimos años de la llamada guerra contra las drogas, que algunos llaman hoy guerra contra algunas drogas o guerra contra las plantas, la percepción del hombre de la calle al respecto parece haberse ido sesgando cada vez más. Para mucha gente, el término «psicodélico», que significa simplemente «manifestador de la mente», ha acabado asociándose indeleblemente a camisetas teñidas a mano, gafas de color rosa, comportamiento rebelde y los riesgos asociados al abuso de las drogas. Los inteligentes e inspiradores escritos sobre psicodelia realizados por estudiosos serios como Aldous Huxley, Alan Watts y Huston Smith casi han caído en el olvido. Con demasiada frecuencia, los jóvenes exploradores de la mente, saturados de impulsividad y desinformación (cuando no de pastillas de dudosa composición), han acabado en las salas de urgencias de los hospitales, los juzgados y hasta las prisiones. Más discretos han sido los consumidores más serios de psicodélicos, manteniendo la privacidad de sus experiencias por miedo a la censura social y al efecto adverso que ello podría tener sobre sus carreras.

Espero que la amplitud y profundidad de las experiencias presentadas en este libro, junto a la exposición de las condiciones destinadas a aumentar la seguridad y el beneficio potencial del uso de psicodélicos, resulten útiles para los lectores que aspiran a entender mejor su experiencia y la experiencia de amigos y familiares sobre los estados alternativos de conciencia, independientemente del modo en que también se hayan provocado. Quizá esta información contribuya a movilizar nuestra reflexión sobre los orígenes del tabú cultural que, al respecto, se nos ha impuesto. Este libro puede alentar también la reflexión sobre las formas responsables y racionales de establecer un acceso socialmente autorizado a estas sustancias para proteger la libertad de quienes cuentan con el adecuado conocimiento de los riesgos y beneficios potenciales de su uso y para quienes no estén familiarizados con ellas y quieran explorar legalmente el «espacio interior» de su propia mente mediante un uso responsable de los enteógenos.

En lugar de notas a pie de página, el estilo de referencia empleado en este libro proporciona suficiente información en el texto principal para que el lector pueda ubicar datos y fuentes complementarias en la bibliografía selecta que presentamos al final del libro. En ella se incluye un listado de artículos, libros y documentales relevantes para el discernimiento y disfrute de los lectores que se sientan motivados a explorar con más profundidad los temas concretos que les interesen.

Cuando, a los setenta y cuatro años, considero *a posteriori* mi vida, me doy cuenta de que, como tantas otras personas cercanas a mi edad, he vivido en un tiempo de grandes cambios sociales. No hace mucho, si alguien me hubiera dicho que la Unión Soviética dejaría de existir, que el Muro de Berlín caería, que un presidente de piel oscura ocuparía la Casa Blanca en Washington durante dos mandatos, o que las mujeres y los ciudadanos gays y lesbianas se acercarían a la plena igualdad, habría respondido: «Sé realista. Vuelve al mundo real». Después de haber participado en el surgimiento original, el periodo represivo de letargo y el resurgimiento actual de la investigación psicodélica, incluyendo las muchas lecciones que he aprendido durante este largo y dramático periplo que aumentan la probabilidad de seguridad y beneficio, creo contar con suficiente información para contribuir a allanar el camino para cambiar las leyes actuales sobre las drogas de los Estados Unidos, el Reino Unido y muchos otros países. Espero que, además de alentar una legislación que pueda culminar en nuevas directrices destinadas a la investigación y el uso médico, educativo y religioso, este libro sirva para facilitar muchos proyectos de investigación responsable sobre estas sustancias que deberían realizarse urgentemente y que aún no han podido ni siquiera diseñarse. Como afirmé en 1966, en mi primer artículo escrito con mi amigo Walter Pahnke: «Un peligro al que se enfrenta nuestra sociedad es el de desaprovechar los beneficios que puede proporcionarnos el uso responsable de estas sustancias».

Nota al lector

La información proporcionada en este libro solo tiene un interés educativo, histórico y cultural y no debe interpretarse como una defensa del uso actual de las sustancias psicodélicas en ninguna circunstancia ajena a los entornos en los que su uso está legalmente autorizado, como, por ejemplo, para la investigación científica legal. Ni el autor ni la editorial asumen responsabilidad alguna por las consecuencias físicas, psicológicas, legales o de otro tipo derivadas del uso espurio de estas sustancias.

Parte I.
La preparación del escenario

1. Muerte y renacimiento de la investigación psicodélica

Desde mediados de los años cincuenta hasta comienzos de los setenta, la investigación con estas extraordinarias sustancias floreció en muchos laboratorios académicos y centros de tratamiento psicoterapéutico. Solo a mediados de la década de 1960 se publicaron más de mil artículos que suscribían la promesa de que el LSD podía contribuir de un modo seguro a profundizar y acelerar la psicoterapia. Esas investigaciones convocaron seis congresos internacionales y llegaron a congregar a cerca de cuarenta mil personas.

En una reacción irracional a la agitación provocada por diversas presiones culturales, entre las que cabe destacar las controversias sobre la guerra de Vietnam y los cambios que estaban teniendo lugar en las costumbres sociales, especialmente en los ámbitos de las relaciones raciales, el movimiento feminista y la sexualidad, y quizás influida también por el desacertado empeño de la CIA en explorar las aplicaciones militares del LSD en los interrogatorios o la guerra, el gobierno de los Estados Unidos paralizó la investigación psicodélica durante veintidós años (con la excepción de un estudio truncado con DMT llevado a cabo, entre 1990 y 1995, en la Universidad de Nuevo México). Algo parecido ocurrió, de acuerdo con los tratados de la ONU, en 1971 y 1988, en el Reino Unido y en la mayoría de los países. En un intento tan impulsivo como inconsciente de acabar con el uso, el uso indebido y el abuso de muchas drogas diferentes, la promesa de la utilidad de las sustancias psicodélicas en el campo de la medicina –por no hablar de su posible uso beneficioso en los campos de la educación y la religión– quedó relegada al olvido. A partir de ese momento resultó prácticamente imposible que los investigadores cualificados obtuvieran de las agencias federales y de las juntas de revisión institucional locales la autorización necesaria para obtener, fabricar o poseer sustancias psicotrópicas y llevar a cabo investigaciones con voluntarios humanos.

En 1977, después de administrar psilocibina a un último voluntario en un estudio diseñado para aliviar la angustia psicológica que embargaba a los pacientes de cáncer, tuve el dudoso honor de ser el último en abandonar el barco que se hundía en el Centro de Investigación Psiquiátrica de Maryland que, a su vez, se había convertido en el único lugar de los Estados Unidos en donde todavía estaba permitido continuar con la investigación psicodélica en curso. Pero hay que señalar, no obstante, que el golpe de gracia no lo propinó el gobierno federal de Washington, sino los gestores de la universidad, que decidieron invertir los recursos del estado en áreas de investigación menos controvertidas. Richard Yensen y Donna Dryer recopilaron los resultados de los numerosos estudios psicodélicos llevados a cabo en ese lugar y los depositaron amorosamente en una especie de cápsula del tiempo para futuros investigadores, en una publicación de 1994 en el Anuario de la Asociación Europea de Psicoterapia para el Estudio de la Conciencia.

Desde el comienzo de los estudios dirigidos por Roland Griffiths y por mí desarrollados en la Escuela de Medicina de la Johns Hopkins en Baltimore, en 1999, cada vez son más, sin embargo, los centros académicos de Norteamérica y Europa Occidental en los que la investigación psicodélica está experimentando un prometedor renacimiento. Por suerte, las personas actualmente encargadas de evaluar las pruebas de la investigación y de orientar la política pública al respecto –incluidas aquellas que, durante sus años universitarios, decidieron no experimentar con drogas psicodélicas– han tomado la decisión abierta y clara de pensar y actuar de manera razonable. El reto de obtener el permiso destinado a la investigación de nuevos medicamentos (IND) para sustancias incluidas en la Lista I, junto a la aprobación de los proyectos de investigación por parte de la Administración de Alimentos y Medicamentos (FDA) y la Administración para el Control de Drogas (DEA) de los Estados Unidos, demanda un alto grado de competencia académica y vuelve a ser posible, aunque exige una extraordinaria paciencia de quienes se atrevan a ello. A medida que los primeros estudios de esta nueva ola de investigación han ido publicándose en las revistas profesionales, la mayoría de los autores y presentadores han informado objetivamente de los resultados obtenidos, sin el toque sensacionalista que pocas décadas atrás caracterizaba gran parte de la cobertura de prensa relativa a estos asuntos.

El primero de nuestros estudios en la Johns Hopkins consistió en comparar los estados de conciencia provocados por un estimulante, el metilfenidato (Ritalin), con los provocados por el enteógeno psilocibina en el que participaron treinta adultos sanos residentes de la zona de Baltimore-Washington que carecían de antecedentes de consumo de drogas psicodélicas. Muchas de estas personas habían tenido amigos de la universidad u otros que habían experimentado con sustancias psicodélicas, pero habían decidido optar personalmente por esperar a que se abriera una puerta para poder recibirlas con la pureza y dosis conocidas y bajo la tutela de un guía competente. Apenas se enteraron de la puesta en marcha de ese proyecto de investigación de la Johns Hopkins solicitaron participar. Todas las sesiones experimentales se llevaron a cabo de forma individual, con la asistencia de un par de guías y un sujeto voluntario presentes en un espacio cómodo diseñado como una sala de estar. El participante permanecía acostado en un sofá, normalmente con un antifaz para evitar, de ese modo, distracciones ambientales y auriculares que proporcionaban música de apoyo durante la mayor parte de las seis horas que suele durar el efecto de la droga.

Ateniéndonos a los estándares actuales de la investigación psicofarmacológica, el estudio fue diseñado e implementado siguiendo el método del doble ciego, lo que significa que únicamente el farmacéutico encargado de rellenar las cápsulas azules opacas, en apariencia idénticas, sabía si el contenido administrado a un determinado voluntario tal o cual día era psilocibina o Ritalin. De este modo, todas las variables permanecían constantes, exceptuando la sustancia prescrita. Las entrevistas de selección y de preparación y las expectativas, la conducta del personal de investigación, la elección de la música durante los periodos de acción de la droga y los cuestionarios e instrumentos de evaluación empleados se atuvieron también a un protocolo estandarizado. Finalizada la experiencia y pasados los efectos de la droga, cada voluntario debía completar varios cuestionarios destinados a evaluar el grado en que se habían producido un amplio elenco de estados alternativos de conciencia y sus correspondientes correlatos cognitivos, emocionales y somáticos.

Cuando se analizaron los resultados, un tercio de quienes habían recibido psilocibina calificaron su experiencia interna como la más espiritualmente significativa de su vida, cosa que no sucedió en el caso de quienes recibieron Ritalin. Más de dos tercios de los participantes que habían recibido psilocibina calificaron también su experiencia como uno de los cinco acontecimientos más importantes de su vida, equiparable al nacimiento de un hijo o la muerte de un padre. En las entrevistas de seguimiento y en las evaluaciones realizadas por amigos y familiares cercanos catorce meses después de la experiencia con psilocibina, los informes sobre la persistencia, en los participantes, de los efectos positivos de la psilocibina en su vida siguieron informando de cambios muy positivos. Las investigaciones posteriores han proporcionado resultados similares. El lector interesado puede encontrar, en la bibliografía que presentamos al final de este libro, información detallada de las investigaciones y resultados publicados sobre estos y otros proyectos y también puede encontrarla en la red, especialmente en el Council on Spiritual Practices (csp.org/psilocybin) y en Erowid (erowid.org).

Actualmente habrán recibido psilocibina solo en la Hopkins cerca de 250 voluntarios. Estoy completamente seguro de que, cuando su uso se atiene a las directrices médicas, con una adecuada preparación, bajo la tutela de guías expertos y en un entorno legal y supervisado de un modo responsable, la psilocibina y otras sustancias similares pueden facilitar el acceso a experiencias beneficiosas que no dudaría en calificar de sagradas. Las pruebas disponibles hoy en día indican claramente que pueden ser administradas de forma segura por investigadores bien informados o por profesionales de la salud mental y religiosos cualificados a personas que, en su búsqueda de desarrollo personal y espiritual, quieren emplear este tipo de herramientas. También es cierto que, cuando se emplean de manera irresponsable y con conocimientos insuficientes, estas sustancias pueden facilitar la aparición de experiencias que, para algunas personas, tengan consecuencias negativas.

Antes de que, durante la administración Nixon, el Congreso de los Estados Unidos aprobase, en 1970, la Ley de Sustancias Controladas, que incluyó la mayoría de las sustancias psicodélicas en la restringidísima Categoría I (es decir, drogas sin uso médico aceptado en los Estados Unidos que se considera que tienen un elevado potencial de abuso y sobre las que no hay acuerdo en cuanto a su seguridad bajo supervisión médica), fueron muchos los eruditos y líderes religiosos respetados que las recibieron legalmente y escribieron con libertad sobre la importancia de sus experiencias tanto en los Estados Unidos como en el resto del mundo. Entre ellos cabe destacar a Aldous Huxley, Alan Watts, Huston Smith, Gerald Heard, Bill Wilson, el rabino Zalman Schachter-Shalomi y el hermano David Steindl-Rast.

También debemos mencionar a los genetistas Francis Crick y Kary Mullis, galardonados con el Premio Nobel, y a Steve Jobs, cofundador de Apple Computers, todos los cuales reconocieron la importante contribución de los psicodélicos a sus procesos creativos. Del mismo modo, los psiquiatras y psicólogos que, en aquel tiempo, investigaban o trataban clínicamente a sus pacientes con estas sustancias casi siempre organizaban experiencias de formación para ellos y sus colegas, algo que no tenían empacho alguno en reconocer abiertamente en sus informes periódicos a la FDA, argumentando que habría sido difícil entender las experiencias de sus pacientes y sujetos de investigación sin un conocimiento personal y experimental. Ese empleo educativo era legal porque, en aquel tiempo –como ahora–, las drogas se consideraban esencialmente no tóxicas y no adictivas. Entretanto, en distintas culturas indígenas de América Central y del Sur, en África Oriental y en Estados Unidos y Canadá, hombres y mujeres ingerían sacramentalmente, en sus disciplinas espirituales, las sustancias psicodélicas contenidas en diversos cactus, setas, arbustos y enredaderas, como se ha hecho –y sigue haciéndose– desde los albores de la humanidad. Se cree que los nativos americanos han utilizado la mescalina con fines espirituales desde hace quinientos años y, en la meseta de Tassili (norte de Argelia), se han encontrado pinturas rupestres datadas en torno al año 5000 a.c. de figuras humanas acompañadas de setas.

Pese a las sanciones legales impuestas desde 1970, algunas tan severas que merecerían el adjetivo de «draconianas», son muchas las personas de todo el mundo que, sin pertenecer a grupos religiosos indígenas ni participar en proyectos de investigación aprobados por la FDA o autoridades gubernamentales similares de otros países, han optado por ingerir sustancias psicodélicas. Y las razones para ello son muy diversas y van desde la curiosidad juvenil o profesional hasta la búsqueda de alivio de los síntomas de estrés emocional, pasando por la expectativa de alentar la creatividad y la sed de conocimiento religioso y espiritual. Una encuesta reciente realizada por los investigadores noruegos Teri Krebs y Pål-Orjan Johansen, basada en datos de 2010, estimaba en treinta y dos millones los residentes actuales solo en los Estados Unidos que han consumido psilocibina, LSD o mescalina. En 2014, la Drug Policy Alliance estimó en treinta y cuatro millones el número de ciudadanos que han consumido psicodélicos en los Estados Unidos.

En el momento de escribir estas líneas, están llevándose a cabo investigaciones con voluntarios humanos y sustancias psicodélicas no solo en la Escuela de Medicina de la Universidad Johns Hopkins, sino también en un número cada vez mayor de centros, como la Universidad de Nueva York, la Universidad de California en Los Ángeles, la Universidad de Nuevo México, la Universidad de Harvard, la Universidad de Wisconsin y la Universidad de Alabama, así como en el Imperial College de Londres y en Canadá, Alemania, Suiza, Israel, España, México y Nueva Zelanda. Este es un momento, pues, realmente esperanzador para quienes están profundamente convencidos de los prometedores efectos de estas sustancias sagradas en los campos de la medicina, la educación o la religión.

2. Orientación, definiciones y límites del lenguaje

La preparación para explorar la conciencia

Aunque he llegado a valorar la importancia de las principales sustancias psicodélicas, a considerarlas intrínsecamente sagradas y a creer en la promesa de que su uso inteligente puede contribuir de manera muy positiva a mejorar la calidad de vida de nuestro planeta, también quiero aclarar, desde el mismo comienzo, que esta no es más que una de las muchas herramientas con las que el ser humano cuenta para alentar su proceso de desarrollo psicológico y espiritual. Estas sustancias son, sobre todo, apreciadas por personas muy diferentes no solo porque los occidentales suelen mostrarse muy impacientes en su búsqueda espiritual, sino también porque, sabiamente ingeridos, los enteógenos destacan por su poder y eficacia, complementando potencialmente otras disciplinas psicológicas y espirituales. Es de esperar que, en un futuro no muy lejano, las personas que decidan incluir estas sustancias en su vida personal, religiosa o profesional tengan la posibilidad de adquirir, en contextos legales y bien estructurados, conocimientos sobre sus riesgos potenciales y su cuidadosa preparación sea tan importante como lo es para quien está dispuesto a asumir los riesgos que implican muchas otras empresas y aventuras.

Viene a cuento aquí considerar, por ejemplo, mi primera experiencia con el esquí alpino. Todavía recuerdo ese hermoso y fresco día de invierno de mis veinte años en el que, sin contar con ningún tipo de instrucción previa, decidí ir a esquiar a un albergue en el macizo del Harz (Alemania), alquilé un par de esquís, metí los pies en sus fijaciones y empecé a bajar por una ligera pendiente, tratando de mantener los pies paralelos. Una atractiva chica que subía por ella me sonrió de oreja a oreja y me saludó con toda amabilidad diciéndome *schön* (¡guapo!). Mi orgullo por mantenerme aún en pie se disparó entonces al mismo tiempo que lo hizo mi velocidad y vi, de repente y con gran consternación, que estaba dirigiéndome directamente hacia un numeroso grupo de personas que había al pie de la colina, momento en el cual cobré de pronto conciencia de que no sabía reducir de velocidad, maniobrar ni detenerme. Al cabo de unos segundos en los que traté en vano de mantener la calma y de pensar con lógica, salté desesperadamente por los aires, caí de bruces sobre la nieve y tuve la suerte de ser lo bastante joven y flexible como para no romperme ningún hueso.

Avergonzado, traté de regresar a lo alto de la pendiente, dando un paso hacia delante y resbalando dos hacia atrás, mientras unos dulces niños pasaban a mi lado sonriendo. Movido por la impulsividad, arrogancia e ignorancia tan características de la juventud, me había puesto en peligro a mí mismo y había puesto en peligro a los demás. Ese día recibí una lección de humildad y no tardé en buscar instrucción básica en el arte del esquí. Y, aunque me atribuyo el mérito de haber sido lo suficientemente sensato como para no haber comenzado mi paseo en una pista negra, lo cierto es que ese día no estaba en condiciones de aventurarme ni siquiera en una pista verde. Llegó el día, sin embargo, en que, apenas salió el sol, pude subir en telesilla hasta la cima de la montaña y deslizarme, en meditación solitaria, a través de pacíficos bosques de pinos, cruzarme con otros esquiadores y regresar sano, salvo y renovado al albergue ubicado valle abajo.

Como irá quedando cada vez más claro a medida que avance el libro, el empleo de las sustancias psicodélicas es un arte que exige ciertas habilidades. Existen ciertos principios de navegación del mundo interior que hay que escuchar y aprender. Las cosas implicadas en la facilitación de este tipo de experiencias que mejoran la vida con estas increíbles moléculas van mucho más allá que el simple hecho de tragarse una cápsula, una píldora, un trozo de papel secante, beber un poco de té o masticar algún material vegetal y experimentar luego los «efectos de la droga».

Pero, por más que algunas personas se lesionen o lesionen a otros, nadie se ha atrevido todavía a ilegalizar el esquí y son muchas las personas a las que realmente les encanta esquiar, lo hacen con destreza y responsabilidad y descubren en ello algo que mejora su vida. Permítanme añadir, por último, que el esquí no es para todo el mundo y que hay quienes, por razones médicas o psicológicas –o por simple falta de interés y motivación–, hacen bien en dedicarse a otras actividades.

La conciencia mística

El núcleo de este libro gira en torno a la naturaleza y relevancia de la conciencia mística y las experiencias visionarias que, en ocasiones, preceden, acompañan o siguen a este extraordinariamente amplio, dinámico, magnífico y muy significativo estado de conciencia (les ruego que disculpen la gran cantidad de adjetivos, pero les aseguro que, como algunos lectores entenderán perfectamente, por más calificativos que empleemos para valorar estas modalidades de conciencia, siempre nos quedaremos cortos). Aunque más adelante definiremos y discutiremos a conciencia el significado de términos como «místico» y «visionario», debe quedar claro desde el mismo comienzo que la expresión «místico» no se refiere a estados mentales brumosos o imprecisos y que tampoco tiene nada que ver, por cierto, con fenómenos mágicos, ocultos o paranormales.

Esa expresión designa, por el contrario, una modalidad de conciencia que deja una impronta clara y vívida en la memoria de quienes la experimentan (o de quienes afirman morir en ella para renacer después) y que es conocida con nombres tan distintos como «Realidad Última», «Conciencia Cósmica», «núcleo eterno del Ser» o «fuente de la filosofía perenne». Todas las grandes religiones del mundo tienen términos para referirse a ese estado de conciencia espiritual tan deseado y valorado como, por ejemplo, *samadhi* en el hinduismo, *nirvana* en el budismo, *sekhel mufla* en el judaísmo, *visión beatífica* en el cristianismo, *baqá wa faná* en el islam y *wu wei* en el taoísmo. Aunque existen infinitas versiones sobre la naturaleza y descripción de estas experiencias en los informes individuales que han deleitado a los estudiosos de la literatura mística y a los investigadores de los estados meditativos de conciencia en años pasados y seguirán haciéndolo durante mucho tiempo en el futuro, la investigación con sustancias psicodélicas estudiada en este libro apoya firmemente la realidad de un núcleo común de rasgos y la validez de lo que Robert K.C. Forman ha denominado el «evento de la conciencia pura» (o ECP). Este «núcleo común» subraya de forma fiable descripciones de 1) unidad, 2) trascendencia del tiempo y del espacio, 3) conocimiento intuitivo, 4) sacralidad, 5) estado de ánimo positivo profundamente sentido y 6) inefabilidad, categorías experienciales, todas ellas, que más adelante exploraremos con detenimiento y profundidad.

Algunos estudiosos recientes de la experiencia religiosa como, por ejemplo, Steven T. Katz, de la Universidad de Boston, han refutado la existencia, en el «núcleo» o en el «fundamento» del ser, de un estado universal de conciencia al que, a lo largo de la historia, han hecho referencia una y otra vez personas de diferentes culturas. Estos estudiosos se autodenominan «constructivistas» y afirman que las experiencias que las personas califican de reveladoras o religiosas están fundamentalmente determinadas por las expectativas, el lenguaje, los estilos de pensamiento y los sistemas de creencias de quienes las experimentan. Desde esta perspectiva, las experiencias religiosas se han visto elaboradas o construidas por sugerencias implícitas propias de la comunidad y de la cultura de quienes las han experimentado. Quienes defienden esta postura han tendido, en consecuencia, a describir la «visión perenne» expresada por estudiosos como Aldous Huxley en *La filosofía perenne*, Walter Stace en *Misticismo y filosofía* y Edward Kelly en *Irreducible Mind*, y contemplada críticamente por el psicólogo de la religión Ralph Hood, como una idea arcaica procedente del lejano siglo xx. Las pruebas aducidas en este libro, sin embargo, reflejan una clara inclinación del péndulo teórico hacia la perspectiva perennialista. Con ello no queremos negar que algunas de estas experiencias y su interpretación estén teñidas de expectativas y sugestiones. No obstante, como se expresa sencillamente en palabras del teólogo Paul Tillich, parece que puede haber un «Dios realmente real». Quizás haya quienes prefieran utilizar nombres distintos a las tres letras inglesas de «g», «o» y «d» con las que a menudo nos referimos a esta realidad, ya sea del vocabulario religioso o científico, pero lo cierto es que hay buenas razones para afirmar que, en lo más profundo del núcleo de la mente humana, existe una dimensión eterna de conciencia que constituye el dominio de la creatividad, el amor y la belleza. En palabras de Tillich en *Biblical Religion and the Search for Ultimate Reality*:

> Si nos adentramos en los niveles de la existencia personal que se han visto rediseñados por la psicología profunda, nos encontramos con el pasado, los ancestros, el inconsciente colectivo y la sustancia viva de la que participan todos los seres vivos. En nuestra búsqueda de lo «realmente real» vamos atravesando estratos hasta llegar a un punto en el que ya no podemos seguir hablando de nivel y al que conviene considerar como el fundamento de todos los niveles que les proporciona su estructura y su poder.

Más allá de la «búsqueda» activa con la que nuestros inquisitivos intelectos tratan de entender la naturaleza de la realidad y el lugar que en ella ocupamos, está la «recepción» pasiva que nos permite descubrir, en el interior de los estados de conciencia que llamamos reveladores y místicos, dominios de la verdad que bien podríamos denominar espirituales y eternos.

Una variedad de enfoques

Las principales sustancias psicodélicas empleadas en la investigación sobre la que se basa este libro son la psilocibina, el LSD (dietilamida del ácido d-lisérgico), la DPT (dipropiltriptamina), la MDA (metilendioxianfetamina) y la DMT (dimetiltriptamina). Pero este, sin embargo, no es un libro que verse sobre «experiencias con drogas» sino, más bien, sobre los estados de conciencia profundamente significativos que su uso adecuado puede provocar. Mi conclusión es que las extraordinariamente hermosas, sobrecogedoras –y, para algunos, aterradoras– experiencias que provocan no es algo que esté «dentro de las drogas», sino dentro de nuestra mente.

Estos estados de conciencia tan singulares como fascinantes pueden verse provocados también por enfoques no farmacológicos que, en ocasiones, van acompañados de descubrimientos experienciales que, para muchos, poseen una plenitud y una intensidad menos vívidas. Entre esos enfoques cabe destacar una plétora de técnicas meditativas procedentes de diferentes tradiciones religiosas, muchas de las cuales incluyen la focalización de la atención y cambios en las pautas respiratorias que modifican el equilibrio entre las tasas de oxígeno y dióxido de carbono en sangre. Hay quienes prefieren el aislamiento sensorial, sentarse en espacios completamente silenciosos o permanecer en tanques oscuros de agua salada a la temperatura corporal. Otros pueden optar por la sobrecarga o el desbordamiento sensorial sumergiéndose en la música de bandas de rock u orquestas sinfónicas. Hay veces en las que las experiencias místicas y visionarias tienen lugar durante el parto natural, los rituales religiosos, la comunión con la naturaleza, un orgasmo sexual extraordinario, o mientras se realizan proezas atléticas o artísticas. A menudo parecen ocurrir de un modo involuntario, ya sea debido al estrés, la concentración, la falta de sueño, el ayuno, la dieta o los cambios concomitantes en la química cerebral…, o por la acción de lo que muchos consideran la gracia divina.

Pero lo que convierte en importante el uso responsable de las sustancias psicodélicas es su *fiabilidad* y su *potencia*. Estos dos factores permiten, por primera vez en la historia de la ciencia, el estudio cuidadoso y sistemático, dentro del contexto de la investigación académica, de esos estados reveladores de conciencia y de cualquier cambio en la salud física o mental y en la actitud o conducta que puedan acompañarlos. El estudio de la mística ya no queda restringido, de este modo, al escrutinio erudito de los documentos históricos, como los hermosos y expresivos escritos de santa Teresa de Ávila, Meister Eckhart, Rumi o Shankara. Y tampoco se limita a los nobles intentos de expresar, dentro de las limitaciones estructurales del lenguaje humano, los cambios sutiles de conciencia provocados por las disciplinas meditativas. Hoy en día están produciéndose profundas experiencias sagradas en los laboratorios de los profesionales de la medicina y en el campo de las ciencias sociales.

El misterio que somos

Contemplada desde una perspectiva más amplia, la relación existente entre estos compuestos moleculares concretos y el contenido experiencial interno se diluye en la enigmática cuestión de la relación que existe entre el sistema nervioso humano y la conciencia, y quizá más aún en el misterio de la materia misma, en las energías atómicas y subatómicas que configuran las células de nuestro cuerpo y de nuestro cerebro y que danzan dentro y entre ellos. Pierre Teilhard de Chardin (1881-1955), el paleontólogo jesuita que sugirió que somos seres espirituales que vivimos experiencias físicas o humanas, denominó a la materia «el medio divino». En un ensayo poético titulado «El poder espiritual de la materia», publicado en su *Himno del universo*, describió una poderosa experiencia mística que incluía las siguientes líneas: «¡Báñate en la materia, hijo del hombre!

¡Sumérgete en ella, ahí donde es más impetuosa y profunda! ¡Déjate llevar por su corriente y bebe sus olas! ¡Ella es la que ha mecido en otro tiempo tu inconsciencia y ella es también la que te elevará hasta Dios!». Y, para quienes gustan de citar escrituras, también merecen una reflexión las palabras de san Pablo en su primera carta a la joven iglesia de Corinto que dicen: «El templo de Dios, el cual sois vosotros, santo es» (1 Cor. 3:17).

El psicólogo Roland Fischer tenía, en la esquina trasera izquierda de su escritorio, a modo de recordatorio de lo poco que sabemos, la fotografía enmarcada de un mono que contemplaba con los ojos muy abiertos su propia imagen en un espejo rascándose la cabeza. Son muchas y muy profundas las preguntas que nos hacemos cuando tratamos de descubrir quiénes somos en realidad y todas ellas acaban enfrentándonos al tema de la muerte. Casi todas las personas que han experimentado la conciencia mística consideran poco convincentes los relatos reduccionistas de tantos científicos y no científicos que tienden a asumir que la conciencia es un mero correlato de la actividad cerebral. Pero lo cierto es que, pese a los fascinantes avances que están realizándose en el campo de la neurociencia relacionando estados mentales con cambios químicos, actividad eléctrica o cambios en el flujo sanguíneo y en el contenido de oxígeno en determinadas regiones del cerebro, nunca deberíamos olvidar que «correlación no necesariamente implica causalidad».

Entre los enfoques teóricos alternativos se encuentra la filosofía de Henri Bergson, un filósofo francés popular a principios del siglo XX, recientemente rescatado por G. William Barnard, que consideraba el cerebro como una válvula reductora, semejante a un televisor, que puede sintonizar o modificar de manera selectiva contenidos que no se originan en su interior. Del mismo modo, podemos reflexionar sobre la sabia advertencia de Su Santidad Tenzin Gyatso, el decimocuarto Dalái Lama, que, en su libro *El universo en un solo átomo*, escribió que «la opinión de que todos los procesos mentales son necesariamente procesos físicos no es un hecho científico, sino una suposición metafísica» y observó que la neurociencia actual no tiene «ninguna explicación real de la conciencia». Karl Jaspers, el psiquiatra y filósofo alemán que, junto a su esposa judía Gertrud, sufrió la Segunda Guerra Mundial, recordaba en repetidas ocasiones a los lectores de sus muchos libros que somos fundamentalmente más de lo que sabemos, o quizás incluso más de lo que podamos llegar saber de nosotros. Cuando tratamos de organizar descripciones vívidas o recuerdos reales de experiencias místicas y visionarias dentro de los sistemas de archivo de nuestra mente racional, descubrimos que nuestras habilidades lingüísticas y categorías cognitivas actuales son todavía muy rudimentarias.

Tenemos lenguajes de diferentes disciplinas académicas, cada una con sus fronteras en continua expansión, que se esfuerzan por entender y explicar el misterio de la conciencia. La bioquímica trata de describir las transmisiones moleculares y eléctricas a través de los cien billones de sinapsis de nuestro sistema nervioso. La neurociencia se esfuerza por descubrir las vías y pautas de actividad en las que intervienen en torno a mil millones de neuronas, los cambios en el flujo sanguíneo de nuestros cerebros y las alteraciones en el consumo de oxígeno de nuestras células. La física se ocupa de la actividad de cuantos de energía y de identificar incluso los fotones emitidos por nuestro ADN. Todos estos conocimientos ilustran la asombrosa complejidad de nuestra vida. En las estructuras y procesos microscópicos y submicroscópicos que estamos empezando a conocer podemos descubrir belleza, así como también nuevas comprensiones y descubrimientos.

Conviene saber, por ejemplo, para empezar a descifrar este misterio, que la psilocibina se metaboliza rápidamente convirtiéndose en psilocina que, al igual que el neurotransmisor serotonina, se une a los receptores 5-H2A de nuestro cerebro y que el flujo sanguíneo y el contenido de oxígeno de nuestras cortezas cinguladas media prefrontal y posterior y de nuestro tálamo (regiones que forman parte de la conocida «red de la modalidad por defecto») parecen reducirse cuando la psilocina favorece la emergencia de estados alternativos de conciencia. Jeremy Narby se ha atrevido a especular que algunas de las pautas geométricas extraordinariamente complejas que se descubren durante la acción de los enteógenos podrían ser, en realidad, estructuras microscópicas celulares percibidas a través de una capacidad visual interna todavía sin identificar que todos podríamos poseer.

Pero lo cierto es que no basta con describir una intuición reveladora como un mero impulso eléctrico o una emoción como la liberación de tal o cual hormona. El amor, la nobleza, los anhelos creativos de alcanzar y expresar la excelencia y lo que los humanos llamamos «grandeza» son manifestaciones de esa dimensión misteriosa de nuestro ser que denominamos «espiritual». Y lo mismo podríamos decir con respecto a la dedicación y el valor para ocuparnos de nuestras debilidades humanas y los compromisos que asumimos para tratar de resolver los atolladeros personales, sociales e internacionales en los que estamos atrapados. Los místicos, tanto del pasado como del presente, no son los únicos que han vislumbrado y logrado recordar, en algunos casos, una armonía eterna última, sino que muchos de ellos han regresado a las sencillas tareas de la existencia cotidiana, a «cortar leña y acarrear agua», es decir, a encarnarse en el mundo y asentarse en el tiempo. Quizás las mentes más evolucionadas de entre nosotros se aproximen a vivir al mismo tiempo en ambos mundos, el eterno y el temporal. En el lenguaje de la teología cristiana, esto podría verse como un reflejo, aunque débil, del arquetipo de Cristo que es, a la vez, plenamente divino y plenamente humano y tan capaz de experimentar la agonía de la crucifixión como el gozo de la resurrección; y, en el lenguaje de la teología budista, el *bodhisattva* que camina con humildad por las calles del mercado, compasivamente entregado al servicio a los demás.

Las modalidades no místicas de la experiencia psicodélica

Es importante resaltar que muchas personas han tomado drogas psicodélicas en repetidas ocasiones sin experimentar los profundos estados de conciencia mencionados en este libro. Estas sustancias, especialmente cuando se ingieren en dosis bajas y en ausencia de comprensión de factores poderosos como la confianza, la honestidad, el coraje y la apertura en entornos no propicios para la introspección segura, pueden provocar cambios en la percepción sensorial y formas leves de imaginación mental que pueden experimentarse como placenteras o aterradoras.

También pueden desencadenar profundas experiencias psicológicas personales, como la regresión a traumas infantiles o la confrontación con emociones no resueltas de pena, miedo, rabia o culpa. Pero, como veremos más adelante, estas experiencias –tengan importancia religiosa o no la tengan– pueden contribuir a acelerar la psicoterapia y el desarrollo personal. Además, en el caso de que uno no esté en condiciones de enfrentarse a esas experiencias internas emergentes o quiera controlarlas o escapar de ellas, el flujo de periplos mentales fomentados por las sustancias psicodélicas puede culminar en episodios de pánico, paranoia, confusión y angustia somática…, y quizás también en una visita a urgencias para recibir atención psiquiátrica. No habría que considerar como visionaria o mística, tal como se definen estos términos en las siguientes páginas, ninguna de esas «experiencias psicodélicas».

Del mismo modo que no hay una experiencia meditativa, una experiencia religiosa o una experiencia psicoterapéutica concreta, tampoco hay, tras la ingestión de estos compuestos, un estado genérico de conciencia que podamos calificar como «experiencia psicodélica». Pero, como quedará cada vez más claro, esto no significa que los efectos de estas sustancias sean impredecibles o caprichosos. Dado el conocimiento de los muchos factores que determinan cada experiencia psicodélica individual, los fenómenos mentales que se producen para una persona concreta en un determinado día suelen poseer una notable coherencia y significado.

La intimidad personal y las experiencias místicas

El psicólogo Abraham Maslow (1908-1970), un místico natural judío que nunca tomó drogas psicodélicas y uno de mis más estimados mentores, llamó «experiencias cumbre» a los estados místicos profundos. Descubrió que se producían de manera espontánea en la vida de personas muy creativas que él consideraba «autorrealizadas», como Albert Einstein y Eleanor Roosevelt. Son muchos los lectores que, independientemente del modo en que las hayan obtenido, atesoran recuerdos de este tipo de experiencias. Hay que decir que estas experiencias suelen proporcionar una profunda sensación de seguridad interior y que a menudo son fuente de fortaleza durante periodos de sufrimiento o lucha en la vida y cuando uno se aproxima a la muerte. Como bien dijo Hermann Hesse en su cuento *Viaje a Oriente*, a menudo es difícil reconocer las mentes iluminadas que nos rodean, porque hay ocasiones en las que, en lugar de ser notables académicos o líderes religiosos, se trata del basurero, la señora de la limpieza o la cajera del supermercado.

Es habitual que, por miedo a ser mal interpretados, tildados de locos o raros, o considerados simplemente enfermos mentales, las personas que han tenido esos estados de conciencia profundamente significativos no los compartan con nadie o solo lo hagan con las personas en las que más confían. Espero que las experiencias y visiones presentadas en este libro permitan a esos lectores darse cuenta de que no están solos y de que pueden contar tranquilamente sus reveladores atisbos de esos niveles más profundos de la realidad aun cuando no estén seguros de las palabras que deberían utilizar para describirlos. Bien podríamos considerar que estas experiencias no son síntomas de psicopatología, sino, como creía Maslow, incursiones en «los límites más elevados de la naturaleza humana».

Quizás este libro sirva para movilizar, en aquellos quienes no han sondeado esas profundidades o esas alturas de su mente, el aprecio y la tolerancia por aquellos amigos y familiares que han experimentado esos increíbles estados no ordinarios de conciencia. Tal vez pueda alentar también en los profesionales de la salud mental que desconfían de los informes sobre experiencias religiosas, o tienden a descartar como inmaduras, ingenuas o patológicas la mayor parte de las creencias y conductas religiosas, el aprecio y la apertura a una comprensión más profunda de la dimensión espiritual de la conciencia humana que la que puedan haber adquirido durante su infancia o su formación académica. Y también espero que su contenido inspire a quienes tienden a ver el mundo a través de estructuras de pensamiento religiosas que subrayan la exclusividad y la interpretación literal de las escrituras, a abrirse a nuevas percepciones de las muchas y muy diferentes formas en que lo sagrado se manifiesta en la conciencia humana.

Las experiencias cumbre suelen recibirse con humildad. A menudo se interpretan como vislumbres de dimensiones de la conciencia humana que están más allá de la vida individual y, aunque se atesore su recuerdo, no suelen considerarse posesiones personales. Lo vivido en tales casos suele experimentarse como algo universal y que, en consecuencia, no le pertenece a uno, sino que «nos pertenece a todos». Esta es una razón más por la cual quienes han tenido esas experiencias tienden a considerarlas como algo privado y precioso y no suelen divulgarlas.

Sobre la elección de las palabras

Yo tiendo a usar la palabra «droga» con cierta cautela, porque se trata de un término que suele despertar asociaciones ligadas al hecho de «estar colgado», con sus correspondientes connotaciones de «no estar en los propios cabales» y de evasión del compromiso responsable con el mundo. Son muchas también las personas de orientación religiosa que contemplan los psicodélicos con cierto escepticismo porque están preocupadas por la posibilidad de que, en lugar de promover auténticas revelaciones espirituales, se limiten a alentar la indulgencia hedonista. Del mismo modo, las personas que, en nuestra cultura, se dedican a corregir el abuso de drogas –una preocupación social de extraordinaria importancia– han tendido, en su retórica antidroga, a aglutinarlas todas sin distinguir entre narcóticos, sedantes, estimulantes y psicodélicos. En palabras de un adicto a los narcóticos tratado con psicoterapia asistida con LSD: «Debo decir que no hay posible comparación entre la heroína y el LSD. El LSD te ayuda a encontrarte a ti mismo, mientras que la heroína te ayuda a eludir todo tipo de responsabilidades y a fugarte incluso de la vida. El LSD tiene más realidad porque, cuando te encuentras a ti mismo, puedes vivir mejor la vida».

La mayoría de los occidentales tenemos, en nuestro botiquín, una acopio de drogas y esperamos recibir, cuando visitamos a nuestro médico, una o dos recetas de medicamentos que, tomados con regularidad, nos ayuden a liberarnos de la ansiedad o la depresión. Son muchas también las personas que, de un modo responsable o irresponsable, consumen libremente drogas como la cafeína, el alcohol, la nicotina o la marihuana. El bienintencionado «*just say no*» [«di simplemente no»] pronunciado, en su día, por Nancy Reagan que se incorporó a la campaña publicitaria llevada a cabo por los Institutos Nacionales de Salud, se ha visto firmemente contrarrestado en los últimos años por el «*just say know*» [«di simplemente cómo»]. Ya es hora de que una población educada comprenda las distintas sustancias y conozca la diferencia que existe entre su uso responsable, su uso inadecuado y su abuso. El ciudadano medio es, en mi opinión, lo suficientemente inteligente como para poseer este conocimiento, sobre todo ahora que tenemos acceso a información fiable a través de internet y por medio de nuestros teléfonos inteligentes. Aunque hubo un tiempo, hace tan solo un siglo, en el que muchas personas creían firmemente que el sistema nervioso humano no podría controlar con seguridad automóviles a velocidades superiores a las del galope del caballo, hoy circulamos por autopistas de varios carriles a velocidades muy elevadas, a unos pocos metros de separación, con notable gracia y desenvoltura. Aprendemos y evolucionamos.

Pero ¿cuáles son, si no utilizo la expresión «drogas psicodélicas», las posibles alternativas? Aunque algunos de mis colegas han optado por el concepto de «medicinas psicodélicas», lo cierto es que las medicinas tienden a entenderse más como tratamientos para enfermedades que como catalizadores del desarrollo personal y espiritual. Para que esta expresión tenga sentido y despierte nuestra resonancia, hay que entender que el alejamiento de lo sagrado, de la naturaleza, de nosotros mismos y de los demás que, en este momento de la historia, afecta a nuestra condición humana es una «enfermedad» y que, para «curarla», es necesaria una «medicina». Estas son, dicho sea de paso, una noción y una perspectiva que están bien arraigadas en algunas culturas indígenas que consideran como sacramentos religiosos las sustancias psicodélicas.

También podría considerarse que estas sustancias son «suplementos psicodélicos», hierbas naturales destinadas a promover la buena salud, pero esta acepción sigue implicando la necesidad de un uso reiterado. Hoy sabemos que los beneficios de una experiencia psicodélica bien planificada no proceden de la sustancia en sí, sino de la integración de los recuerdos duraderos de los estados de conciencia que se experimentaron durante el periodo de acción de la droga. Esta es la razón por la cual las personas que experimentan estados mentales profundamente significativos no suelen mostrar mucho interés en repetir la ingesta en un futuro próximo.

Otras alternativas propuestas por la historia de la investigación de estas sustancias incluyen términos como *phantastica* (Louis Lewin, el farmacólogo prusiano que, en 1886, publicó un análisis del cactus peyote), *psicotomiméticos* (imitadores de la psicosis), *misticomiméticos* (imitadores de los estados místicos), *psicodislépticos* (perturbadores de la actividad mental), *psicolíticos* (liberadores de la mente), *fanerotimos* (manifestadores del espíritu), un término acuñado por Aldous Huxley, y, recientemente, la sugerencia de Michael Winkelman de *psicointegradores*. Aunque el término «alucinógenos» sigue apareciendo en las publicaciones médicas más recientes, se trata de un término erróneo porque, con esas sustancias, las verdaderas alucinaciones son muy muy raras. Aun cuando, durante el periodo de acción de una sustancia psicodélica, la persona pueda «ver» el mundo visionario interior proyectado sobre las percepciones ambientales o incorporado a ellas, acostumbra a mantener una conciencia crítica y sabe que quienes están cerca no necesariamente comparten esas mismas experiencias.

El término «enteógeno» (que significa «generadores del dios interior»), acuñado en 1979 por Carl Ruck, profesor del Departamento de Estudios Clásicos de la Universidad de Boston, ha ido ganando cada vez más adeptos. Aunque, como ya hemos dicho, hay muchas formas de experiencia desencadenadas por sustancias psicodélicas que no son «enteogénicas», es decir, que no se caracterizan por un contenido visionario o místico que la mayoría de nosotros consideraría relevante para la religión o la espiritualidad, este es un enfoque coherente con la visión principal del tema asumida en este libro. Además, la idea de «generar a dios» tampoco encaja muy bien, porque la conciencia mística no suele experimentarse como el resultado del esfuerzo humano, sino como un don recibido. Creo que «descubrir al dios interior» resultaría, en este sentido, más acertado.

A la vista de todas estas opciones, he optado por utilizar indistintamente las expresiones «enteógenos» y «sustancias psicodélicas». Y con ellas me refiero sobre todo a la psilocibina, el ingrediente activo de las setas llamadas sagradas o mágicas que han sido utilizadas –y siguen utilizándose– por los indígenas de Mesoamérica en sus ritos religiosos y curativos. La psilocibina ha sido el principal enteógeno utilizado en las investigaciones que, durante los últimos quince años, hemos llevado a cabo en la Escuela de Medicina de la Johns Hopkins. Para controlar la pureza y dosis exacta, la psilocibina que hemos utilizado ha sido sintetizada en un laboratorio farmacéutico de la Universidad de Purdue. Nuestros farmacéuticos la pesan con cuidado y la colocan en cápsulas azules para los voluntarios de nuestros distintos proyectos de investigación (debo decir que a menudo he fantaseado con la posibilidad de que, con un objetivo exclusivamente humorístico, un farmacéutico colocase algún día una dosis en una cápsula roja, pero, como la ciencia es un asunto serio, tal cosa nunca ha ocurrido). Sea como fuere, el compuesto sintetizado es semejante a cualquiera de las más de 180 especies diferentes de hongos naturales que contienen psilocibina y que crecen en todo el mundo y aparecen en lugares tan distintos como las selvas tropicales olímpicas y amazónicas, en gran parte de la Europa templada, en Australia, Tasmania y Nueva Zelanda, en China, India y Rusia, en las laderas de las montañas de México, en la tundra siberiana, en los frascos de los campus universitarios y, según me han confiado también muy misteriosamente, en los jardines de los juzgados.

Las expresiones «enteógenos» y «sustancias psicodélicas» pueden referirse también a la mescalina, el ingrediente activo del cactus peyote utilizado sacramentalmente por los miembros de la Iglesia Nativa Americana; a la dimetiltriptamina (DMT), una de las sustancias activas del increíble brebaje llamado ayahuasca, que a veces se administra una vez por semana a los miembros de tres religiones al menos de Brasil y países limítrofes; y a la dietilamida del ácido d-lisérgico (LSD), la molécula sintetizada en 1938 por el químico suizo Albert Hofmann e ingerida accidentalmente en 1943, que evoca respuestas tan irracionales –a favor o en contra– que muchos investigadores dudan todavía hoy en mencionarla. Una de las ventajas de la investigación con psilocibina en lugar de LSD, además de su larga historia natural, su perfil de seguridad establecido y su menor duración de acción, es que se trata de una palabra difícil de deletrear y no suele atraer a la prensa ni movilizar el tipo de reacciones tan emocionalmente impredecibles que a menudo se disparan al escuchar las tres letras «ele-ese-de». Existen sustancias similares, como la dipropiltriptamina (DPT), la dietiltriptamina (DET), la metilendioximetanfetamina (MDA) y muchas otras mencionadas por el innovador químico Alexander (Sasha) Shulgin, recientemente fallecido, a la edad de 87 años, en sus libros *PiHKAL* (que significa «fenil-etilaminas que he conocido y amado») y *TiHKAL* (que significa «triptaminas que he conocido y amado»).

Otra expresión que he procurado evitar en este libro es la conocida referencia a estados alterados de conciencia. El término «alterado» parece implicar una modalidad ajena a alguna norma ideal que constituye una línea de base sana, y también me hace pensar en cómo llevamos a nuestros gatos y perros a los veterinarios para que «los alteren» [expresión inglesa que se refiere a la esterilización de las mascotas]. Esta es una expresión que tiene las mismas connotaciones negativas que términos como «alucinante», «distorsionante» o «artificial». Cuando algunas personas que han acudido a mi consulta de psicoterapia han expresado su deseo de ser normales, a veces les he preguntado: «¿Y por qué querrías hacer tal cosa?».

No hay que olvidar que la norma es la media de una determinada población y que, por desgracia, el comportamiento normal gira en torno al logro de bienes mundanos, ver la televisión y beber cerveza compulsivamente, lo que en modo alguno me parece un ideal al que debamos aspirar.

Aunque algunos de los estados de conciencia mencionados en este libro se alejan de la norma, ello no necesariamente es un signo de psicopatología. La normalidad o patología de Moisés, Isaías, Ezequiel, san Pablo, Mahoma o Siddhartha Gautama cuando experimentaron sus visiones puede ser objeto de fascinantes debates en las aulas de psiquiatría, psicología o teología, pero «alternativo» y «no ordinario» son dos términos que me parecen más apropiados y ninguno de ellos tiene connotaciones especialmente críticas.

Un último término que merece aclaración es la palabra «sagrado» que empleo despojada de toda conexión implícita con alguna versión religiosa institucional concreta y con la que me refiero a lo que algunos lectores llamarían simplemente «asombroso», «impresionante» o «sobrecogedor». Me refiero a esa sensación intuitiva de sensibilidad respetuosa, a menudo expresada en silencio, que mucha gente suele experimentar cuando entra en la nave central de una catedral gótica o bajo la hermosa cúpula de una espaciosa mezquita. Quizá esos estímulos ambientales despierten intuitivamente, de algún modo, en nuestro sistema nervioso, una sensación de reverencia independiente de cualquier afiliación a una determinada institución religiosa. Se trata, en fin, de la misma sensación que experimentan algunas personas al contemplar la Vía Láctea en una noche despejada, al contemplar una salida o una puesta de sol espectaculares, al coger la mano de un ser querido en el momento de su muerte o al sostener por primera vez en brazos a un recién nacido.

También debo advertir al lector, en este apartado relativo a la nomenclatura, que utilizo las palabras «conciencia» y «mente» como sinónimos para referirme al campo de nuestra conciencia interior que incluye la totalidad de nuestras percepciones, pensamientos, imágenes mentales, emociones, intenciones y recuerdos. Los términos se refieren a lo que observamos, experimentamos y recordamos, ya sea con los ojos abiertos o con los ojos cerrados, en un amplio continuo que va desde la inconsciencia o el sueño sin sueños hasta ese estado completamente despierto que algunos llaman iluminación y que podríamos describir tan solo como «lo que advertimos que ocurre en nuestro interior». Los estudiosos de los fenómenos esotéricos y algunos practicantes de modalidades de medicina alternativa o complementaria pueden esforzarse en definir cuidadosamente a lo que se refieren con términos tales como «mente», «alma», «espíritu», «psique», «conciencia», «cuerpo astral», «cuerpo etérico», «cuerpo sutil», «cuerpo *chi*», etcétera. En este libro, sin embargo, no hacemos distinción alguna explícita ni implícita entre estos conceptos, independientemente de su posible utilidad o validez, y sin que ello signifique devaluarlos. En este punto, yo opto por la sencillez y me refiero con ello a los elementos fundamentales de nuestro ser.

Enfoque y limitaciones

Aunque la MDMA pura (metilendioximetanfetamina, a veces contenida en drogas llamadas XTC, Molly, Mandy o éxtasis) podría llegar a convertirse en una sustancia valorada en medicina, sobre todo para su uso en el asesoramiento de parejas y en el tratamiento del trastorno de estrés postraumático, y existan informes de que ocasionalmente puede provocar, en algunas personas, experiencias de tipo místico, se considera más un «empatógeno» o «entactógeno» que un «enteógeno» y no se incluye, por tanto, entre las principales sustancias psicodélicas en las que se basa este libro. Los lectores interesados en las investigaciones en curso que podrían llegar a establecer la MDMA como medicamento de prescripción para víctimas traumatizadas y otras personas pueden encontrar información actualizada en la página web de MAPS [Asociación Multidisciplinar de Estudios Psicodélicos] (maps.org), y también es posible encontrar información fiable en los libros de Julie Holland y Sean Leneghan. Asimismo, se ha sugerido que una experiencia inicial con MDMA podría ser de utilidad como primer paso en una sesión con una de las principales sustancias psicodélicas con personas que tienden a ser muy ansiosas o tienen dificultades para confiar en los demás o en su propia mente.

Del mismo modo, no tengo apenas ningún conocimiento personal sobre la ibogaína, la sustancia utilizada religiosamente por el pueblo bwiti en el centro de África oriental, que parece ser muy eficaz para el tratamiento de la adicción a los narcóticos. Y lo mismo podríamos decir con respecto a la ketamina anestésica, la *Salvia divinorum*, el 2-CB y muchas otras sustancias similares, recientemente sintetizadas, sobre las que no estoy capacitado para señalar sus posibles beneficios ni los riesgos fisiológicos o psicológicos que pueda entrañar su consumo.

La observación de la gran variedad de experiencias relatadas por los investigadores con los principales enteógenos mencionados me ha llevado a la conclusión de que parece razonable considerar estas sustancias psicodélicas como marcos de referencia o llaves universales diferentes para abrir la puerta de nuestra mente a modalidades diferentes de conciencia, proporcionándonos así una excelente oportunidad para la exploración y el descubrimiento de más de una forma concreta de experiencia. Tanto en los círculos profesionales como en la calle se habla mucho del modo en que estas sustancias pueden evocar determinadas experiencias, como visiones de deidades, duendes o dragones, de vislumbres de la vida en la Europa medieval, de formas de vida extraterrestre o del aspecto que asume el mundo a los dos años de edad. Las personas que, después de haber tomado una determinada dosis de una determinada sustancia, se han encontrado con un determinado estado de conciencia suelen concluir que lo que han experimentado es «lo que esa sustancia hace».

Si una sustancia de determinada pureza y dosificación tiene una probabilidad más alta que otras de evocar determinados estratos de experiencia, solo lo demostrarán en el futuro proyectos de investigación de doble ciego bien diseñados en los que ni el sujeto voluntario ni el guía que lo acompaña conozcan la sustancia concreta ni la dosis administrada. Según mi experiencia, el abanico de estados alternativos de conciencia propiciados por el LSD, la DPT, la psilocibina y la DMT es muy similar, cuando no idéntico. Las sustancias parecen diferir principalmente entre sí en cuanto a la velocidad de aparición de su actividad, el arco y duración de sus efectos y la rapidez con la que la persona regresa al mundo cotidiano.

Debo advertir al lector que algunas de las perspectivas expresadas en este libro evocarán preguntas y discusiones que espero que acaben expresándose en el debate académico y en proyectos futuros de investigación empírica bien diseñados. Reconozco que el contenido de las páginas que siguen depende de mi especial recopilación de experiencias vitales, con y sin sustancias psicodélicas, dentro de los límites de mi propia mente y en interacción con otras personas. Pero sé también que muchos de los voluntarios y colegas con los que he interactuado a lo largo de los años han expresado perspectivas muy similares, cuando no idénticas. Juntos hemos llegado a los límites de una frontera extraordinariamente distante. Tengo la esperanza de que nuestro conocimiento, complementado con el de quienes tomen el testigo que les dejemos y prosigan esta búsqueda destinada a explorar territorios inexplorados de la mente humana, siga ampliando su alcance con una claridad cada vez mayor.

Inefabilidad y lenguaje

Los libros, como el que el lector tiene ahora en sus manos en papel o en formato digital, son recopilaciones de palabras, signos o símbolos escritos que pueden expresarse con el lenguaje hablado. Este está originalmente escrito con la modalidad de inglés vigente a comienzos del siglo XXI. Tratamos de comunicarnos con precisión utilizando las palabras con la mayor habilidad posible para compartir información o experiencias. Sobre todo en lo que respecta al intento de compartir experiencias profundamente personales y significativas, hay veces en que las palabras parecen, por desgracia, inadecuadas y nos preguntamos si no serían más eficaces un gesto, un poema, una frase musical o unos trazos abstractos sobre un lienzo en blanco.

Las palabras parecen especialmente limitadas para transmitir formas místicas de conciencia, las más personales y significativas de todas las experiencias del repertorio de experiencias con que cuenta el ser humano. Esta es una limitación que expresó a la perfección el vidente que escribió el antiguo escrito taoísta chino titulado *Tao Te King* en el verso que dice «el que sabe no habla; el que habla no sabe». Del mismo modo, el poeta ruso del siglo XIX Fyodor Tyutchev escribió sencillamente que, en lo que respecta a las experiencias místicas, «cualquier palabra que se diga es mentira». Los voluntarios de investigación que, cuando salen de un estado alternativo de conciencia provocado por las sustancias psicodélicas, recuerdan experiencias de conciencia mística suelen cumplir con su acuerdo previo de escribir un informe descriptivo de todo lo que puedan recordar, pero acaban protestando diciendo que se trata de una tarea casi inútil porque la esencia de su experiencia sigue siendo inexpresable.

Uno de los factores de esta inefabilidad parece deberse simplemente a la falta de vocabulario. La gente afirma haber experimentado contenidos visionarios para los que carecemos de palabras. A veces se han sentido inmersos en otras culturas o periodos de tiempo, en un pasado remoto o quizá incluso en el futuro. Esta es una situación que se ha comparado a la reacción del hombre de las cavernas que se viera súbitamente transportado al Manhattan actual, rodeado de rascacielos, metros, aviones y gente mandándose mensajes de texto a través de un teléfono móvil. Lo único que podría decir el pobre hombre cuando, al volver a su cueva, su mujer le preguntara «¿Qué es lo que has visto en ese viaje, Gorg?», sería gruñir y decir que era algo inmenso, ruidoso e impresionante y quizás, en el mejor de los casos, podría llegar a utilizar una expresión más refinada como, por ejemplo, «realmente asombroso». Pero tal vez también tuviera la sensación intuitiva de que lo que experimentó tenía una estructura lógica que alguna generación futura acabaría articulando. Algo parecido puede ocurrir con el caso de la conciencia mística que ahora nos ocupa: un orden, una belleza y un significado de alcance tan infinito y multidimensional que, a falta de palabras, la gente califica de «inefable». El griego, por ejemplo, tiene más palabras que el inglés para referirse al amor, y el sánscrito parece que tiene más palabras para describir y discutir los cambios sutiles de los estados de conciencia meditativa.

Otro problema de la comunicación verbal tiene que ver con la estructura misma del lenguaje. Nuestras frases están articuladas siguiendo una secuencia temporal de sujeto, verbo y predicado, pero, en los estados místicos de conciencia, hay veces en los que el tiempo se desvanece. ¿Tuve yo una experiencia mística o fue la experiencia mística la que me tuvo a mí? El yo cotidiano también puede experimentar su muerte, pero la conciencia de lo eterno perdura y queda grabada en la memoria antes de que el «yo» se dé cuenta de que ha vuelto a renacer en el mundo del tiempo. ¡Estas cosas son muy difíciles de explicar!

Otro factor que complica el intento de transmitir estos profundos estados de conciencia es la paradoja, es decir, el modo en que conceptos que el pensamiento y la conversación cotidiana considera opuestos quedan subsumidos, en esos estados, en una realidad que los incluye a ambos. Los filósofos llaman a estos opuestos «antinomias» y reflexionan sobre ellos: lo uno y lo múltiple, lo universal y lo particular, lo personal y lo impersonal, lo eterno y lo temporal, lo masculino y lo femenino, la libertad y el determinismo, el bien y el mal, etcétera. Desde la elevada perspectiva proporcionada de la conciencia mística, estos opuestos suelen experimentarse de un modo tan significativamente interrelacionados que su expresión exige el reconocimiento de «y/o» en lugar de «uno u otro». En su intento por expresar sus experiencias místicas, hombres y mujeres se descubren diciendo cosas tales como «morí, pero jamás me había sentido tan vivo», «era un vacío que contenía toda la realidad» o «recuerdo que la Realidad Última era más que una persona y que estaba impregnada de amor». Con problemas semejantes tropiezan los físicos cuando tratan de explicar que la luz es, al mismo tiempo, onda y partícula. No es de extrañar que, ante una tarea de tal envergadura, muchas personas se sientan cohibidas y acaben refugiándose en el mutismo.

Es por todo lo anterior por lo que, en el intento de escribir lo mejor que puedo estas páginas, yo, como muchas de las personas a las que he decidido citar, alternamos con cierta libertad entre las modalidades de expresión científica y poética.

El lugar que ocupa la experiencia religiosa en la religión

Veamos, por último, algunas palabras introductorias para lectores especialmente interesados en el renacimiento de la investigación psicodélica en los campos de la teología y los estudios y la práctica religiosa. Gran parte del contenido de este libro se centra en experiencias religiosas primarias, encuentros directos con una dimensión sagrada de la conciencia humana que pueden considerarse una revelación continua, aquí y ahora, en pleno siglo XXI. Fue William James, el psicólogo de Harvard que, en 1902, publicó *Las variedades de la experiencia religiosa* y que también era conocido por explorar otros estados de conciencia con la ayuda del óxido nitroso, quien estableció una distinción entre las experiencias religiosas *primarias* y las experiencias religiosas *secundarias*. Aquellas se refieren a las experiencias que le han sucedido directamente a uno y las secundarias se refieren a las experiencias de otros, algunas de las cuales han acabado convirtiéndose en creencias o quizás han descrito comprensiones experienciales que acabaron consagrándose en forma de escrituras sagradas. Entre las formas de experiencia religiosa primaria, a veces menos intensas que los estados visionarios y místicos de conciencia, cabe destacar la devoción personal, la sensación experimental de entregar la propia vida a una dimensión sagrada que trasciende la personalidad ordinaria y estar en comunión con ella, como sucede en el caso del *bhakti yoga* y en muchas otras formas de culto y oración. Sin embargo, por más valoradas que sean estas experiencias primarias para quienes tienen la suerte de experimentarlas no son, en mi opinión –independientemente de su plenitud o intensidad–, más que un pilar de lo que muchos considerarían una vida religiosa equilibrada y madura.

Hay otros tres pilares, cada uno con su propio significado. En primer lugar, están las escrituras sagradas, ya sean la Torá, la Biblia, el Corán, los *Vedas*, las *Upanishads* y la *Bhagavad Gita*, los sutras budistas, el gurú sij Granth Sahib, el *Tao Te King* y muchos otros. En segundo lugar, hay formulaciones teológicas –de naturaleza fundamentalmente racional– y tradiciones históricas o institucionales únicas que cambian con el paso del tiempo, como sucede con el *Talmud* hebreo, los credos cristianos y las conferencias de Shankara (el vidente advaita o no dualista del siglo VIII d.C.) o Ramanuja (un filósofo hindú que, en el siglo XI d.C., incluyó conceptos teístas). En tercer lugar, hay expresiones sociales de la creencia religiosa en el servicio compasivo a los demás, tanto dentro de las congregaciones religiosas o *sanghas* como en el mundo en general, en el contexto del *karma yoga*, la *bodhicitta* o el *tonglen* budista, la *tzedaká* y el *chesed* judíos, la *islaah* o *da'wah* musulmana o los *langars* sijs y los hospitales, residencias de ancianos y comedores de beneficencia cristianos. Las experiencias religiosas primarias pueden aportar sabiduría y vitalidad que iluminen y refuercen estos otros pilares religiosos, pero, a mi juicio, no los hacen menos importantes. Del mismo modo que las personas varían en sus estructuras de personalidad y forma de estar-en-el-mundo (una extraordinaria expresión existencialista), algunos pueden dar más peso a uno o dos de estos cuatro pilares que a los demás. En mi opinión, sin embargo, todos ellos tienen importancia y merecen un respeto, un compromiso y un estudio serio.

Las manifestaciones de la religión presentes en algunas formas de gnosticismo que han tendido a enaltecer la importancia de la experiencia espiritual directa y a devaluar simultáneamente otros pilares de la empresa religiosa parecen haber acabado convirtiéndose en sectarias, esotéricas e ineficaces a la hora de comunicarse con aquellos que, por las razones que fuere, son incapaces de compartir una visión común. Cada vez son más las personas que, en el intento de expresar su insatisfacción con las formas institucionales de la religión, afirman considerarse «espirituales, pero no religiosos». Algunos tienden a abandonar la expresión social de la espiritualidad en comunidades religiosas cohesionadas con lo cual, sin darse quizás cuenta de ello, dejan que la palabra «religión» se refiera exclusivamente a las manifestaciones institucionales centradas en el dogma que el mundo científico moderno considera despojadas de inspiración, vitalidad y relevancia.

Pero debo decir que, si la palabra «religión», derivada del término latino *religare* [que literalmente significa «re-conectar»], ha de seguir significando aquello que nos mantiene profundamente unidos y refleja una visión compartida de lo que confiere a la vida su sentido y significado más profundos, no soy partidario de reemplazarla por la palabra «espiritualidad». A lo largo de la historia, la mayoría de las instituciones religiosas han incluido y acogido, independientemente del modo en que se hayan generado, experiencias denominadas espirituales o religiosas. La Constitución de los Estados Unidos de América protege la «libertad de religión» y nada dice sobre la «libertad de espiritualidad». Tengo la esperanza de que, en la medida en que sus estilos de pensamiento teológico y prácticas religiosas sigan evolucionando para conectar más firmemente con los anhelos espirituales y la comprensión intelectual de aquellos a quienes afirman servir, llegará un momento en que los líderes de las instituciones religiosas de las distintas religiones del mundo acaben aceptando las contribuciones de los enteógenos. Estoy convencido de que, si la formación teológica y los retiros y la práctica religiosa termina aceptando la importancia de los enteógenos como herramientas optativas y legalmente accesibles, las experiencias que provoquen acabarán contribuyendo a una vida religiosa más equilibrada y a unas comunidades religiosas más sanas.

3. Revelación y duda

Ajustes cognitivos iniciales

¿Qué hace uno con una experiencia mística?, o, quizás mejor dicho, ¿qué hace la experiencia mística con uno? Después de mi primer encuentro con los estados místicos de conciencia que he mencionado en el prefacio, en la clínica psiquiátrica de Gotinga se me llegó a conocer como «el estudiante americano que tuvo una interesante experiencia mística». Mi experiencia fue atípica en aquella época, porque se administraba una dosis relativamente baja con poca preparación y apoyo emocional y sin saber muy bien cómo maximizar la seguridad y el posible beneficio. Otros voluntarios llegaron a experimentar cambios sensoriales y perceptuales, recuerdos de la primera infancia y también ocasionales episodios de ansiedad, malestar físico o procesos de pensamiento paranoide.

Nunca sabré si yo fui un «místico natural» que estaba a punto de descubrir espontáneamente esa profunda forma de conciencia y, por tanto, solo necesité una dosis baja de psilocibina para facilitarla, o si, como acababa de llegar solo a un nuevo país e inmerso en un nuevo idioma, experimentaba el estrés y la inseguridad suficiente para desencadenar ese tipo de fenómenos. Siempre tuve una leve conciencia de la existencia de una dimensión sagrada que se manifestaba especialmente en la prístina belleza de los escarpados y fragantes pinares que rodeaban las orillas del Lago Superior, en la península superior de Michigan en donde crecí, pero nada de ello había tenido una intensidad semejante. En aquel momento, no estaba muy seguro de que «yo hubiese tenido la experiencia» y me parecía igualmente válido decir que «la experiencia me había tenido a mí». El mejor modo de expresarlo con palabras era decir que su recuerdo permanecía vívidamente grabado en mi conciencia mientras caminaba por las calles o permanecía sentado en las aulas universitarias. A decir verdad, resultó ser un punto fundamental de apoyo que no solo me proporcionó claridad, sino también dirección a la vida que poco a poco iba desplegándose ante mí.

El diseño de la investigación del estudio en el que participé implicaba la administración de dos derivados de la psilocibina de acción más corta (que, en lugar de las seis horas habituales, propiciaban unas cuatro horas de estados alternativos) conocidos como CEY-19 y CZ-74. Para los lectores que entiendan algo del lenguaje de la química, la metabolización de la psilocibina, históricamente conocida como C-39 (4-fosforiloxi-N,N-dimetiltriptamina), acaba transformándose, siguiendo procesos bioquímicos corporales, en psilocina (4-hidroxi-N,N-dimetiltriptamina). Como sucede con la psilocibina, la CEY-19 (4-fosforiloxi-N,N-dimetiltriptamina) se convierte en CZ-74 (4-hidroxi-N,N-dimetiltriptamina), que es el componente activo. Administrada a intervalos de cuatro semanas, esta investigación pretendía comparar a ciegas los efectos de las dos sustancias de acción más corta. Más tarde supe que mi experiencia inicial fue ocasionada por 13 mg de CZ-74 y que, en las tres sesiones de investigación posteriores, se me administraron inyecciones de 13 mg de CEY-19, 16 mg de CEY-19 y 16 mg de CZ-74.

Con una mezcla de expectativa e inquietud esperaba que, en las tres ocasiones siguientes, volviesen a producirse fenómenos místicos, pero no pasó nada de eso. Es cierto que experimenté una profunda relajación y algunos pequeños cambios sensoriales, acompañados de algunas reflexiones filosóficas tal vez esclarecedoras, pero nada en absoluto que pudiera considerar especialmente revelador o religioso. Cuando escribí en mi diario después del cuarto y último experimento de esta serie, empecé a preguntarme si no habría sido demasiado ingenuo y crédulo y no habría exagerado lo que ocurrió durante mi primera experiencia. Tal vez lo que yo había denominado conciencia mística no había pasado de ser más que un tipo de placer sensorial. El péndulo de mi orientación teológica empezó entonces a alejarse de las teorías experienciales de los existencialistas religiosos y se acercó a los estilos de pensamiento conservadores, entonces llamados neoortodoxos. Lo que me quedó claro, sin embargo, fue que la facilitación de una forma mística de experiencia iba más allá del simple hecho de recibir un enteógeno y experimentar «el efecto de la droga».

La contribución de Walter Pahnke

En ese momento, Walter Norman Pahnke llegó a Gotinga con una beca de intercambio de la Universidad de Harvard con su esposa Eva y su hija Kristin, una niña rubia. Nos conocimos en la clínica de Leuner y no tardamos en hacernos buenos amigos. Wally (doctor en medicina, máster en teología y residente en psiquiatría en Harvard), que estaba visitando centros europeos en los que se investigaba con sustancias psicodélicas, había llevado a cabo, para su tesis doctoral en historia y filosofía de la religión sobre el tema «Religión y sociedad», el proyecto de investigación que acabó conociéndose como «experimento del Viernes Santo». Para demostrar con métodos de doble ciego que la psilocibina podía provocar experiencias místicas similares, cuando no idénticas, a las recogidas en la literatura mística, administró, en cápsulas de apariencia idéntica, 30 mg de psilocibina o 200 mg de niacina (vitamina B-3, conocida también como ácido nicotínico, cuyos efectos se limitan a un leve mareo y una sensación de hormigueo).

Los voluntarios de esa investigación eran veinte estudiantes de teología de la cercana Facultad de Teología Andover-Newton y diez profesores o alumnos de postgrado de universidades cercanas que actuaron a modo de acompañantes o guías. Se asignaron dos guías a cada uno de los cinco subgrupos de cuatro estudiantes de teología, uno de los cuales, aleatoriamente elegido, recibió psilocibina y el otro niacina. Todos esperaban el empleo de un placebo inactivo en el estudio, de modo que la sugestión fue máxima en quienes simplemente recibieron niacina. El experimento se llevó a cabo en un pequeño espacio de culto ubicado en el sótano de la Capilla Marsh de la Universidad de Boston. El servicio anual del Viernes Santo, presidido por el eminente predicador afroamericano Howard Thurman (un hombre de sensibilidad mística), tuvo lugar simultáneamente en el santuario principal del piso superior y se transmitía por altavoces a la capilla del sótano. El experimento se llevó a cabo el 20 de abril de 1962 y se dio a conocer a través de la prensa como «el milagro de la capilla Marsh», y sus resultados (recogidos a través de cuestionarios y entrevistas) corroboraron la hipótesis de Wally.

Pese a su interés y curiosidad, Wally no había tomado, antes de febrero de 1964, una sustancia psicodélica y esperaba pacientemente, con tanta incertidumbre como ansiedad, la confirmación de la concesión del título de doctor. La controversia acechaba, por aquel entonces, en Harvard, a las drogas psicodélicas y dos de sus apoyos académicos, Timothy Leary y Richard Alpert (posteriormente conocido como Ram Dass), habían sido despedidos de la universidad en la primavera de 1963: el primero por abandonar la ciudad y sus responsabilidades docentes sin el debido aviso, y Alpert por dar psilocibina a un estudiante universitario después de haber acordado emplear como sujetos de estudio únicamente a estudiantes graduados.

Al oír la historia de mi participación en la investigación y mi perplejidad sobre su significado, Wally propuso al doctor Leuner una quinta administración. También sugirió que la sesión experimental se llevara a cabo en una habitación de la clínica, en la segunda planta, con más luz, plantas y música y que él se quedara conmigo para ofrecerme, en el caso de que lo necesitara, apoyo emocional. Yo estaba abierto a la idea y el doctor Leuner aprobó encantado el plan. Así fue como Wally y yo fuimos a comprar música (concretamente, una grabación de 33 rpm de *Ein Deutsches Requiem* de Brahms y una edición de 45 rpm de la *Fantasía y fuga en sol menor* de J.S. Bach para órgano) que nos sirviera para acompañar la experiencia. Así fue como, el día de San Valentín de 1964, recibí una inyección intramuscular de 28 mg de CEY-19.

La quinta sesión y sus efectos

Poco después de la administración de la psilocibina, las formas místicas de conciencia reaparecieron en todo su esplendor, arrastrando repetidamente a mi ser a través de varios ciclos de muerte y renacimiento psicológico que dejaron grabada en mi cerebro la intensidad noética del conocimiento espiritual. El informe de la investigación que escribí posteriormente estaba lleno de expresiones como «ternura cósmica», «amor infinito», «paz penetrante», «bendición eterna» y «aceptación incondicional», junto a otras como «asombro indescriptible», «alegría desbordante», «humildad primordial», «gratitud inexpresable» y «devoción incondicional»; todo ello seguido de la frase «pero todas estas palabras resultan irremediablemente inadecuadas y apenas si pueden señalar los verdaderos e inefables sentimientos experimentados». No había exagerado lo que ocurrió durante mi primera experiencia, pero me sentía como si hubiese olvidado el 80%. Jamás he vuelto a dudar, desde entonces, de la realidad e importancia de ese estado de conciencia, aunque de ello haya pasado ya más de medio siglo. Esa lucidez solo se ha visto renovada en contadas ocasiones con la ayuda de disciplinas meditativas, mientras me hallaba inmerso en plena naturaleza, en medio de una actuación musical o bajo los efectos de alguna sustancia psicodélica.

En distintas conferencias y publicaciones profesionales he subrayado, a lo largo de los años, diferentes formas de interpretar estas profundas experiencias. Aunque podemos emplear etiquetas como «deterioro cognitivo», «ilusión», «episodio hipomaníaco», «regresión a una modalidad infantil de funcionamiento», o afirmar incluso que la conciencia mística no es más que un delirio convincente o una defensa ante la muerte, son muchos los argumentos racionales a los que podemos apelar para refutar cualquier sugerencia que pretenda refutar o cuestionar la importancia de esos reveladores estados mentales. Quizás los más convincentes de esos argumentos sean los que apunten a la reiteración de descripciones similares a lo largo de la historia en diferentes culturas y los imperativos éticos, las ideas creativas y el liderazgo que a menudo nos ha dejado su estela. En última instancia, sin embargo, he llegado a considerar una cuestión de decisión personal afirmar el conocimiento experiencial e intuitivo. En ese sentido, creer en la validez de la conciencia mística se asemeja a creer que uno ama de verdad a su cónyuge o a sus hijos. Uno vive, a fin de cuentas, asentado en esas convicciones. Para bien o para mal, el recuerdo de la conciencia mística ha estructurado mi *Weltanschauung*, es decir, mi visión del mundo. Como afirma sucintamente el antropólogo Jeremy Narby en el documental *Neurons to Nirvana*, en referencia a su propia experiencia personal durante los efectos de la ayahuasca: «Una vez que bebes ves y, después de haber visto, ya no puedes dejar de ver».

La definición de Walter Pahnke de la expresión «conciencia mística» incluye una categoría llamada «cambios positivos duraderos en la actitud y en la conducta». Esta es una categoría que, aunque no sea intrínseca al contenido inmediato y experiencial de este estado alternativo de conciencia, suele tenerse en cuenta cuando, independientemente del modo en que se hayan visto provocadas, se debate la supuesta validez de las experiencias místicas informadas a lo largo de la historia. Huston Smith, un eminente erudito de las religiones comparadas, lo dijo muy claro en su distinción entre «experiencia religiosa» y «vida religiosa» y entre «estado de conciencia» y «rasgo de conducta». Según el budismo, uno de los signos distintivos de la verdadera espiritualidad es el regreso humilde del adepto despierto desde la cumbre de la iluminación a una vida de servicio a los demás en la plaza del mercado, donde la necesidad de compasión es más acuciante. En la herencia judeocristiana, resulta pertinente el modelo esbozado por el Deuteroisaías del «siervo sufriente» como verdadero emisario de Yahvé. Quizá en este punto fue donde Timothy Leary se equivocó, o, al menos, donde se equivocó la interpretación popular de sus palabras porque, en lugar de «prende, sintoniza y desconecta», el mensaje debería haber sido «prende, sintoniza y comprométete». El énfasis debería haberse puesto en expresar la preocupación por los demás y por el mundo a través del compromiso respetuoso con quienes puedan tener perspectivas o valores diferentes esforzándose diligentemente, al mismo tiempo, en llevar a la práctica las propias ideas visionarias en y a través de las estructuras sociales existentes. La observación de los cambios de actitud y de conducta experimentados, a lo largo de los años, por quienes se han interesado en investigar la conciencia mística me ha permitido descubrir la importancia fundamental de este factor. En la literatura clásica del misticismo, la primera experiencia visionaria o mística suele entenderse como un signo de la fase de despertar o inicio del desarrollo espiritual, a la que sigue la purgación, que a menudo incluye lo que, en el siglo XVI, san Juan de la Cruz denominó «noche oscura del alma». A esa fase le sigue la iluminación gradual, que va desplegándose con eventuales vislumbres del regreso a la conciencia unitiva acompañadas de una atención cada vez más compasiva al mundo cotidiano.

Es evidente que la primera revelación no es ninguna confirmación de santidad. Bien podríamos entenderla como un viaje en helicóptero a la cima de la montaña espiritual, pero, cuando uno regresa al campamento base a través del serpenteante y difícil camino por un territorio difícil, la escalada todavía está por hacer. Son muchos, sin embargo, los que ahora parecen motivados para emprender el camino de ascenso. No cabe la menor duda de que la montaña tiene una cúspide y de que la perspectiva que desde ahí puede contemplarse merece todo el esfuerzo y la angustia del viaje espiritual y de que el viaje tiene ahora un sentido. Estoy seguro de que muchos de los que hoy están comprometidos con la práctica meditativa disciplinada y con la acción compasiva, algunos de los cuales rechazarían incluso la invitación a recibir un enteógeno aunque fuese legalmente accesible, no tendrían empacho en reconocer que su interés por el desarrollo espiritual se vio inicialmente motivado o alentado por alguna experiencia significativa provocada por una sustancia psicodélica.

En mi diario personal de los veintitrés años menciono haber logrado, después de mi experiencia de conciencia mística, una sana independencia de las presiones sociales y lo que yo consideraba una mayor libertad para «ser yo mismo». Hablando en términos existenciales, había dejado de sentirme una marioneta controlada por las expectativas sociales que se cernían sobre mí, un cambio que se vio acompañado por una sensación de paz interior, una mayor autoconfianza y una considerable reducción de la ansiedad. Creo que también me convertí en una persona menos inhibida, más espontánea y juguetona y más capaz de establecer relaciones más próximas y auténticas. Me sentía, al menos para mí en esa etapa de mi vida, en sintonía con «lo que realmente importa», algo a lo que Paul Tillich se refiere como «el coraje de ser», lo que incluye «el coraje de aceptar la aceptación». Creo que, junto a las intuiciones de las que hablo en el capítulo siguiente, quienes me conocen dirían que, desde entonces, he tratado de mantener una sensación de centramiento y de profundo optimismo, aun en medio de grandes tensiones y cambios vitales, incluida la muerte de mi esposa y, lo que no es menos significativo, los cambios provocados en 1977 en mi orientación laboral y mi identidad profesional cuando el Gobierno de los Estados Unidos puso fin a la investigación psicodélica a la que, hasta entonces, había dedicado mi vida. En ese preciso momento traté de aplicarme personalmente el mantra que a menudo dábamos a nuestros voluntarios de investigación para ayudarles a atravesar transiciones difíciles de conciencia: «Confía, suelta y permanece abierto».

Así pues, he decidido confiar en la validez de los recuerdos de formas visionarias y místicas de conciencia a los que puedo seguir accediendo en el campo de conciencia mental en medio de la vida cotidiana. El lector que, con o sin el uso de enteógenos, haya tenido la oportunidad de tener experiencias parecidas deberá ponderar sus posibles revelaciones y dudas y extraer sus propias conclusiones. Es innegable que hay experiencias leves que algunas personas recuerdan y pueden haber sido inducidas por la sugestión y la imaginación. Además, existe un territorio intermedio en el que las imágenes abstractas y las experiencias de goce estético empiezan a fundirse con el terreno de un conocimiento espiritual más profundo. La imaginación, a fin de cuentas, es la mente produciendo imágenes creativas, y algunas de ellas pueden ser ricas en significado y verdad personal y relevantes para el conocimiento espiritual y para la vida cotidiana. Mi actitud al respecto consiste en respetar casi cualquier experiencia que otra persona considere sagrada. La única excepción en este sentido sería que alguien justificase una conducta, en mi opinión manifiestamente irracional o destructiva, apelando a un supuesto estado más elevado de conciencia. En tal caso, el proceso de llegar a un juicio más sabio me obligaría a combinar la razón con las experiencias reveladoras de otros. Las comprensiones espirituales que han experimentado la mayoría de las personas que han conocido formas místicas de experiencia son, en mi opinión, considerablemente similares.

Parte II.
Formas místicas y visionarias de conciencia

4. El conocimiento intuitivo

Una de las razones que explican la importancia del estudio de las formas místicas de conciencia es que, por más exaltados y elevados que sean los sentimientos que las acompañan, esas experiencias se encuentran más allá de la emoción. Tanto en la literatura mística de las distintas tradiciones religiosas como en la investigación psíquica moderna, esas experiencias incluyen un tipo de conocimiento que a menudo se asimila a la «contemplación de la verdad». Este fue un aspecto de la experiencia mística a la que William James, el psicólogo de Harvard que, en 1902, publicó *Las variedades de la experiencia religiosa*, se refirió como su «cualidad noética». Más recientemente, en *Misticismo y filosofía*, publicado en 1960, Walter T. Stace, de la Universidad de Princeton, esbozó la categoría «objetividad y realidad» para dar cuenta no solo de la certeza del conocimiento intuitivo, sino también de la convincente intensidad de esos estados de conciencia.

Pese a sus muchas contribuciones creativas para ayudarnos a entender el funcionamiento de la mente, Sigmund Freud tuvo dificultades para entender este aspecto del funcionamiento mental al que denominó «sensación oceánica», un término acuñado por el novelista, poeta y místico francés Romain Rolland –que, según escribió Freud en su libro *La civilización y sus descontentos*, «se declara en sus cartas amigo mío»– para referirse a la conciencia mística. Incapaz de encontrar la conciencia mística en su propia mente, Freud tendía a devaluar la importancia de la experiencia y optó por interpretarla como un recuerdo caracterizado por la fusión con el útero materno y previo al desarrollo del yo individual o ego. Pese a ello, sin embargo, reconoció la posibilidad de que «puede haber algo más detrás de esto que, por el momento, sigue envuelto en la oscuridad».

Pero, aun en el caso de que entendamos la experiencia como una regresión, e incluso como una regresión previa al lactante y se remonte a los recuerdos de la vida intrauterina, parece que, dentro del útero, ocurren muchas más cosas de las que Freud llegó a imaginar. Desde la perspectiva de quienes han experimentado alguna forma mística de conciencia, estos cambios en la percepción del tiempo que nos acercan a la dimensión eterna puede entenderse como una regresión o como una progresión, y el contenido descubierto suele describirse como algo que no se limita a los meros sentimientos. Es posible que, en su *Oda a las insinuaciones de inmortalidad en los recuerdos de la primera infancia*, el poeta William Wordsworth haya dado en el blanco al escribir que «Llegamos arrastrando nubes de gloria / de Dios, que es nuestro hogar: / ¡El cielo nos rodea en nuestra infancia!».

Tendemos a pensar que los dominios experienciales son «subjetivos» y que, en el mejor de los casos, la intuición es «una corazonada femenina» y hemos aprendido a pensar que el conocimiento objetivo está irremisiblemente ligado al proceso cognitivo que llamamos «pensamiento» o «razón». Por su parte, los estudiosos de la mística se toman muy en serio el conocimiento intuitivo y llegan a señalar la existencia de dos modalidades de conocimiento: el pensamiento racional y la intuición. Rudolf Otto, el teólogo y estudioso de las religiones comparadas alemán que, en 1917, publicó *Das Heilige* (traducido como *Lo santo*), señaló la existencia de tres categorías diferentes de procesos mentales: 1) la racional, 2) la irracional y 3) la no racional, y que es en esta última categoría en donde ubica las reivindicaciones de los místicos.

¿Cómo podemos diferenciar, cuando reflexionamos racionalmente en la literatura mística o en los informes de investigación escritos por voluntarios a los que se ha administrado una sustancia psicodélica, lo «irracional» de lo «no racional»? Aunque esta pregunta pueda hacer las delicias de los epistemólogos, en el ejercicio mental de tratar de entender y de explicar cómo sabemos lo que creemos saber puede ser útil examinar dos simples perspectivas: 1) de qué manera podemos comparar el conocimiento intuitivo del que nos informa una persona con el conocimiento del que nos han informado otras, y 2) la actitud y conducta derivadas del tipo de conocimiento al que William James denominó los «frutos para la vida».

Conviene señalar, para abordar la primera perspectiva, que los sujetos suelen informar de la existencia de varios principios del conocimiento que, en las formas místicas de experiencia, «permanecen juntos». Reconociendo las limitaciones del lenguaje y las diferencias personales en lo que respecta al significado de las diferentes palabras, me limitaré a enumerar y analizar brevemente algunos de estos principios. El núcleo común de este tipo de comprensiones suele incluir la realidad de 1) Dios, 2) la inmortalidad, 3) las interrelaciones, 4) el amor, 5) la belleza y 6) la sabiduría emergente.

Dios

Esta sencilla palabra de tres letras [en inglés] tiene significados muy diferentes para las diferentes personas y evoca pasiones que van desde el asombro y la devoción hasta la indiferencia y la repugnancia. Algunos piensan, al escucharla, en la imagen del Dios creador de Miguel Ángel en el techo de la Capilla Sixtina de Roma, un hombre corpulento con una poblada barba blanca, rodeado de querubines, ataviado con ropajes traslúcidos, en algún lugar de las nubes y esquivando quizás aviones a reacción. Si existe, parece ser bastante irrelevante para quienes luchan en la vida cotidiana. Para otros, Dios parece ser una fuerza destructiva, una especie de juez que se manifiesta mediante truenos, plagas, terremotos, tsunamis y enfermedades mortales. A lo largo de los años, me he dado cuenta de que, cuando pregunto a la gente que se considera atea en qué clase de Dios no creen, coincido plenamente con ellos. Su visión de Dios suele ser bastante imprecisa y está fuertemente teñida por el rechazo de las ideas que, durante su infancia y su adolescencia, trataron de imponerles adultos supuestamente bien intencionados. Los hay que todavía recuerdan el esfuerzo que les suponía permanecer quietos en incómodos bancos de madera durante sermones tan largos como aburridos. Otros han experimentado pérdidas o traumas vitales tan dolorosos que eclipsan el intento de encontrar sentido en cualquiera de los marcos religiosos con los que se han encontrado. También son muchos los que no han tenido la oportunidad o no han dedicado el tiempo necesario a explorar conceptos de Dios más acordes a las visiones de los místicos y de los eruditos en las fronteras de la ciencia.

Un descubrimiento fascinante al hablar con místicos de diferentes tradiciones es su convencimiento de la realidad de una dimensión sagrada de la conciencia y de lo poco que les importan las palabras utilizadas para describirla. Si te gusta la palabra «Dios», está bien, si prefieres «Yahvé», «Jehová», «conciencia crística», «Alá», «Brahman», «Gran Espíritu» o simplemente «poder superior», también está bien y, si prefieres verbalizar la realidad ultraterrena como «el Vacío», «la Nada», «la Conciencia No-dual», «la Tierra Pura» o los «campos celestiales de Buda», tampoco hay ningún problema. Son muchas las palabras utilizadas por las diferentes tradiciones religiosas y sistemas filosóficos para referirse a ello, como «lo numinoso» de Rudolf Otto, «el Fundamento del Ser» de Paul Tillich y hasta «las propiedades intencionadas del protoplasma» del biólogo de Yale Edmund Sinnott. Algunos aficionados a *La guerra de las galaxias* pueden contentarse simplemente con decir «¡Que la Fuerza te acompañe!», y un teólogo conocido como el Pseudodionisio Areopagita, que se centró en la relación existente entre el pensamiento neoplatónico y el cristianismo primitivo a finales del siglo v o principios del vi, era muy aficionado a denominarlo «lo Innombrable».

Wayne Teasdale, un monje cristiano y budista que entendía perfectamente la conciencia mística y la promesa de los enteógenos sabiamente ingeridos, acuñó el término «interespiritualidad» para referirse a la montaña de la verdad con una cumbre común y muchos caminos de ascenso que, desde su falda, conducen a su inefable cima. Cada camino, desde la perspectiva proporcionada por este modelo, merece la pena ser explorado y contiene sus propias tradiciones históricas y expresiones simbólicas de las verdades espirituales, su propia sabiduría y su propia inspiración. Y, como nadie puede recorrer todos los caminos al mismo tiempo, lo más sensato suele ser abrazar la tradición o cultura de la infancia de cada cual, aprender ese idioma y valorar las historias y expresiones rituales que lo acompañan. Sin embargo, uno puede seguir su propio camino sin dejar de respetar y valorar, por ello, los caminos de los demás, que pueden ser muy diferentes. Uno puede sentirse orgulloso de su propia tradición y compartirla con sus hijos como un valioso tesoro y seguir abierto a aprender lo que pueda aprender de otras tradiciones, compartiendo las diferentes perspectivas y disfrutando de los puntos comunes.

Según esta metáfora, los caminos van aproximándose a medida

que se aproximan a la cima. Por ello es posible que un cristiano rinda culto genuino en un templo hindú, que un judío se incline ante Alá en una mezquita islámica, que un budista rece una oración taoísta o cualquier otra posible combinación. En este sentido, me vienen a la mente las Escrituras: «Escucha, Israel, el Señor nuestro Dios es Uno» (Deut. 6:4); «antes que Abraham existiera, Yo existo» (Juan 8:58). «Di (Mahoma): Él es Dios, el Único; Dios, el Eterno, Absoluto; Él no engendra, ni es engendrado; y no hay nadie como Él» (Corán 112:1-4); «Solo hay un Dios, uno sin segundo; nada más, nada en absoluto, nada en lo más mínimo» (*Brahma Sutra*). Aquellos que, en su infancia, cantaron en la iglesia o en torno a hogueras en campamentos de verano recordarán la canción *He's Got the Whole Wide World in His Hands* [«Él tiene el mundo entero en sus manos»]. Pareciera que, cuanto mayor es la conciencia de lo eterno en la conciencia humana, menos identificada se halla la personalidad cotidiana con su particular colección de palabras y conceptos favoritos.

Permítanme ahora, antes de que algunos eruditos de la religión muestren su disconformidad con el párrafo anterior, invocar de nuevo los principios de inefabilidad y paradoja y pedir a los lectores que procuren, provisionalmente al menos, poner entre comillas aquellas palabras y conceptos, ya sean religiosos o no religiosos, que estructuran nuestra vida cotidiana. Esto es importante porque, como veremos más adelante, el conocimiento experiencial de «Un solo Dios» va siempre acompañado, si nos lo tomamos en serio, de una conciencia de la interconexión e interrelación existente entre todos los pueblos, independientemente de sus orígenes nacionales o culturales lo que, a su vez, tiene profundas implicaciones para el entendimiento intercultural, la ética y la paz mundial. Es por ello por lo que, por más importante y rica que sea nuestra herencia y nuestra práctica religiosa, resulta miope y peligroso, en el mundo del siglo XXI, ignorar o depreciar las tradiciones y perspectivas asumidas por otras culturas. Cualquier comprensión respetuosa de la amplia variedad de lenguajes y tradiciones religiosas pasa por la aceptación de la existencia de la gran diversidad de experiencias religiosas significativas. El foco de nuestra atención, en este punto de nuestro debate, se centra en la conciencia mística definida como una conciencia unitiva. El hinduismo reconoce, en este sentido, que el *atman* del yo individual es un fragmento integral del *brahman* universal, una gota de agua que, cuando llega al inmenso océano, se diluye en él. Esta es, innegablemente, un tipo de experiencia tan habitual en la literatura histórica del misticismo como en los informes de los voluntarios en los proyectos de investigación psicodélica, y la profundidad de su recuerdo es casi igual de significativa.

Pero esto, sin embargo, no excluye otras variedades de experiencia religiosa, como las formas visionarias de conciencia en las que el yo cotidiano se relaciona amorosamente con lo divino; los estados de conversión en los que la culpa y el dolor se convierten en sentimientos de perdón y aceptación incondicional; los sentimientos sencillos y tranquilos de presencia de lo divino dan paso a periodos de oración, meditación o amor sereno, o a experiencias de comunión con la naturaleza. Todas estas posibles experiencias –e indudablemente muchas más– parecen formar parte del repertorio humano y es muy probable que resulten accesibles a la inmensa mayoría, si no a todo el mundo. En los siguientes capítulos prestaremos más atención a esos otros estados mentales.

Especialmente en las religiones occidentales, hemos sido muy cautos al hablar de la relación que existe entre Dios (es decir, la realidad última) y el ser humano (es decir, el *homo sapiens,* o lo que los teólogos han denominado históricamente «el hombre»). Las teologías hebrea y cristiana y algunas fuentes islámicas incluyen el concepto de *imago dei* —es decir, la «imagen» de Dios— según la cual fuimos creados, y son muchos los teólogos que han debatido si esa imagen se refiere simplemente a un reflejo especular o denota, por el contrario, una esencia compartida. Los cuáqueros reconocen la existencia de una «luz interior», una chispa de energía divina implantada a modo de semilla en todos nosotros que puede germinar durante las experiencias religiosas. Semejante visión se encuentra en los escritos de Inayat Kahn, un sufí islámico, que hablaba de «el hombre, semilla de Dios». John Wesley, el fundador del metodismo, interpretó la experiencia de su corazón «extrañamente caldeado» como la presencia de Cristo, una manifestación de Dios en su vida, y son muchas las iglesias evangélicas protestantes que han seguido respetando profundamente y tratando de facilitar esas experiencias de conversión religiosa. Aunque las expresen con palabras de modos muy distintos, las comunidades del cristianismo ortodoxo, del catolicismo romano, episcopalianas y budistas valoran muy profundamente las experiencias consideradas reveladoras o sagradas.

Así pues, las ideas preconcebidas y los idiomas occidentales están mal preparados para aceptar la experiencia de la unidad *atman/brahman* de la que habla el hinduismo. Cuando un occidental dice «Yo soy Dios», aunque se trate de una expresión poética, el primer impulso nos lleva a interpretar la afirmación como una inflación psicótica del ego y a buscar rápidamente asesoramiento psiquiátrico, cuando no algún medicamento antipsicótico o incluso la hospitalización. Los profesionales de la salud mental saben muy bien que hay personas que hacen este tipo de afirmaciones y están desorientadas, confusas y son incapaces de cuidar de sí mismas de un modo responsable y de desenvolverse con seguridad en el mundo. En este tipo de personas, la hospitalización puede ser necesaria para garantizar la seguridad y proporcionar un nuevo fundamento y orientación en la vida.

Sería muy interesante, sin embargo, que hubiese más profesionales de la salud mental que, en lugar de limitarse a descartar este tipo de afirmaciones como meras «locuras», reconocieran que algunas de ellas pueden estar expresando atisbos de un extraordinario y significativo estado de conciencia que, por el momento, son incapaces de integrar en su vida cotidiana. Si pudiese hablar, la persona lo bastante bien integrada, estable y con las habilidades verbales suficientemente desarrolladas que recuerde un estado de conciencia unitivo tan profundo, afirmaría la percepción definitiva de que, en última instancia, la energía que compone su vida es «Dios», sin que ello conllevara inflación alguna del ego, porque también reconocería que eso mismo ocurre en todo ser humano. Esta es una perspectiva que los filósofos denominan *panenteísmo*, que no se limita a afirmar solo que «todo es Dios» (que es lo que dice el *panteísmo*), sino también que lo sagrado se halla en la fuente o en el núcleo último del ser. El panteón hindú está compuesto de 330 millones de deidades, todas las cuales pueden entenderse como facetas del espléndido diamante de la verdad espiritual o un *brahman* último que puede resultar útil también para afrontar la paradoja de la relación que existe entre nosotros y Dios o cualquier término que prefiramos para referirnos a la Realidad Última.

Consideremos, a modo de ilustración, un par de citas procedentes de los informes personales de Huston Smith, un eminente erudito de las religiones del mundo. La primera es una experiencia clásica hindú, facilitada por la mescalina y la segunda, una experiencia personal cristiana más tradicional, que casualmente fue ocasionada por la psilocibina cuando servía de guía durante el «experimento del Viernes Santo» de Walter Pahnke. Ambas citas han sido publicadas en otras fuentes, en el pasado, incluyendo el libro de Smith *Cleansing the Doors of Perception*.

> El mundo en el que me vi entonces introducido era extraño, raro, misterioso, significativo y terrorífico hasta lo indecible [...]. La emanación de Plotino y su más detallado correlato vedántico no habían pasado de ser, hasta ese momento, más que meras teorías. Pero ahora estaba *viéndolas*, con sus bandas descendentes desplegándose ante mí. Me divertí pensando en lo engañados que estaban los historiadores de la filosofía al atribuir a los creadores de tales visiones del mundo el mérito de ser genios de la especulación porque, si hubieran tenido experiencias como la mía, no les hubiera quedado más remedio que considerarlos reporteros de pacotilla. Más allá, sin embargo, de explicar el origen de estas filosofías, mi experiencia corroboraba su verdad. Como en el mito de la caverna de Platón, lo que ahora veía me golpeaba con la fuerza del sol, en comparación con el cual la experiencia cotidiana solo muestra sombras parpadeantes en una caverna en penumbra. ¿Cómo podrían ponerse en palabras todos esos estratos sobre estratos, esos mundos dentro de otros mundos, esas paradojas en las que yo podía ser, al mismo tiempo, yo *y* mi mundo y un episodio ser, simultáneamente, momentáneo *y* eterno?
>
> El experimento me impactó hasta el punto de dejar una marca indeleble en mi visión experimentada del mundo. (Y digo «visión experimentada del mundo» para distinguirla del modo en que pienso y creo que es el mundo). Desde que tengo uso de razón he creído en Dios y he experimentado su presencia tanto dentro del mundo como

cuando el mundo se veía trascendentalmente eclipsado. Pero hasta el «experimento del Viernes Santo» no había tenido un encuentro personal directo con Dios del tipo descrito por los *bhakti yoguis*, los pentecostales y los cristianos revivalistas. El «experimento del Viernes Santo» cambió esa situación, supuestamente porque el servicio se centró en Dios encarnado en Cristo [...]. Para mí, el clímax del servicio llegó durante un solo cantado por una soprano cuya voz (tal como me llegó a través del prisma de la psilocibina) solo puedo describir como angelical. Lo que cantó no era más que un simple himno, pero penetró tan profundamente en mi alma que sus versos iniciales y finales me han acompañado desde entonces [...]. *En Tus manos están mis tiempos, Dios mío...* La Gestalt transformó una progresión musical rutinaria en la más poderosa bienvenida cósmica que jamás haya experimentado.

La inmortalidad

A menudo, durante la experiencia mística, se tiene la convicción intuitiva de que los dominios eternos de la conciencia son indestructibles y no se hallan sometidos al tiempo. Esta es una comprensión que suele resultar manifiestamente evidente durante las experiencias místicas. Desde esta perspectiva, la «conciencia» se entiende como la energía última que se encuentra en el núcleo de todo ser y constituye todo lo que es. Esa energía puede cambiar de forma o evolucionar –o danzar, como se representa en la imagen hindú de Nataraja, el Shiva danzante–, pero no puede dejar de ser. Paradójicamente, puede experimentarse al mismo tiempo como el Uno inmutable descrito por el antiguo filósofo griego Parménides y como el río de la vida en constante cambio del que hablaba su compatriota Heráclito. Esta comprensión de la naturaleza última de la energía se asemeja, como muchos lectores ya habrán advertido, a las visiones sostenidas por la física cuántica. Como afirman libros como *El Tao de la física*, de Fritjof Capra, los escritos de místicos y físicos suelen despertar acordes muy semejantes. El término religioso para referirnos a esta indestructibilidad de la energía es «inmortalidad» y su expresión matemática es «infinito». En los círculos filosóficos se conoce como «panpsiquismo», una forma de ver la realidad en la que, en última instancia, todo se entiende como la energía que algunos de nosotros denominaríamos mente o conciencia.

Esta percepción intuitiva de la conciencia mística resulta especialmente relevante para aquellos de nosotros que somos mortales y, muy especialmente, para aquellos que se hallan muy cerca de la experiencia de lo que llamamos «muerte». Uno de los aspectos más importantes de mi carrera en la investigación psicodélica ha sido la oportunidad de administrar enteógenos a pacientes terminales de cáncer en el contexto de una psicoterapia breve y acompañarlos a atravesar diferentes estados alternativos de conciencia. Las experiencias místicas casi siempre han ido acompañadas de una pérdida del miedo a la muerte, lo que, a su vez, contribuye a reducir la intensidad de la depresión, la ansiedad, la preocupación por el dolor y el aislamiento interpersonal, una experiencia que permite a la persona con cáncer vivir más plenamente el resto de su vida. La investigación de esta aplicación humanitaria de los psicodélicos en el campo de la medicina está de nuevo en marcha con estudios recientes, en la Universidad de California en Los Ángeles, en la Escuela de Medicina de la Johns Hopkins, en la Universidad de Nueva York y en Solothurn (Suiza), que quizá no tarden en allanar el camino para poder ofrecer de manera legal una intervención, muy probablemente con psilocibina, a las personas adecuadas, en las salas de cuidados paliativos de los hospitales y hospicios.

Veamos, a modo de ilustración, el siguiente informe, escrito por un paciente de cáncer de 31 años, casado y con dos hijos, que padecía un linfoma en estadio IV avanzado y que recibió la sustancia psicodélica dipropiltriptamina (DPT):

> [Después de la administración de enteógenos] entré en un lugar que parecía completamente despojado de las cualidades de este mundo tal y como lo conocemos, un mundo que parecía trascender el tiempo y el espacio y en el que me desidentifiqué completamente del mundo «real». La experiencia me pareció como si pasara de este mundo a otro previo al comienzo de la vida […]. Ese cambio real parecía estar envuelto en una masa de energía plateada muy brillante y sometido a una fuerte intensidad eléctrica […]. Sentí que, en algún momento anterior, había formado parte de esa masa de energía y que, mientras estaba allí, todo parecía tener sentido […]. Era un mundo muy hermoso, un mundo en el que el amor desempeñaba un papel muy importante […]. El tema básico que percibí […] era que la vida sigue adelante y que, de algún modo, nuestra esencia forma parte de un Ser Supremo […]. El miedo que antes tenía a la muerte ha desaparecido […]. La vida cotidiana me parece mucho más gozosa. Ahora valoro las pequeñas cosas de la vida que antes pasaba por alto. Tengo una comprensión mucho mayor y más profunda de los demás […] y una mayor capacidad también de satisfacer sus necesidades […]. En general, creo que individualmente soy una persona mucho más contenta por haber tenido la gran oportunidad de vislumbrar, durante breves instantes, el pensamiento global de Dios, de haber estado en

Su presencia durante un breve lapso y estoy plenamente convencido de que todos los que estamos en este universo formamos parte de un plan muy hermoso y amoroso.

Es interesante señalar que los enfermos de cáncer y otras personas que han atravesado estas experiencias místicas no estén necesariamente convencidos de la inmortalidad personal, es decir, de la existencia continuada de la personalidad cotidiana después de la muerte que acompaña a nuestros nombres comunes. Aunque la «vida *después* de la muerte» implica una secuencia temporal, los sujetos que han tenido estas experiencias suelen expresar su convicción de que la eternidad o el infinito es un estado de conciencia ajeno al tiempo, algo tan incuestionablemente verdadero que poco importa si la personalidad cotidiana sobrevive cuando el cuerpo deja de funcionar y se descompone. A menudo expresan la convicción de que, en última instancia, «todo está bien» en el universo, un mensaje reminiscente de las conocidas palabras de la mística inglesa del siglo XIV Juliana de Norwich que dijo: «Todo estará bien y todo estará bien y todas las cosas estarán bien». Un voluntario escribió: «Tanto si existo como si no, sé que el Ser es eterno. No tengo miedo a perder mi ego». Esto podría entenderse en el marco del budismo Zen, según el cual, cuando uno está completamente presente puede encontrar, en el centro de cada momento, una puerta de acceso al infinito. Así pues, el mundo espiritual no solo nos espera antes del tiempo (nacimiento) y después del tiempo (muerte), sino que también se encuentra siempre en el «ahora eterno», con o sin cuerpo funcional, algo que, en lenguaje cristiano, podría describirse como el despertar a la «conciencia crística» o «descansar en los brazos del Señor».

Por supuesto, estos informes escritos desde la perspectiva de la conciencia mística unitiva no descartan la posibilidad de una inmortalidad personal. Hay otros estados de conciencia que pueden ser relevantes para entender la muerte desde otras perspectivas. Recuerdo a un voluntario de investigación que estaba convencido de haber pasado, durante su sesión de psilocibina, unas dos horas manteniendo una conversación significativa y personalmente muy útil con su hermano fallecido. Tampoco es infrecuente, del mismo modo, sentirse inmerso en otro periodo histórico o en otra historia vital, una experiencia que algunos interpretan como evidencia de la reencarnación. Con independencia, sin embargo, de que se trate del fruto de la inteligencia creativa de una persona o de experiencias literales en estados de conciencia únicos, estos informes merecen, aunque no podamos juzgar su validez ontológica, todo nuestro respeto.

Las interrelaciones

Lógicamente tiene sentido que, si existe una gran unidad, las distintas partes que la componen estén interconectadas e interrelacionadas, algo que, desde la perspectiva proporcionada por las experiencias místicas, a menudo se corrobora como literalmente cierto. A nivel humano, cada persona es un miembro de la «familia humana», un hermano o una hermana y, según la teoría neoplatónica de Plotino, un filósofo griego que vivió a principios del siglo II d.C. y, por supuesto, antes que él, todos podemos ser considerados, según Platón, emanaciones de la misma fuente universal. Resulta interesante especular sobre la participación de Platón en los misterios de Eleusis que incluían la ingesta ritual de un brebaje alucinógeno llamado *kykeon* y preguntarnos si algunas de sus ideas no podrían haber sido inducidas por sus experiencias con enteógenos. En términos del lenguaje simbólico del hinduismo, esta interconexión podría entenderse como un aspecto de la red o joya de Indra, el Señor védico del Cielo, del que todos participamos. En la medida en que nuestro lenguaje ha ido acomodándose al movimiento feminista, ha llegado el momento de relegar al basurero de la historia términos con sesgo masculino y cambiarlos por otros más inclusivos, como «familia humana».

Si todos los seres humanos somos parientes que no solo estamos unidos por nuestros genes, sino que compartimos además el vórtice espiritual de nuestra mente, también debemos reconocer el énfasis que los filósofos existenciales han puesto en la lucha como parte intrínseca de la existencia. Solemos luchar en el ámbito de las ideas que se debaten en las universidades, en las cámaras de las Naciones Unidas y, a veces también, en los campos de batalla. Hay ocasiones en las que la lucha se asemeja a un pulso amable y respetuoso entre amigos, mientras que, en otras, se convierte en una degradación del adversario y en el impulso a destruirlo. El modo en que nos enfrentamos a la ira y a nuestras definiciones de «bien» y «mal» cobran aquí protagonismo y representamos nuestros papeles con pasión en el escenario siempre cambiante de la historia humana.

La vida individual, las civilizaciones y hasta los sistemas solares y las galaxias aparecen y desaparecen, se crean y se destruyen en la danza cósmica de Shiva, como cuando un niño construye una torre con bloques, la derriba alegremente y vuelve a construirla. Desde esta perspectiva, los procesos de muerte y renacimiento, de todo lo que consideramos glorioso y de todo lo que nos parece espantoso, son inherentes a la naturaleza de la realidad última. Dios danza en un proceso creativo que siempre está en movimiento, a veces alegre y juguetón y, en otras, majestuoso y feroz. Esto es algo que se ve perfectamente ilustrado por la imagen de la diosa hindú Kali: una diosa madre oscura con un collar de cráneos humanos que adorna las paredes de muchas salas de estar indias y que no es tanto una amenaza a la que temer como una manifestación de lo divino a la que amar.

Recuerdo una experiencia facilitada por la ayahuasca que tuvo lugar en Sudamérica y cuya descripción titulé «El jardín de las almas». Cada ser humano era, en esa experiencia, una obra de arte única en proceso de creación que ocupaba su lugar en un inmenso tablero de ajedrez. Aquí entran en juego los conceptos filosóficos de determinismo y libertad. Ninguno de nosotros se crea a sí mismo, pero el don de la libertad nos permite participar en la singularidad de nuestra vida individual. Los filósofos y teólogos han reflexionado sobre este don de la libertad, sin el cual seríamos simples robots, y sobre el reto que implica utilizarlo sabiamente. Quizás haya momentos en los que la inteligencia divina que se encuentra en el núcleo del ser (para quienes puedan imaginar tal cosa) considere compasivamente los desastres que los seres humanos hemos creado con nuestras injusticias sociales, nuestras guerras y nuestra contaminación medioambiental. Sin embargo, al tiempo que lamenta la lentitud de nuestra evolución y de nuestro despertar, cabe imaginar que la Divinidad sigue afirmando su fe en la decisión primigenia de habernos dotado de la libertad de pensar y elegir. Los filósofos de la historia advierten el proceso de una evolución gradual en la medida en que el tiempo avanza hacia «el Reino de Dios» o hacia alguna otra utopía futura. Teilhard de Chardin, por ejemplo, nos veía avanzar gradualmente, a veces gritando y pataleando, hacia «el Punto Omega» en el que conciencia y universo «se tornen uno».

El amor

Al final de *La divina comedia*, Dante Alighieri, escribiendo quizás a partir de sus propias experiencias místicas, concluye: «El amor que mueve el sol y las demás estrellas» («Paraíso» 33:145). En la conciencia mística, este amor se conoce y describe como algo que trasciende con mucho la emoción humana. Por más poético e idealista que parezca, suele decirse que el amor es la naturaleza última de la energía que compone el mundo y nos espera a todos en la fuente o fundamento de nuestro ser. No podemos dejar de advertir que Dante eligió la palabra «comedia» para abrazar, en su libro, todos los dramas del infierno, el purgatorio y el cielo con un sentido quizás congruente con el concepto hindú de *lila*, o juego divino. Y, pese a todo el patetismo y tragedia que experimentamos en nuestra existencia temporal cotidiana, los místicos atestiguan la validez de una visión trascendental que trasciende la cognición humana habitual en un mundo impregnado de amor en el que todo tiene sentido.

Igual que afirman teólogos como el erudito protestante Edgar Sheffield Brightman, el amor puede entenderse como una manifestación de la naturaleza personal de Dios. La relación de amor que existe entre una persona y Dios constituye el fundamento devocional de gran parte del cristianismo y del *bhakti yoga*. Muchos de nosotros dirigimos diariamente, de manera formal o espontánea, gran cantidad de palabras –llamadas oraciones– a Jehová, Jesús, Krishna o Buda, «confiándole todo lo que somos». Santa Teresa de Ávila ejemplifica perfectamente esta forma de experiencia que caracteriza a los místicos de todas las edades. Las plegarias formales también pueden ir acompañadas –en el judaísmo, el islam y, sobre todo, el cristianismo– de la sensación personal y experiencial de estar en relación con algo o alguien sagrado. El teólogo alemán Friedrich Heiler, autor, en 1932, de un libro titulado *Das Gebet* («La oración»), sugería simplemente que la oración es lo que suele ocurrir cuando, creamos o no en un marco religioso concreto, la vida se torna lo bastante difícil. Desde esta perspectiva, podemos considerar la oración como un instinto humano básico que nos lleva a buscar una conexión espiritual con algo que trasciende la personalidad cotidiana.

Aunque a veces se trate más de una cuestión de lenguaje que de experiencia, los informes de quienes han conocido la conciencia mística están llenos de referencias a formas abstractas y universales de experimentar y expresar este amor último. Dios puede ser descrito como «más que una persona». Como hemos señalado en las citas anteriores de Huston Smith, parece haber dos formas de conectar con esta energía última: una de ellas en la relación entre el yo cotidiano y Dios, y la otra en la inefable fusión de identidades, otro ejemplo de afirmación paradójica, que anteriormente hemos definido como el principio y/o. Y, una vez más, tampoco se trata aquí de «cuál es la correcta», sino que, en los estados alternativos de conciencia, parece haber dos formas diferentes (al menos) de experimentar y descubrir el amor. Y también hay ocasiones en las que parece que la misma persona puede experimentar ambas formas de conciencia, o que una pueda abrir la puerta a la otra.

La belleza

Otro principio del conocimiento intuitivo que suele aparecer en los informes de los estados místicos de conciencia se refiere a lo que algunos denominarían la naturaleza absoluta de la belleza. Esta es una afirmación que, en una cultura como la nuestra que tiende a ver pocas cosas como «absolutas», parece bastante extrema, especialmente en lo que respecta a tratar de juzgar el arte. Nos gusta decir que «la belleza está en el ojo del espectador», pero, desde la perspectiva de la conciencia mística, quizás no solo esté «en el ojo», sino también en el cerebro y en la mente (sea lo que fuere lo que, en última instancia, entendamos por ello).

Son muchas las personas que, durante la acción de dosis elevadas de enteógenos, informan asombrados de lo mucho que pueden ver con los ojos cerrados. De repente los ojos, como sucede durante el sueño, parecen tener poco o nada que ver con la visión. Las intrincadas pautas visuales a menudo descubiertas, a veces de líneas abstractas y, a menudo, primero, de oro puro sobre un fondo azabache, recuerdan a las bóvedas de las catedrales góticas, y los arcos románicos intrincadamente decorados o los diseños simétricamente desplegados de las cúpulas de algunas mezquitas islámicas suelen evocar idéntica sensación de asombro. Luego, como si nos adentrásemos en el mundo platónico de las formas, nos encontramos con imágenes exquisitas, ricamente coloridas y detalladas de dioses y diosas, piedras y metales preciosos, esculturas vivas de una cualidad exquisita, grandes paisajes, extensiones inmensas del espacio exterior, etcétera. ¿De dónde viene todo esto? ¿Acaso es esto el cielo, la «morada» de Dios? Por lo general, uno no «piensa» que estas imágenes son bellas, como si emitiera un juicio de valor, sino que las reconoce intuitivamente como hermosas hasta el punto de sentir que uno se disuelve en ellas y participa de la magnificencia que reflejan. Y la velocidad del despliegue de imágenes es a menudo tan sorprendente que una persona llegó a describir esa situación como «patinar por el Louvre» deteniéndose, de vez en cuando, a contemplar y reflexionar en tal o cual obra maestra y en las revelaciones que contiene, para recorrer luego pasillos y más pasillos llenos de innumerables pinturas y esculturas, todas ellas de increíble belleza. Recuerdo una experiencia con ayahuasca en la que la conciencia unitiva se había convertido en la conciencia de un observador personal que contemplaba, a vista de pájaro, la ladera de una montaña medieval, llena de senderos serpenteantes, bosques, campos, calles y casas, ocupada por centenares de personas y animales, todos enfrascados en sus sencillas actividades cotidianas. Lo sorprendente de ese particular estado de conciencia era que podía elegir concentrarme y observar detenidamente a cada uno de los integrantes de esa escena. Así lo hice varias veces, eligiendo a hombres, mujeres, niños y hasta animales. No solo podía ver el color y la forma de todos ellos, sino también detalladas expresiones faciales y hasta los intrincados diseños de los accesorios ornamentales y las telas de los vestidos de las mujeres. Era como ver un cuadro de una escena medieval increíblemente nítido y que, de repente, hubiese cobrado vida. Si me preguntan cómo entiendo este tipo de experiencias, debo confesar que no tengo la menor idea. Lo mismo podría decir que se trataba del recuerdo de una vida anterior, de la visión divina de una determinada escena de la historia de la humanidad, o de la expresión de recursos creativos que ignoraba poseer y algún día podrían acabar plasmándose en un cuadro o una novela. Su mera ocurrencia, sin embargo, permanece viva en mi memoria y contribuye al profundo asombro que siento ante el extraordinario potencial de la conciencia humana. He tenido sueños vívidos o lúcidos, algunos de los cuales eran «sueños dentro de sueños» en los que reconocí el proceso soñador que contenían detalles similares, pero jamás con ese grado de control y concentración conscientes y nunca dejando un recuerdo tan claro y duradero.

La sabiduría emergente

El término filosófico «entelequia» se refiere al despliegue en la conciencia de un proceso deliberado y cargado de significado. A diferencia de lo que ocurre en los fenómenos visuales fugaces que suelen presentarse durante la toma de dosis relativamente bajas de psicodélicos, las imágenes y progresiones temáticas que tienen lugar durante los estados visionarios que nos acercan y nos permiten incluso entrar en la misma conciencia mística y aparecen cuando el ego empieza a recomponerse no suelen experimentarse como algo aleatorio, sino como una coreografía auténticamente creativa. Hay veces en las que es como si ilustrasen guiones personales muy claros, como las que se despliegan en una novela escrita con habilidad. La misma forma en que estas secuencias experienciales se presentan suele describirse como exquisitamente bella y su manifestación parece constituir una prueba de la existencia, en nuestra mente, de una sabiduría tan hábil como compasiva. Esta dinámica suele describirse como el advenimiento de lo divino en la vida humana y de su efecto para provocar una redención o una transformación o transmitir una enseñanza personal. Esto se refleja en la respetuosa referencia a la ayahuasca y el peyote como «el Maestro». El *Psilocybe cubensis*, una conocida especie de hongos sagrados o mágicos, a menudo se conoce como «El maestro dorado».

Recapitulemos y resumamos diciendo que el conocimiento intuitivo inherente a las formas místicas de conciencia suele incluir percepciones relativas a 1) Dios, 2) la inmortalidad, 3) las interrelaciones, 4) el amor, 5) la belleza y 6) la sabiduría emergente. Y, en los estados místicos que consideramos «completos», parecen aplicables no solo «todos estos ítems», sino muchos más.

Los frutos para la vida

También conviene tener en cuenta, al pensar si la conciencia mística es algo irracional o no racional, los «frutos para la vida» que suelen acompañar a su ocurrencia. No es extraño que, quienes recuerdan esta profunda dimensión de la experiencia humana, informen de la presencia, en los meses y años posteriores, de una sensación de integración progresiva. A medida que pasa el tiempo, la gente suele afirmar que se siente más compasiva, más tolerante, más creativa y más valiente, que se aceptan más a sí mismos y que, en consecuencia, están también más en paz consigo mismos. Ahora es posible estudiar todas estas afirmaciones en contextos de investigación empleando pruebas psicológicas y entrevistas de seguimiento, tanto de las personas que relatan las experiencias místicas como de los amigos y familiares con los que conviven cotidianamente y observan a diario sus actitudes y su conducta. La primera confirmación científica de este hecho se ha encontrado en los estudios realizados en la Hopkins hasta la fecha, en particular el descubrimiento estadístico de Katherine MacLean de cambios positivos en el ámbito de la estructura de la personalidad, denominado «apertura», que sigue a la experiencia mística. Se trata de un descubrimiento sorprendente porque, hasta hace muy poco, la mayoría de los teóricos de la personalidad creían que los dominios que estructuran nuestra personalidad están fijados de un modo bastante indeleble al llegar a la edad adulta. Tampoco cabe la menor duda de que estos efectos positivos pueden consolidarse emprendiendo disciplinas espirituales y otras actividades vitales que uno puede decidir practicar después de la ocurrencia de la experiencia mística.

El filósofo y psiquiatra existencial Karl Jaspers acuñó el término «imperativo incondicionado» (*die unbedingte Forderung*) para referirse a la experiencia del amor que brota, como un manantial, de lo más profundo de la mente humana. Esto es algo que Jaspers descubrió en las profundidades de la experiencia cuando habitualmente, en medio de la lucha con la culpa y el dolor, la persona experimenta vislumbres de lo que él llamaba «trascendencia». Esto bien podría considerarse como el amor de Dios al que los teólogos llaman *agape*, que no solo cura a quienes lo experimentan, sino que también exige su expresión en y a través de la vida en la interacción con los demás y con el mundo.

San Agustín de Hipona (354-430 d.C.), al escribir sobre sus propias experiencias místicas, también dijo: «Ama y haz lo que quieras. Si callas, hazlo por amor y, si gritas, hazlo por amor». En lenguaje moderno, se podría reconocer la santidad de la expresión tanto en el «amor tierno» como en el «amor duro».

Hay quienes dicen que las personas que han conocido la conciencia mística, al menos en sus estados mentales más centrados, suelen irradiar una presencia, una sabiduría, una compasión y un poder que les trasciende y que se manifiesta en formas muy distintas que van desde el amor suave e íntimo hasta atreverse a arriesgar la vida en aras de una causa noble como, por ejemplo, la justicia social.

La imagen del gran vidente indio Ramana Maharshi puede ser muy ilustrativa en este sentido. Tal y como lo describe el periodista Paul Brunton en su libro *A Search in Secret India* (*La India secreta*), publicado en 1935, Ramana se sienta en silencio sobre su piel de tigre, rodeado de discípulos y visitantes que afirman sentirse espiritualmente nutridos y curados por el simple hecho de hallarse en su presencia. Y, así como Ramana Maharshi ilustra el polo «ser» de un continuo compasivo, quizá el activismo social de la madre Teresa en los barrios marginales de Calcuta haga lo mismo con el polo «hacer». Si es cierto que un amor de esa magnitud habita en lo más profundo de cada uno de nosotros, puede entenderse que el fundamento de la ética esté integrado –hasta el punto quizás de hallarse genéticamente codificado– en el organismo humano. La curación en la psicoterapia profunda puede ser entendida como el acercamiento y la disolución de los obstáculos internos que alientan el fortalecimiento de la conexión con este manantial interno del amor.

Aumento de la tolerancia y de la comprensión

Todos, sea cual sea nuestra cultura de origen, crecemos inevitablemente con estereotipos. Recuerdo una experiencia que tuve en las hermosas alturas del norte de la India, con sus fragantes bosques de pinos y sus cascadas de arroyos cristalinos. Allí visité una iglesia anglicana abandonada de estilo gótico y construida en piedra que dejaron los británicos cuando la India se independizó. Se trata de una antigua iglesia ubicada en McLeodganj, hoy una zona predominantemente budista próxima a la residencia del Dalái Lama en donde las banderas de oración ondean al viento. Entré en ella y observé el mal estado en el que se encontraba, ya no tenía sacerdote ni fieles y se había convertido en una mera atracción turística. Mi visita coincidió con la primavera, el Miércoles de Ceniza, primer día del tiempo litúrgico cristiano de Cuaresma. Un guía budista me recibió, me invitó a contribuir económicamente con una limosna y procedió a encender una cadena de luces de colores en miniatura en un polvoriento árbol de Navidad artificial como ilustración de «lo que hacen los cristianos».

El hecho de haber crecido en un entorno cristiano algo conservador me había familiarizado con la idea de que los miembros de las religiones orientales tienden a sentarse y a contemplarse el ombligo, bastante insensibles a las necesidades e injusticias sociales, pero recuperé la cordura cuando visité el Templo Dorado de Amritsar. Jamás había sido testigo de una iniciativa tan bien organizada y cooperativa para proporcionar comida gratuita y alimentar, literalmente, todos los días del año, a más de cuarenta mil peregrinos (y hasta cien mil en los días festivos) en una ceremonia de una limpieza impecable, música casi constante y el reparto de su sacramento o *prasad* a cualquiera que se acerque a rendir culto, cruzando el puente sobre el lago sagrado y entrando en el reluciente templo. La buena voluntad y la alegría dentro del recinto del templo eran contagiosas y no tardé en encontrarme sentado con las piernas cruzadas en el suelo junto a otros voluntarios en el extremo de una gran sábana blanca afanosamente dedicado a la preparación de chapatis.

En la India, la gente se saluda con la expresión «Namasté», que significa «honro lo divino que hay en ti». Mi impresión fue la de que hay mucha gente en la India que, sea cual sea su identidad religiosa concreta, experimenta genuinamente esta sensación de conexión y parentesco interpersonal. El clima de espiritualidad compartida, ya fuese hindú, jainista, budista, musulmana, sij, judía, cristiana o zoroástrica, era palpable y el compromiso con cualquier tradición y práctica religiosa resultaba tan aceptable como respetado. Lo lamentable o merecedor de reprobación habría sido la desvinculación y la falta de compromiso.

5. Aproximaciones a la conciencia unitiva

Ahora vamos a centrar nuestra atención en las comprensiones intuitivas que suelen llenar los informes de quienes han experimentado estados místicos de conciencia o, dicho más concretamente, en las afirmaciones relativas a la unidad o unicidad última existente en el núcleo o fuente última del Ser. Dejaremos a un lado, por el momento, las formulaciones teológicas al respecto, tanto de Oriente como de Occidente. Aunque, como ya hemos dicho, cabría considerar afirmaciones del tipo «Atman es Brahman» o «Escucha, Israel, el Señor tu Dios es Uno» como expresiones relativas a la forma última de la conciencia, lo cierto es que el eco de las tradiciones y formulaciones teológicas posteriores, tanto orientales como occidentales, han tendido a divergir considerablemente.

Recuerdo que, en cierta ocasión, formé parte de un tribunal que debía evaluar la tesis de una estudiante de postgrado que versaba sobre los niveles más profundos de la experiencia espiritual. Reconociendo lo inefable del tema elegido, me preguntaba si su producto final no sería una sola hoja de papel (pergamino repujado de alta calidad, obviamente) adornado quizás con una caligrafía en tinta china del símbolo sagrado indio «Om». Pero, como cabe esperar de una tesis doctoral, la doctoranda en cuestión había redactado varios centenares de páginas en inglés.

Aunque la experiencia de la conciencia unitiva nos deje sin palabras, siempre es posible encontrar algunas para hablar o escribir sobre dos formas en las que habitualmente suele abordarse este tema. Estudiando la literatura histórica de las obras escritas al respecto por los místicos del pasado, el filósofo Walter Stace esbozó dos visiones de la unidad a las que denominó introvertida y extravertida y a las que Walter Pahnke y yo preferimos llamar «unidad interna» y «unidad externa». Aunque algunos eruditos parecen disfrutar discutiendo si la unidad última es o no la misma, yo, por mi parte, me limito a considerar la unidad como unidad. El psicólogo de la religión Ralph Hood, que desarrolló una prueba psicológica para documentar la ocurrencia de experiencias místicas que administró a místicos cristianos y judíos en los Estados Unidos y a místicos islámicos en Irán, pudo encontrar apoyo empírico para ambas versiones de la conciencia unitiva.

La unidad interna

La unidad interna es la experiencia más habitual recogida en los informes de investigación sobre los efectos de la psilocibina, realizada en la Escuela de Medicina de la Johns Hopkins, en la que los voluntarios permanecen recostados, durante la mayor parte del tiempo en que el enteógeno permanece activo, con antifaz y auriculares, en el sofá de un cómodo salón. El antifaz sirve para eliminar las distracciones visuales del entorno, mientras que los auriculares proporcionan música de apoyo, cuidadosamente seleccionada del repertorio clásico. Las personas suelen experimentar, con los ojos cerrados, una sensación de desplazamiento subjetivo a través de diferentes dimensiones del ser mientras la conciencia de la personalidad cotidiana se desvanece y la conciencia prosigue hasta que tiene lugar una experiencia mística, o, como algunos dirían poéticamente, hasta que la conciencia mística hace acto de presencia y se manifiesta. Este movimiento suele ser más pasivo que activo, como si uno se viese arrastrado o atraído hacia la iluminación mística. Entonces uno decide, en un acto de renuncia y confianza incondicionales de un ego sano, entregarse a los niveles más fundamentales del ser. El viejo estereotipo mencionado por algunos teólogos de un ego heroico y henchido de su importancia que, con la espada en alto, se empeña en llamar a las puertas del cielo reclamando el santo grial de la iluminación no es más que «un viejo estereotipo». A decir verdad, el yo o el ego cotidiano debe confiar, entregarse y participar, humilde e incondicionalmente, en todo lo que brota de las profundidades de la mente.

Las formas místicas y visionarias de la conciencia

Diferentes personas conceptualizan de diferentes maneras la frontera entre lo personal (es decir, el yo cotidiano) y lo transpersonal (es decir, las dimensiones más fundamentales o universales de la conciencia). Lo más habitual es emplear, cuando el ego (es decir, el yo cotidiano) siente literalmente que está muriendo, el término «muerte». Poco importa que uno haya leído relatos de personas que informan de inmersiones en lo eterno y de experiencias de renacimiento y regreso a la existencia cotidiana después de la muerte porque, en cualquiera de los casos, la inminencia de la muerte se experimenta de un modo agudo y, en ocasiones, aterradoramente real. El reto consiste en permitir y aceptar sin condiciones la ocurrencia de la muerte. Y esto es algo que va más allá de la simple aceptación racional de los principios de un credo religioso y que consiste en un acto valeroso de confianza, un acto experiencial al que el teólogo danés Søren Kierkegaard denominó «salto de la fe» y que algunos asimilan a tirarse de cabeza a una piscina desde un trampolín elevado, confiando en que haya suficiente agua. Este es, evidentemente, un acto que, para muchos, puede producirse con mayor facilidad cuando se lleva a cabo en un entorno médico o religioso con compañeros de confianza y conociendo la pureza y dosis del enteógeno en cuestión.

Una alternativa a conceptualizar esta transición como muerte consiste en sentir, en medio de la renuncia al control, que uno está «volviéndose loco» y, confiando en la presencia del guía, dejar que eso ocurra y «volverse loco». Y, pese al miedo, la desconfianza y, en ocasiones, el pánico momentáneo que esta transición pueda provocar, suele dar enseguida paso a la sensación de estar «en casa» en lo más profundo de la mente. Lo más habitual en tales casos no es que, cuando uno renuncia al control del ego y se zambulle en sus profundidades, el mundo experiencial se torne cada vez más extraño y surrealista, sino precisamente todo lo contrario, que uno se sienta cada vez más centrado y en paz. Hay quienes consideran esta experiencia como un «regreso al hogar», se sienten acogidos por aspectos de su mente de cuya existencia apenas sabían nada e informan de la sensación familiar de «haber estado antes allí». También es habitual decir, en tales casos, «obviamente siempre ha sido así», una expresión que suele ir acompañada de sentimientos de alegría y hasta de risa al pensar que uno podría haber dudado u olvidado esta sensación fundamental de pertenencia al universo.

Otros pueden describir el ascenso (o descenso, si se prefiere esta metáfora) a los dominios místicos de la conciencia como «derretirse», «disolverse» o verse deliciosamente seducido por un amante divino. En ocasiones, alguien puede sentir que la energía va acumulándose hasta llegar a un punto en el que uno acaba estallando y disgregándose en innumerables fragmentos. Y, del mismo modo que, en los casos anteriores, el consejo de apoyo era el de aceptar lo que uno etiqueta como muerte, volverse loco, derretirse o disolverse, en este caso sería permitir que se produjera la «explosión». Lo esencial es que la persona bien preparada confíe en su propia mente, en la conexión a tierra que le proporciona el guía que la acompaña, en la seguridad del entorno físico en que se encuentra y, si su visión religiosa lo permite, en Dios o cualquier otro símbolo sagrado de la realidad última. En este contexto no hay nada que temer. La mente puede vivir una o varias experiencias intensas de muerte y renacimiento y la conciencia del ego (es decir, la parte de la mente que funciona con tu nombre en la vida cotidiana) puede fluctuar. Y, del mismo modo, la conciencia del cuerpo acostado puede ir y venir como cabría esperar en un estado de trance profundo; sin embargo, el corazón y los pulmones siguen funcionando sin problema.

Una metáfora que algunos han encontrado útil para conceptualizar este enfoque de la unidad se encuentra en una ameba esférica, ese microorganismo unicelular que la mayoría de nosotros observamos a través de microscopios en las clases de biología del instituto. Esta célula esférica bien podría simbolizar la naturaleza unitiva de la conciencia mística. Sin embargo, las amebas desarrollan pseudópodos, es decir, cordones de citoplasma que operan a modo de «falsos pies» que se extienden gradualmente hacia el exterior de la célula. Del mismo modo que el ego se aventura en el tiempo y se aleja de él luego en ciclos de nacimiento, desarrollo, vejez y muerte, el pseudópodo existe durante un tiempo y luego acaba viéndose absorbido por la célula esférica, momento en el cual desaparece y deja de formar parte del organismo. Parecida metáfora nos la proporciona el concepto hindú del ego como gota de agua que, cuando cae en el océano, deja de existir como entidad separada y se convierte en parte integrante de algo que le trasciende. Si las palabras «existencia» y «esencia» se refieren, respectivamente, a la conciencia en el tiempo y a las dimensiones eternas de la conciencia, tiene sentido decir «dejé de existir, pero recuerdo un estado mental de esencia, ser primigenio o puro "ser"».

Veamos, a modo de ejemplo, la siguiente descripción del informe de la sesión de psilocibina de una mujer de mediana edad con antecedentes de cáncer de riñón:

> Al principio, las imágenes aparecían y desaparecían tan aprisa que apenas si tenía tiempo para verbalizarlas […] había innumerables variaciones que me recordaban al techo de la Abadía de Westminster: gótico, abovedado y de gran complejidad. Esas imágenes cambiaban de iluminación, de color y de textura […]. No tenía la menor duda de que me hallaba en presencia del Infinito, porque sentí una paz desbordante que me permitía atravesarlo todo, aun los escasos instantes de sorpresa que afloraban. Entonces tuve la sensación de perder al observador. Ya no era un testigo de las imágenes, sino que me había convertido en ellas. Y, aunque no era nada especialmente inquietante, vacilé unos instantes y avancé poco a poco tanteando el terreno. Tenía la sensación de ser engullida. «¿Estoy a punto de ser poseída? ¿Esto está bien?». Esta es una parte que me encanta, porque no estaba dispuesta a entregar mi cuerpo. Entonces dije: «Quiero, si lo hago, que me devuelvan el cuerpo en tan buen estado, al menos, como ahora», y la respuesta fue: «¿Crees que le faltaría al

respeto a mi propia obra?», una respuesta que entendí de inmediato y me ayudó a seguir adelante […]. Mi cuerpo fue iluminándose, una parte tras otra, sucesivamente. Era la cosa más resplandeciente que jamás haya visto. Todo mi ser vibraba y resplandecía. Sentí que algo me respiraba o me tocaba como si fuese un instrumento. Era algo extraordinariamente hermoso. Comprendí que todos los aspectos de nuestro ser son sagrados. No hay, en el cosmos, nada ajeno a esa respiración. Y la sensación de que todo lo impregna es puro placer. Ajeno al amor, el mundo es miserable, pero hay incontables ocasiones de encontrar el camino de vuelta a casa […]. Me veo a mí misma en el mundo y al mundo en mí misma.

El cambio de perspectiva interior de esta mujer –expresado en «¿Crees que faltaría al respeto a mi propia obra?»– resuena perfectamente con el conocido poema «Amor», del escritor británico George Herbert a principios del siglo XVII, que comienza así:

El Amor me dio la bienvenida, pero mi alma
–culpable de polvo y de pecado–
se espantó.
Al verme retroceder,
los ojos raudos del Amor
se acercaron y me preguntaron
si necesitaba algo.

–Alguien –respondí– que merezca estar aquí.
–Ese eres tú –replicó el Amor.
–¿Yo, el malvado, yo, el desagradecido?
si ni siquiera soy digno de mirarte.

Pero, tomándome de la mano y sonriendo,
el Amor dijo:
–Pero ¿quién crees que hizo los ojos sino yo?

Otro ejemplo al respecto nos lo proporciona el informe de una experiencia con psilocibina de un hombre con cáncer de pulmón cuya orientación religiosa era budista tibetana:

> Hubo varias transformaciones visuales cuya gradualidad y sutileza me sorprendieron, pero no fue nada abrupto, rápido ni desorientador, sino tan ligero y suave que casi resultaba imperceptible [...]. Mi experiencia de un plano superior de conciencia fue profundizándose y estaba ligada a un cambio gradual de mi visión de una red que conectaba mi conciencia a todas las demás y a una conciencia unificada en un entorno cálido y cerrado semejante a un útero. Tuve una conciencia cada vez más profunda de que estaba experimentando una especie de estado iluminado en el que era claramente consciente de la interrelación existente entre todos los fenómenos y entre todos los seres sensibles y que trascendía la conciencia ordinaria de la sala en que había empezado la experiencia [...]. Luego entré en un periodo de asombro cada vez mayor ante la profundidad de mi experiencia de iluminación, una sensación de omnisciencia natural despojada de todo atisbo de orgullo o de ego... en la que mi conciencia experimentó una secuencia de transformaciones que parecían proporcionarme una comprensión completa de miles y miles de situaciones y fenómenos, por qué los individuos tienen emociones aflictivas, por qué me sentía emocionalmente conectado a todos los demás seres sensibles, cómo llegan al poder los líderes mundiales, las razones de la enfermedad, la vejez, la muerte, el pasado, el presente, el futuro, etcétera. Ni siquiera

puedo expresar *cuál* fue, en ese momento, mi comprensión, lo único que puedo afirmar es que estaba muy convencido de que entendía perfectamente todos estos temas y muchos otros, una sensación de omnisciencia benevolente…

Aunque no creo en un «Dios» creador ajeno a nosotros, ajeno a nuestra cognición y que exista por sí mismo, esa sesión me proporcionó una experiencia de Dios, sea lo que sea lo que eso signifique. No siento que «me haya convertido en uno con Dios» ni que «haya alcanzado y tocado a Dios», sino que, durante un breve lapso –que, dicho sea de paso, me parecieron milenios– tuve la sensación profunda de *haberme convertido* en Dios.

Este tercer ejemplo procede de la experiencia con LSD de un hombre que padecía alcoholismo:

La experiencia más emotiva que tuve durante ese día fue la sensación de que había muerto y estaba alejándome de la Tierra. Empecé a sentirme muy inquieto y nervioso y las nubes parecían apartarse para abrirme paso. Me asusté muchísimo. Me sentía muy solo. A veces me parecía que avanzaba muy aprisa… y que las nubes se apartaban también a la misma velocidad. Quería volver, pero sabía que no podía. Empecé a ir a la deriva más despacio y me tranquilicé. Las nubes habían desaparecido.

Lo que ocurrió a partir de entonces resulta muy difícil de explicar. No había nada. Era como estar flotando lentamente a la deriva en un espacio vacío. Una luz tan resplandeciente como hermosa lo llenaba todo. De vez en cuando aparecía, a lo lejos, una pequeña nube o una flor cuya belleza y colores eran tan intensos que no podía apartar la mirada y mis ojos se llenaron de lágrimas. Extendí los brazos para rodearla, pero siguió creciendo y creciendo hasta que ya no pude controlarla. Entonces pareció estallar con tal magnificencia y belleza que todo se abrió. Mi felicidad era tal que estallé en risas. Grité mientras la señalaba (pero era tan hermoso que nadie más podía verla). En ese momento pensé que yo era Dios, pero que eso no podía ser. Esto es Dios y esto debe ser el cielo. Volví a estar muy confundido. Si Dios estuviera aquí y yo estuviera aquí…

Yo era Dios. En ese momento, yo era Dios y parecía que todo el mundo estaba aquí. Realmente todos debemos ser uno. Y entonces caí en la cuenta de que eso es lo que siempre se ha dicho de la vida eterna.

Las limitaciones del lenguaje resultan especialmente patentes cuando uno trata de expresar los estados unitivos de conciencia. Diferentes personas pueden experimentar grados muy distintos de intensidad o plenitud, pero lo mismo puede ocurrir con la misma persona en diferentes momentos. Una persona, por ejemplo, puede afirmar sentirse como un átomo del sitial de loto sobre el que se asienta el Buda y estar muy agradecido por «el simple hecho de formar parte» de algo tan profundamente sagrado; otro puede afirmar con humildad ser uno de los miles de *bodhisattvas* que rodean al Buda y aun otro puede hablar –o vacilar al tratar de hacerlo– de entrar en la esencia eterna de la budeidad. Y versiones parecidas forman parte de la imaginería que acompaña al marco de referencia cristiano. Lo común a todas estas experiencias es la sensación de fusión de la personalidad cotidiana, a menudo llamada ego, con una realidad espiritual que intuitivamente se experimenta como algo fundamental y omniabarcador.

La unidad externa

En las disciplinas meditativas existe la tradición de posar la mirada en un punto y «permanecer simplemente» con la percepción. Aunque el objeto en el que uno decide centrarse pueda ser casi cualquier cosa, las opciones más habituales son la llama de una vela, el centro de un mandala o una simple flor. Con o sin la ayuda de enteógenos, la flor, por ejemplo, puede parecer que, con el tiempo, cambia de forma o tonalidad y que parece abrirse como ocurre en esas reproducciones a cámara rápida de una serie de fotografías. Durante un tiempo puede haber una serie de intrigantes cambios perceptuales y luego, en alguna que otra ocasión, se informa de un cambio perceptual acompañado de la comprensión noética de que «todo es uno». Veamos ahora el informe personal de una experiencia asistida con LSD:

> Hubo una profunda sensación de unidad, primero, con un tulipán rojo y, luego, con una rosa del mismo color. Y, al contemplar la rosa como un objeto, cobró vida ante mis ojos. Sus pétalos parecían respirar al tiempo que se abrían lenta y grácilmente pareciendo expresar su máxima belleza. Fascinado, observé estos movimientos de delicadeza cósmica hasta que, de repente, *conocí* la rosa; es decir, dejé de existir como un ego que observa de manera pasiva un objeto en su entorno y me convertí en rosa. Aunque, en la objetividad de mi mente crítica, sabía que la flor no había experimentado ningún cambio físico, subjetivamente me parecía verla desde una perspectiva del todo nueva que llenó mis ojos de lágrimas y se vio acompañada de una profunda sensación de reverencia. La desnuda belleza de la rosa parecía sobresalir como si fuese lo único que existiera en el mundo. Apoyándome en la antigua escuela monista de pensamiento

expresé entonces la intuición filosófica de que «todos somos uno». En un determinado momento traté de expresar mi experiencia y hablé de «fundirme con la esencia de la rosa» y, en otra ocasión, dije que «hay más belleza de la que conocemos».

Y he aquí otro ejemplo procedente, en este caso, de Aldous Huxley en *Las puertas de la percepción*, cuando trataba de describir la unidad provocada al dirigir su atención a la pata de una mesa de bambú:

> Yo miraba mis muebles, pero no con la mirada estrictamente pragmática de quien se sienta en sillas y escribe en escritorios o mesas, sino como el camarógrafo o el observador científico, como el esteta puro que solo se interesa por las formas y por sus relaciones con el campo de visión o el espacio pictórico. Pero, a medida que miraba, esta imagen puramente estética y cubista se vio reemplazada por lo que solo puedo describir como «la visión sacramental de la realidad». Entonces volví a estar donde antes había estado al contemplar las flores, de nuevo en un mundo en el que todo brillaba con una luz que emanaba de su interior y cuyo significado era infinito. ¡Qué maravillosamente tubulares eran, por ejemplo, las patas de la silla, qué sobrenaturalmente pulidas! Pasaron varios minutos –¿o acaso fueron siglos?– no en la mera contemplación de estas patas de bambú, sino *fundido* realmente con ellas o, mejor dicho, siendo yo mismo en ellas o, más precisamente todavía –porque no había «yo» alguno que interviniese en el asunto, como tampoco, en cierto modo, lo hacían «ellas»–, siendo mi no-yo en el no-yo de la silla.

Aunque ambos casos están centrados en el sentido de la vista y con los ojos bien abiertos, parece que la unidad también puede registrarse a través de otras modalidades sensoriales, y no son pocos los informes que hablan, en este sentido, de fundirse con la música. Veamos ahora la descripción de una sesión de psilocibina centrada en el modo en que la música puede experimentarse como una percepción expandida que se acerca a la conciencia mística:

> Las piezas musicales eran maravillosas porque eran multidimensionales. Podía escuchar pequeñas variaciones y sutiles cambios y matices en las voces y los instrumentos como si me hallara en el interior de la mente del compositor cuando él la escuchaba. Tenía la sensación de que el compositor captaba la dimensión divina y encauzaba su perfección hasta el nivel humano para que otros pudieran ser conscientes de ella y elevarse. Al mismo tiempo, sin embargo, también era consciente de que esa era una tarea imposible, porque somos seres humanos imperfectos, instrumentos imperfectos y voces imperfectas. Pero, de algún modo, toda esa imperfección se entretejía perfectamente con la perfección encauzada por la música. Yo estaba dentro de la música, del compositor, de los intérpretes, de los cantantes, de los instrumentos de viento y hasta del dedo que pulsaba las teclas.

Otra voluntaria expresó su experiencia de la relación entre su personalidad cotidiana y la unión mística con la metáfora de una orquesta sinfónica cósmica compuesta por innumerables músicos y en donde ella era una más de entre los miles de miembros que componían la tercera sección de clarinetes. Como intérprete individual o ego podía contribuir con una fracción infinitesimal a la magnificencia de la música si tocaba lo mejor posible, pero también estaba muy claro que, independientemente del modo en que lo hiciera, ello no restaba un ápice de belleza al conjunto de la sinfonía. Ella formaba parte de la sinfonía y, en la conciencia unitiva, todo lo que ella era y podía hacer estaba envuelto en una música de dimensiones infinitas. Una metáfora parecida es la que asimila el ego a un grano de arena y la conciencia mística, a todos los desiertos, dunas, playas y fondos marinos del mundo.

Aun a riesgo de parecer excesivamente poético, la mejor descripción que he escuchado sobre el acercamiento y la emergencia de la unidad externa describe el encuentro entre el perceptor y lo percibido a un nivel de experiencia atómico o subatómico en el que los átomos y «partículas» subatómicas que componen al perceptor y los átomos y «partículas» subatómicas que componen el objeto de la percepción resuenan, de algún modo, entre sí, desencadenando la conciencia de que, en última instancia, el mundo que percibimos y nosotros formamos parte de una gran unidad y estamos hechos de la misma «materia». No es de extrañar que el matemático y filósofo británico Alfred North Whitehead tratara de expresar esto cuando habló de la «prehensión», a la que definió como una «aprehensión no cognitiva». La expresión más frecuente de esa experiencia tan profunda parece que es la simple frase «todo es uno».

Las experiencias de unidad externa parecen ser más habituales cuando el cuerpo está en el exterior, en un entorno natural, especialmente con los ojos abiertos. Cuando se trata de dosis elevadas y está implicada la trascendencia del ego, pasear por el mundo conlleva cierto riesgo y convendría contar con la ayuda de un guía de confianza que garantice la seguridad física. La investigación con enteógenos tiende a realizarse en espacios interiores, en donde el cuerpo pueda relajarse con seguridad en un sofá y la mente pueda liberarse de la necesidad de tener que «estar vigilando el cuerpo».

Durante la primera época de la investigación psicodélica que llevamos a cabo en el Centro de Investigación Psiquiátrica de Maryland, ubicado en el espacioso campus del Centro Hospitalario de Spring Grove, las primeras horas de las sesiones se realizaban en un diván ubicado en una habitación interior, pero, si el tiempo lo permitía, los guías acompañaban a los voluntarios a un paseo al aire libre que duraba varias horas. Muchas personas se apoyaban en un viejo árbol del campus y, en mayor o menor medida, se identificaban con su fuerza o pretendían convertirse en ella. Entrando en él de forma simbólica, algunos afirmaban que sus piernas penetraban en la tierra a modo de raíces y que sus brazos se alzaban y elevaban hacia el cielo como si de ramas se tratara.

6. Nuevas perspectivas sobre el tiempo y el espacio

Cambios en la percepción y la trascendencia

El objetivo de este capítulo es el de ilustrar la categoría llamada «transcendencia del tiempo y el espacio», incluida en la definición de la conciencia mística. No tengo formación en física teórica y apenas si entiendo la filosofía de Immanuel Kant que, en el siglo XVIII, reflexionó largo y tendido sobre los misterios del tiempo y el espacio. Otros más cualificados que yo han escrito y escribirán sus propios libros sobre los misterios de la materia y el modo en que sus sustratos más profundos parecen comportarse de forma diferente a lo que nuestra percepción sensorial y estilos habituales de pensamiento nos permitirían esperar o concebir.

Huston Smith expresó elocuentemente este alucinante dilema de nuestros intelectos en el ensayo «The Revolution in Western Thought» [«La revolución del pensamiento occidental»], publicado en 1961 en el *Saturday Evening Post* y reimpreso en su libro *Más allá de la mente postmoderna*:

> Si la física moderna nos mostró un mundo reñido con nuestros sentidos, la física postmoderna nos está mostrando otro reñido con

nuestra imaginación [...] que la mesa que parece inmóvil esté, en realidad, increíblemente «viva», con electrones girando alrededor de sus núcleos a una velocidad de mil millones de veces por segundo; que la silla que tan firme se siente debajo de nosotros sea, en realidad, un espacio fundamentalmente vacío, son hechos ciertamente extraños que no planteaban ningún problema permanente para la sensación del orden humano. Lo único que hizo falta para integrarlos fue reemplazar la imagen anterior de un mundo burdo y pesado por un mundo sutil en el que todo es danza y remolino.

Pero los problemas que plantea la nueva física al sentido del orden humano no parece que puedan resolverse mediante un simple ajuste de escala. Muy al contrario, parecen señalar la profunda separación existente entre la forma en que se comportan las cosas y el modo en que podemos visualizarlas. ¿Cómo imaginar, por ejemplo, a un electrón desplazándose a través del espacio siguiendo simultáneamente dos o más rutas diferentes pasando de una órbita a otra sin atravesar el espacio intermedio? ¿Qué clase de modelos podemos construir de un espacio finito pero ilimitado o de una luz que es, simultáneamente, onda y partícula? Estos son los enigmas que han llevado a físicos como P.W. Bridgman, de Harvard, a sugerir que «la estructura de la naturaleza puede llegar a ser tal que nuestros procesos de pensamiento no se correspondan lo suficiente con ella como para permitirnos pensarla de ninguna forma» [...]. El mundo se desvanece y nos elude [...]. Nos enfrentamos a algo realmente inefable. Hemos llegado al límite de la visión de los grandes pioneros de la ciencia según los cuales vivimos en un mundo que nuestra mente puede llegar a comprender.

Todos podemos entender que el tiempo y el espacio contribuyen claramente, en la conciencia vigílica normal, a la organización de nuestra vida. Las experiencias temporales se catalogan en tres grandes grupos: pasado, presente y futuro, y suponemos que este último incluye las experiencias potenciales, planificadas, inesperadas e incognoscibles. Al nacer, «nos descubrimos a nosotros mismos en el mundo» (en palabras del existencialista Martin Heidegger), luego vivimos nuestras vidas año tras año en la medida en que vamos envejeciendo, experimentando muchas de las alegrías y dolores de la existencia humana y, finalmente, llegamos a la muerte, ese punto de cese o transición de la conciencia que a todos acaba llegándonos. Nos desplazamos por el espacio de casa al trabajo a pie, en coche o en avión de una ciudad a otra o, incluso, por el espacio exterior hasta la Luna u otros planetas. Y, en todo ello, intervienen, como demuestra nuestro fiel GPS, matemáticas bastante fiables.

Lo que resulta desconcertante es que las personas que tienen experiencias místicas afirman que no solo estaban distraídas o que no eran conscientes del paso del tiempo, sino que sentían intuitivamente que el estado de conciencia que estaban experimentando se hallaba «fuera del tiempo». Son muchos los estados alternativos de conciencia en los que, con y sin la ayuda de enteógenos, podemos experimentar una aceleración o una ralentización del tiempo. Si, durante una sesión psicodélica, a uno le preguntan cuánto tiempo ha transcurrido, a veces puede hacer una estimación muy inexacta, tanto en un sentido como en otro. Esto es algo que, hasta cierto punto, todos hemos experimentado cuando decimos que el tiempo pasa rápidamente cuando estamos inmersos en actividades que disfrutamos y lo lento que puede discurrir cuando estamos aburridos. En mi caso, la jardinería, el senderismo en la naturaleza o la interpretación musical suelen conllevar una menor conciencia del tiempo, mientras que, por el contrario, durante la espera en una larga cola o en un atasco automovilístico, los segundos llegan a parecer minutos. En sus estudios sobre las personas autorrealizadas, Abraham Maslow llamó la atención sobre los informes de alteración de la percepción del tiempo en medio del fervor creativo, cuando un poeta o artista se torna «inconsciente de su entorno y del paso del tiempo». Tal vez estos cambios en la percepción del tiempo puedan entenderse como transiciones precursoras de la trascendencia mística del tiempo en las que la conciencia despierta a dimensiones eternas, semejantes a un avión que, después de despegar en un día lluvioso, atraviesa una gruesa capa de nubes plomizas y va abriéndose gradualmente paso hasta el reino de un cielo azul deslumbrante y bañado por la luz del sol.

También se dice que, en los estados místicos, es posible trascender el espacio. Los reinos celestiales no se experimentan ubicados en un lugar concreto, ya sea en nuestro universo o en otra galaxia, como un lugar de vacaciones al que, de conocer sus coordenadas, podríamos enviar una nave espacial. En este sentido se afirma, por el contrario, que la conciencia mística está «en todas partes y en ninguna», y el espacio parece ser simplemente un concepto que funciona bien cuando pensamos y actuamos en el mundo cotidiano de la percepción sensorial, pero que, de algún modo, se trasciende o deja atrás al adentrarse en los reinos eternos.

Esto no solo es cierto para las experiencias visionarias, sino para el contenido también de nuestros campos de conciencia en la vida cotidiana. ¿Existe algún lugar en el que podamos ubicar el pensamiento que ahora estamos teniendo, el sueño de la pasada noche o un recuerdo de nuestra infancia? ¿Estará acaso microscópicamente codificado en alguno de los miles de millones de células que componen nuestro sistema nervioso? Buscar ese lugar sería tan inútil e inapropiado como empeñarnos en examinar minuciosante la placa base del televisor en busca de la atractiva rubia que anoche transmitió por televisión el parte meteorológico. En última instancia debemos admitir que, a comienzos del siglo XXI, ignoramos lo que somos y nos resulta muy difícil pensar sin referencia al tiempo, el espacio y la materia. A fin de cuentas, lo único que sabemos, cuando contemplamos, con o sin microscopio, la materia gris y la materia blanca que componen nuestro sistema nervioso central, es que *existimos* y que, dentro de nuestra mente hay contenidos experienciales.

¿Nos atrevemos a tomarnos en serio las afirmaciones de que, desde la perspectiva del eterno ahora, no solo es posible viajar al pasado y recordar los detalles de nuestra infancia, sino también de vidas anteriores? ¿Es realmente concebible la posibilidad de que, como han afirmado algunos, podamos llegar a revivir nuestro desarrollo fetal o la evolución de nuestra especie? Los libros de Jean Houston y Robert Masters y de Stanislav Grof describen experiencias muy singulares que expanden nuestra imaginación más allá de lo que parece posible, llegando incluso, en ocasiones, a hablar de la comunicación con formas de vida no humanas. No son pocas las veces en las que, quienes han experimentado estados místicos en los que trascendían el espacio, han sugerido que los universos en los que nos zambullimos cuando miramos a través de un telescopio o de un microscopio tal vez sean, en última instancia, uno y lo mismo.

Cabría preguntarnos también, en cuanto a la percepción del tiempo, por la posibilidad de vislumbrar hacia dónde se dirige la historia y tener precogniciones válidas de lo que está determinado o podría ocurrir si no afirmamos nuestra libertad y actuamos para cambiar las cosas. ¿Deberíamos derivar rápidamente a la consulta del psiquiatra a la persona que nos habla de «recordar el futuro» o tendríamos que respetar la posible validez de un conocimiento experiencial que escapa aún de nuestra comprensión? Los parapsicólogos llevan mucho tiempo documentando casos de precognición, pero sus hallazgos son tan difíciles de entender desde la perspectiva dominante sobre la naturaleza de la realidad que rara vez se les presta la debida atención.

Iniciación y posible premonición de Walter Pahnke

Permítanme volver ahora a la vida de mi amigo Walter Pahnke –a quien he presentado en el capítulo 3– que solo se permitió explorar personalmente los efectos de una sustancia psicodélica cuando la Universidad de Harvard confirmó finalmente la obtención de su doctorado. Así fue como, el 29 de febrero de 1964, tuvo su primera sesión en la clínica de Hanscarl Leuner en Gotinga (Alemania) y en la que, devolviéndole el favor que me había hecho un par de semanas antes, yo fui una de sus personas de apoyo. En mi diario de aquella noche escribí: «Aún resuenan en mis oídos sus gritos de éxtasis: "¡Qué belleza! ¡Oh! ¡No me lo puedo creer! ¡Fantástico! ¡Nunca lo hubiera imaginado! ¡Oh! ¡Fantááástico! ¡Esto es extraordinario, tío! ¡Jamás se me hubiera ocurrido! Alegría, bendición, ternura. ¡Esto es genial, Bill! ¡Ni te lo imaginas!… ¡Oh, sí, claro que puedes imaginártelo!"».

En años posteriores hablamos de la existencia de dos tipos de éxtasis, uno extravertido y explosivo y otro introvertido y sereno, y que esa experiencia de Wally era un claro ejemplo del primer tipo. Más adelante, en ese mismo diario, escribí: «Casi al final hablamos de muchas cosas, sobre todo de la sensación de destino personal que, hasta cierto punto, ambos habíamos experimentado. Tengo la sensación de que, algún día, Wally y yo trabajaremos juntos. El mismo destino que nos ha unido en esa ocasión bien podría unirnos en el futuro, guiando a dos pioneros en una expedición fantástica. Sentimos una extraña combinación de asombro, maravilla, humildad y, por supuesto, alegría». De hecho, dos años después pudimos colaborar en Boston en algunas investigaciones con psilocibina con el antropólogo Richard Katz y el psiquiatra Carl Salzman, en 1966, el año de mi boda y en la que Wally actuó de padrino. En 1967, los dos nos mudamos a Baltimore para trabajar juntos en el Spring Grove Hospital Center y, luego, en el Maryland Psychiatric Research Center en la investigación psicodélica sobre cómo la administración de enteógenos en el contexto de la psicoterapia breve podría ayudar a vivir más plenamente a los pacientes terminales de cáncer.

Después de cuatro años de investigación psicodélica en Baltimore junto a otros intrépidos investigadores, entre los que cabe destacar a Albert Kurland, Charles Savage, Sanford Unger, Stanislav Grof, Robert Soskin, Sidney Wolf y Lee McCabe recibí, a última hora de la tarde del 10 de julio de 1971, una llamada telefónica en la que me informaron de que Wally se había ido a bucear solo a las rocosas aguas del océano frente a su cabaña cerca de Bath (Maine) y todavía no había vuelto. Atónito, colgué el teléfono y le dije a mi mujer: «Wally ha muerto». Los guardacostas siguieron buscando su cuerpo durante toda la noche y el día siguiente, pero la búsqueda resultó en vano.

A la luz de su muerte, el informe que escribió sobre su primera experiencia con LSD en Alemania alimenta parte de la curiosidad y el asombro que experimento cuando reflexiono sobre el misterio del tiempo. Sus palabras textuales, con sus propias mayúsculas y cursivas, fueron las siguientes:

> El aspecto más intenso e impresionante de esta experiencia fue una LUZ BLANCA de una claridad y pureza absolutas. Era como una llama centelleante de una blancura y belleza resplandeciente [...] aunque, en realidad, no se trataba tanto de una llama como de un lingote blanco incandescente, pero mucho más largo y ancho que un lingote y que iba asociado a sentimientos de ASOMBRO, REVERENCIA y SACRALIDAD *absolutos*. Justo antes de esa experiencia tuve la sensación de zambullirme en lo más profundo de mí, una dimensión de mi ser que estaba despojada de toda pretensión y falsedad. Se trataba de algo mucho más importante que la vida estrictamente física, un punto en el que el ser humano podía mantenerse firme con absoluta integridad. La experiencia de la luz blanca era de una *importancia suprema*, algo absolutamente válido, en lo que cabía depositar toda confianza y por lo que vale la pena jugarse la vida. La luz era tan intensa y penetrante que resultaba imposible mirarla directamente. No era algo que estuviera conmigo en la habitación en la que estaba mi cuerpo, porque mi cuerpo había quedado muy atrás y ambos estábamos en otro lugar.
>
> Más tarde tuve la imagen de descender y zambullirme más profundamente todavía hasta las profundidades de un pozo oscuro y silencioso. Entonces tuve una visión de un amor DIVINO absoluto. Era como un manantial del que brotaba un líquido blanco y plateado que se desbordaba y cuya contemplación llenaba de dicha y belleza. El sentimiento era de amor y compasión no solo hacia lo Divino y hacia todo ser humano, y entonces reconocí que todos tenemos, en nuestro interior, el mismo potencial y valor. Todos éramos, en ese

momento, iguales a los ojos de Dios y a mis propios sentimientos, y reconocí que eso era algo que, en mi vida anterior, no había tenido suficientemente en cuenta.

Yo sabía que Wally era un hombre excepcionalmente íntegro y brillante. Parecía querer aprovechar cada momento del día como si, de algún modo, fuese muy consciente de que no le quedaba mucho tiempo de vida. Recuerdo haber corrido varias veces detrás de él, bajando las escaleras de dos en dos, para llegar a la cafetería del Centro de Salud Mental de Massachusetts segundos antes de que cerraran y haber acabado aceptando seguir con mi propio ritmo, que era considerablemente más lento. Cuando visitábamos una ciudad desconocida, él quería ir a todos los lugares interesantes en una tarde, mientras que yo solía contentarme con explorar tan solo una o dos salas. Tampoco tenía empacho alguno en desviarse kilómetros de su camino para encontrar gasolina unos céntimos más barata o para conseguir gratis un tarro de colores lleno de requesón. Siempre insistía en cortarse el pelo ante el espejo, con resultados ocasionalmente más que cuestionables.

Pese su formación médica y su brillantez académica, Wally era también propenso a los accidentes. Recuerdo haberle visto, en un par de ocasiones, llegar al trabajo con muletas y atravesar cojeando los pasillos. Sabía que, siendo hijo único, sufría de lo que podríamos llamar «síndrome del niño mimado» y que, a veces, estaba tan preocupado por sus asuntos que se mostraba insensible a las necesidades de su familia, sus amigos y sus compañeros. Finalmente, negándose a esperar unos minutos más a que le acompañara su mujer, se puso un equipo de submarinismo que le había prestado un amigo (ya que nunca antes había buceado), se zambulló en el océano Atlántico y desapareció, dejando atrás a su mujer, a sus padres y a tres hijos de entre dos y diez años. ¿Fue ese un ejemplo de brillantez o de estupidez?

No cabe la menor duda, como lo demuestran sus muchos logros, sus numerosos títulos y sus puntuaciones en el percentil 99 del Graduate Record Examination, de que Wally era una persona intelectualmente brillante. Emocionalmente, sin embargo, se hallaba paralizado y se esforzaba mucho en ralentizar el ritmo y relacionarse más con su familia. Mi mujer lo llamaba cariñosamente «un gigante intelectual y un enano emocional». Cuando hablé en su funeral en Baltimore dije que todos los que le querían se habían enfadado en algún momento con él por ese motivo, un comentario que se vio acompañado por la señal de asentimiento de la cabeza de muchos de los presentes. Aunque hubo quienes especularon con la posibilidad de que Wally se hubiera suicidado, yo le conocía lo suficiente como para reconocer que su muerte era una prueba de la impulsividad, de la temeraria estupidez de un hombre, por lo demás, brillante.

Pero el meollo del asunto, el enigma que a veces me ronda en mitad de la noche es que ningún otro voluntario de nuestras experiencias mencionó nunca la existencia, durante una sesión psicodélica, de «un manantial del que brotaba un líquido blanco y plateado que se desbordaba», aunque «descender a las profundidades de un pozo oscuro y silencioso» podría ser algo más coincidente con el repertorio habitual de las imágenes asociadas a las experiencias sagradas. ¿No le sugieren acaso al lector estas dos frases la imagen de burbujas de una bombona de aire comprimido en el momento de su muerte y el descenso de su cuerpo a una oscura grieta en las profundidades del océano? Extraña coincidencia... ¿no les parece?

La experiencia de LSD de Wally, con su posible secuencia precognitiva, tuvo lugar en 1964, a la edad de treinta y tres años, y su muerte se produjo en 1971, a la edad de cuarenta. A veces me he preguntado si no sería ese su destino, es decir, algo que tenía que ocurrir hiciera lo que hiciese en términos de crecimiento personal, y si, de alguna manera tuvo, durante esa sesión de LSD, una visión de su futuro. ¿O se le reveló acaso un posible final de su vida junto a la posibilidad de modificar la trayectoria en la que se hallaba inmerso? Quizás, en este último caso, no maduró emocionalmente lo suficiente y acabó arriesgándose demasiado. Tal vez algún principio disciplinario del universo dictaminó: «¡Ya está bien! ¡Se acabaron las oportunidades!», o quizás simplemente naciera con una esperanza de vida de cuarenta años, con un diseño único y perfecto que le permitió hacer su especial contribución al mundo.

Para aumentar el misterio, treinta y seis días antes de su muerte, Wally llegó al trabajo seriamente conmovido por un sueño que había tenido la noche anterior en el que había saltado sin paracaídas de un avión. Como persona que rara vez recordaba los sueños, la intensidad e importancia de ese sueño en su campo de conciencia le sorprendieron tanto como le preocuparon. Escribió el sueño y me entregó una copia: «A medida que me acercaba a lo que creía que era el final de mi vida, me invadía una desazón por mi error de juicio o mi estupidez: ¿A quién se le ocurre saltar sin paracaídas? ¿En qué estaría pensando?

[...] Mientras conducía hacia el trabajo no dejaba de pensar en el sueño, no podía quitármelo de la cabeza. Parecía muy vívido, más vívido que cualquier otro sueño que recuerde».

Y, como si se tratara de uno de aquellos libros infantiles de «elige tu propia aventura», Wally comentó que su sueño tenía cuatro finales posibles:

Durante breves instantes tuve una conciencia dividida: golpeaba el suelo con un impacto terrible y luego volvía a caer con varios resultados diferentes: 1) el final en la más absoluta oscuridad, 2) el final, la conciencia del espíritu y la presencia en mi funeral, 3) me rompía las piernas y permanecía hospitalizado mucho tiempo, tras lo cual quedaba inválido o lisiado y 4) sobrevivía milagrosamente a la caída. De alguna manera escapé de las lesiones y salí caminando, uno de esos aterrizajes milagrosos sobre los que había leído.

Finalmente pareció que, de esas cuatro alternativas, prevaleció la cuarta y última. ¡Qué suerte! ¡Demasiado bueno para ser verdad! Sin embargo, no estaba muy seguro de que realmente hubiera sucedido o de si el sueño había terminado antes de averiguarlo […] aunque parecía que se trataba del segundo caso.

Los filósofos llevan mucho tiempo reflexionando sobre las fuerzas que determinan nuestra vida y el modo de equilibrarlas con la libertad. Desde la perspectiva de la conciencia mística, sin embargo, esta puede ser una de esas paradojas «y/o» en la que ambas visiones son ciertas y la comprensión última sigue escapándosenos. Lo mejor que he podido verbalizar al reflexionar sobre esta paradoja es concluir que tal vez estamos predispuestos a creer en la ilusión de la libertad porque, si no actuamos como si fuésemos libres, no ocurrirá lo que está determinado a ocurrir. Vivamos, entretanto, nuestra vida y actuemos en el mundo lo mejor que podamos.

7. Visiones y arquetipos

Definiciones

Los debates académicos sobre psicología de la religión suelen distinguir las experiencias visionarias (o visiones) de las experiencias de conciencia mística, aunque a menudo pueda parecer que ocurren simultáneamente o que una se convierte en otra. Pues, por más pedante que pueda parecer, esta distinción puede contribuir a aclarar nuestras ideas sobre estas cuestiones que se hallan en las fronteras del lenguaje. Recapitulando, podríamos decir que la conciencia mística incluye, por definición, la conciencia unitiva, que va precedida por la «muerte» de la personalidad individual y seguida de un «renacimiento» que trae consigo un importante conocimiento intuitivo. Durante la experiencia de conciencia unitiva se trasciende o supera la dicotomía «sujeto-objeto», la elegante expresión filosófica empleada para referirse a cualquier experiencia en la que uno se experimenta como algo separado de lo que se percibe. Independientemente de que tengan lugar con los ojos abiertos o con los ojos cerrados, las experiencias visionarias suelen producirse dentro del marco sujeto-objeto en donde uno está *aquí*, mirando –o incluso contemplando sorprendido– algo que ocurre *ahí*. Puedo verlo, acercarme temblando a ello o relacionarme con amor o miedo, pero en modo alguno «me convierto» o «me fundo por completo» con ello. Este tipo de experiencias visionarias suelen presentarse inmediatamente antes o después de la experiencia mística de unidad, pero hay muchos casos en los que aparecen por sí solas como la culminación de un viaje concreto a dominios alternativos de la conciencia. Si las experiencias visionarias son la cúspide de las colinas que rodean la cumbre de la conciencia mística que se encuentra por encima y más allá de las nubes, no dejan, por ello, de ser, en sí mismas, muy impresionantes.

Lo que uno ve durante las experiencias visionarias suelen ser «arquetipos», un término que se remonta a Filón de Alejandría, un filósofo griego que vivió entre el 20 a.C. y el 40 d.C. El término fue rescatado por el psiquiatra suizo Carl Gustav Jung (1875-1961) quien, basándose en las imágenes tanto suyas como de sus pacientes y procedentes tanto de recuerdos nocturnos como de imágenes evocadas activamente mientras se hallaban acostados en el diván analítico, postuló la existencia, en nuestra mente, de un «inconsciente colectivo» al que podríamos considerar morada de los arquetipos. Estos pueden ser descritos simplemente como «las piedras angulares de nuestra estructura psíquica» o «el mobiliario innato de nuestra mente inconsciente», imágenes universales que la gran mayoría –si no todos los seres humanos– parecemos compartir. Quizá nazcamos con ellos y se hallen codificados, de algún modo, en nuestros genes, o tal vez podamos, en determinados estados especiales de conciencia, acceder espiritualmente a ellos (sea lo que fuere lo que eso signifique desde el pundo de vista científico). Pero su extraordinario poder trascendente evidencia las limitaciones que implica describirlos como «mobiliario» o «piedras angulares». Pueden descubrirse con asombro y percibirse como algo intrínsecamente significativo que nos influye, conmueve e inspira, y hasta puede parecer que impulsan grandes movimientos sociales y, en el escenario mundial, el desarrollo de civilizaciones enteras.

Los arquetipos incluyen dioses y diosas, piedras y metales preciosos, ángeles y demonios y contenidos visionarios similares que no solo aparecen registrados en las escrituras de las religiones del mundo, sino que también son experimentados hoy, con o sin el uso de enteógenos, por hombres y mujeres durante estados alternativos de conciencia. Lo fascinante de la investigación psicodélica es el descubrimiento de que no es raro que los voluntarios informen de visiones de contenido religioso y cultural inesperado y, en ocasiones, completamente ajeno a lo que, hasta ese momento, habían aprendido. John Locke, el filósofo británico del siglo XVII, sugirió que venimos al mundo con mentes que son *tabulas rasas*, es decir, «pizarras blancas en las que cualquiera puede escribir», semejantes a ordenadores recién formateados. Pero los resultados de la investigación psicodélica realizada al respecto sugieren que Locke estaba muy equivocado y que subestimó considerablemente los recursos y misterios que llevamos dentro. Los informes descriptivos de los sujetos que han participado en la investigación psicodélica nos han proporcionado datos suficientes para considerar validado de manera empírica el concepto junguiano de inconsciente colectivo.

Dioses hindúes en mentes occidentales

Recuerdo a un voluntario de la investigación de unos veinte años, de un barrio empobrecido del centro de la ciudad de Baltimore, que abandonó la escuela secundaria, se hizo adicto a la heroína y acabó encarcelado en un centro penitenciario del estado de Maryland. Salió en libertad condicional para vivir en un centro de reinserción social que, en aquel momento, gestionábamos con el fin de entrar en un proyecto de investigación destinado a explorar el posible uso del LSD en el tratamiento de la adicción a los narcóticos, y, en el contexto de una psicoterapia intensiva breve, pude administrarle una dosis relativamente alta de LSD. Cuando me dictó el informe de su experiencia psicodélica, describió «extrañas figuras parcialmente desnudas bailando con divertidos sombreros a modo de coronas en la cabeza». Pocos días después, mientras estaba hojeando, por casualidad, un libro de arte hindú en nuestra sala de espera antes de una cita de seguimiento, irrumpió en mi despacho, señalando emocionado las imágenes de Vishnu y Shiva danzantes, diciendo apresuradamente: «¡Esto es lo que vi! ¡Esto es exactamente lo que vi!». Recuerdo haber reflexionado ese día en lo increíble de este tipo de experiencias y en la frecuencia con la que aparecía en nuestra investigación psicodélica.

¿Cómo había podido llegar el Shiva danzante a la mente de un estadounidense iletrado y adicto a los narcóticos? Siempre cabe, obviamente, la posibilidad de que, en algún momento anterior, hojeando una vieja revista *Life* o *Look* en la sala de espera de una peluquería, se hubiese topado con una imagen similar o de que la hubiese visto en alguno de los muchos programas de televisión que habría presenciado en su vida. Pero ni siquiera eso explicaría por qué, de entre todas las imágenes que pudo haber visto en vida, los dioses hindúes hicieron su aparición en su campo de conciencia durante una sesión de LSD.

Encuentros inesperados

También me viene a la mente el recuerdo de un psiquiatra australiano, un hombre que había solicitado participar en un programa del Centro de Investigación Psiquiátrica de Maryland denominado

«Proyecto de formación» que proporcionaba, a los profesionales de la salud mental y religiosos interesados, la oportunidad de tener una experiencia legal con LSD. Ese hombre, que afirmaba haber permanecido «esencialmente incontaminado» –ese fue exactamente el término que empleó– por el cristianismo, esperaba tener la oportunidad de conectar con lo que llamó sus «raíces aborígenes».

Lo curioso fue que su experiencia con el LSD resultó ser una de las experiencias más cristianas a las que jamás haya asistido. Después de tres días de silencio atónito, no solo «confesó» haber visto a Cristo, sino haberse identificado también con él, haber experimentado la crucifixión y la resurrección y haberse fundido en el amor y la unidad de la conciencia mística. De no haber sido por su honestidad intelectual y su compromiso con la erudición, es posible que su vergüenza por la naturaleza de su experiencia se hubiera manifestado en una negación y un informe censurado e incompleto. Siempre cabe pensar en la posibilidad de que su aversión y rechazo original por lo poco que sabía del cristianismo hubiese movilizado una formación reactiva, pero, al margen de los procesos psicodinámicos concretos implicados, este caso ilustra con claridad la posibilidad de que, durante la acción de los enteógenos, las personas puedan experimentar contenidos que les resulten completamente ajenos.

Recuerdo también, en este mismo sentido, la sesión de DPT de otro joven toxicómano procedente de un barrio empobrecido del centro de la ciudad de Baltimore. Acostado de espaldas en nuestro sofá blanco, cubierto con una manta de franela azul, con un antifaz y auriculares mientras el enteógeno hacía efecto, sintió que se elevaba a los cielos para encontrarse con Dios. Se elevó más y más y, cuando las nubes se separaron, soltó de repente una fuerte maldición, se arrancó el antifaz y los auriculares, se deshizo de las sábanas, se incorporó y, mirándome fijamente a los ojos, exclamó, entre alarmado y consternado: «¡Dios es una mujer!». Estaba claro que su escuela dominical baptista no le había preparado para enfrentarse a una manifestación femenina de lo divino, ya fuese la Gran Madre, la Virgen María, Quan Yin (la diosa budista de la compasión) o Fátima Zahra (en el islam). Fue, sin embargo, la dinámica creativa de su propia mente la que eligió presentarle a Dios de esa manera.

Teonanacatl

Otro ejemplo de experiencia visionaria proviene de mi primera experiencia con LSD, en 1964, en la clínica de Hanscarl Leuner. Yo había sido voluntario en su clínica como ayudante de investigación, preparando y apoyando a profesionales angloparlantes visitantes interesados en tener la oportunidad de experimentar los efectos de un importante enteógeno mientras las sustancias todavía eran legales en Alemania. En agradecimiento, el doctor Leuner se mostró dispuesto a permitirme investigar algunas sustancias psicodélicas más allá del ámbito del proyecto de investigación original en el que había participado, confiando en que lo haría de manera responsable y redactaría luego un informe de investigación. Al fin y al cabo, yo era un estudiante de postgrado con buena salud física y mental. Lo crean o no, no había, en aquel tiempo, controversia ni estigma social alguno asociado a los psicodélicos y no se consideraban, en consecuencia, sustancias especialmente tóxicas ni adictivas.

Cuando, durante esta sesión de LSD, me tomé un respiro, me quité el antifaz y los altavoces, me senté en el borde de un sofá con los ojos abiertos y decidí centrar mi atención en la réplica de una seta de piedra mazateca del Museo Rietberg de Zúrich que estaba sobre la mesita que había frente a mí. Esa escultura, desgastada, según recuerdo, por el agua, representaba una seta abierta y madura, tallada originalmente en piedra de color arena, de unos treinta centímetros de altura, con el rostro y el cuerpo de un antiguo dios estilizado con un tocado que emergía un poco del tallo o pedúnculo. Al concentrarme en la escultura descubrí, tan asombrado como divertido, que la figura del dios empezaba a cobrar vida ante mis ojos. La expresión de su rostro se transformaba, a veces era seria, en otras juguetona y en otras sensual. Sus labios se movían y transmitían la impresión de querer comunicarme algo. De repente y de manera completamente inesperada, la estatua se transformó, como si se hubiera visto atravesada por un rayo invisible, en un tesoro sagrado de oro macizo, impresionante y majestuoso, rodeado de filigranas de oro purísimo de intrincada belleza y salpicado de diamantes, rubíes, zafiros y esmeraldas resplandecientes de un valor incalculable. Entonces sentí el impulso de inclinar humilde y respetuosamente la cabeza. No cabe la menor duda de que, si ese objeto existiera en el mundo cotidiano, el Museo Metropolitano de Arte de Nueva York lo consideraría un auténtico hallazgo y lo expondría en una vitrina bien custodiada.

Sorprendido por la transformación que había experimentado mi percepción y por la sorprendente belleza de la visión, en mi informe especulé sobre la proyección y la transferencia, dando por sentado que los movimientos del dios de las setas reflejaban, de algún modo, la dinámica personal de mi psique. Quizá se trataba de una expresión de mi propia sensualidad. No me extrañó entonces que los indios llamados primitivos afirmasen haber visto, después de consumir sus setas sagradas en una ceremonia religiosa, cobrar vida a su dios, llamado Teonanacatl, mientras contemplaban una escultura semejante a la luz del fuego. Solo ahora, cincuenta años después, empiezo a considerar la posibilidad de que el dios mazateco Teonanacatl se me hubiese revelado de verdad. Quizás ahora esté, por fin, preparado para admitir la realidad de otros mundos de experiencia y escuchar humildemente lo que estos tengan que decirme.

La rosa como arquetipo

La rosa, sobre todo en forma de capullo con muchos pétalos que acaba de abrirse, ha sido habitualmente considerada como un símbolo clásico –y quizá universal– de la belleza. En la investigación psicodélica, también se manifiesta como símbolo del yo o de la propia vida.

Colin Smith, Duncan Blewett y Nicholas Cwelos, los primeros investigadores psiquiátricos de Saskatchewan que, a finales de la década de 1950, investigaron el posible uso de las experiencias místicas provocadas por el LSD para el tratamiento del alcoholismo, iniciaron la tradición de tener una sola rosa roja presente en la sala de tratamiento cada vez que se administraba una sustancia psicodélica, a menudo acompañada de unas ramitas de helecho plumoso. Esta práctica proporciona un objeto útil en el que centrarse cuando, después de la sesión psicodélica, uno se sienta, se quita el antifaz y los auriculares y abre los ojos por primera vez y, saliendo de su mundo interior, dirige su atención al mundo exterior de las percepciones ambientales, a menudo antes de ir al baño. En esos momentos, se le anima a «permanecer con la rosa» y, si le parece bien, a «sumergirse en ella».

Esta tradición prosiguió durante la investigación en Spring Grove, luego en la Johns Hopkins y, desde entonces, en el resto de los entornos de investigación, tanto en el pasado como en el presente. Como ya hemos dicho en la sección «La unidad externa» presentada en el capítulo 5, cuando los voluntarios meditan sobre la rosa suelen hablar de transformaciones perceptuales muy hermosas y significativas. Además, las personas que siguen un tratamiento para las adicciones, sobre todo el alcoholismo, también suelen informar de la presencia de transformaciones visuales. Cuando los voluntarios contemplaban la rosa pensando en la posibilidad de recaer, informaban, por ejemplo, de cambios según los cuales la rosa se secaba, perdía su color, se marchitaba y acababa muriendo. Cuando, por el contrario, se concentraban en la rosa pensando en la sobriedad, veían un extraordinario florecimiento, una especie de fotografía a cámara rápida que, en ocasiones, culminaba en la unidad externa de la conciencia mística. Por supuesto, siempre caben respuestas individualizadas, como la del alcohólico que, después de besar la rosa, cerró tiernamente la boca en torno a ella.

Quizá el equivalente de la rosa en las culturas orientales sea la flor de loto, representada a veces con un despliegue de miles de pétalos. Uno piensa en el clásico mantra budista tibetano «*om mani padme hum*», traducido como «homenaje a la joya en el centro del loto». Son muchos los que creen que, en el vórtice luminoso que hay en lo más profundo de la joya, nos espera la conciencia mística.

Las visiones y el liderazgo religioso

Hablando en términos generales, las experiencias visionarias no son solo visualmente muy hermosas, sino que a menudo van acompañadas de un extraordinario impulso hacia la acción que llega, incluso, en ocasiones, a propiciar cambios actitudinales y hasta conductuales. Independientemente de que consideremos la visión de Moisés de la zarza que arde sin consumirse como un ejemplo histórico de unidad externa (como sugiere el psicólogo de la religión Walter Houston Clark), o como una visión despojada de todo contenido unitivo, el Éxodo (el segundo libro de la Torá) sugiere un contenido noético: «Dios dijo a Moisés: "Yo soy el que soy"» (Éxodo 3:14). Se entiende que la visión inspiró a Moisés para sacar a los israelitas de la esclavitud de Egipto y conducirlos a una nueva vida en la Tierra de Canaán. Nunca sabremos si la visión fue un puro don de la gracia, si Dios irrumpió o se manifestó en la conciencia de Moisés, o si la experiencia se vio parcialmente favorecida por factores como el estrés personal, la dieta, la falta de sueño o hasta las setas que ese día consumió Moisés mientras ascendía al monte Horeb. Los estudiosos debaten si Moisés existió alguna vez como personaje histórico o si es mejor entenderlo como un arquetipo. Resulta interesante señalar, sin embargo, que Benny Shanon, profesor de psicología de la Universidad Hebrea de Jerusalén, afirma que Moisés fue un arquetipo y ha presentado pruebas de que los enteógenos hallados en las regiones áridas de la península del Sinaí y el desierto del Néguev fueron utilizados con fines religiosos por los antiguos israelitas. Lo importante, no obstante, no es cómo se producía la experiencia, sino lo que significaba y lo que Moisés –y quizá otros israelitas de la época– hacían luego con ella.

Otra visión muy conocida en las escrituras del judaísmo, el cristianismo y el islam es la de Isaías en el templo: «Vi al Señor sentado en un trono excelso y elevado y su séquito llenaba el templo. Encima de él estaban los serafines; cada uno tenía seis alas: con dos se cubrían el rostro, con dos se cubrían los pies, y con dos volaban. Y uno llamaba al otro y decía: "Santo, santo, santo es el Señor de los ejércitos; llena está toda la tierra de su gloria"» (Isaías 6:1-3). En la escritura, Isaías responde con miedo y culpa, seguidos de una experiencia de perdón y de su aceptación a la invitación a convertirse en profeta y revitalizar la religión de su tiempo.

La visión de Cristo que tuvo Saulo de Tarso camino a Damasco es, obviamente, un elemento fundamental del origen del cristianismo primitivo. El relato bíblico de los Hechos de los Apóstoles relata un destello de luz, la pregunta de Saulo («¿Quién eres, Señor?»), una experiencia convincente de la realidad de Cristo resucitado y la llamada a convertirse en uno de sus primeros misioneros. Posteriormente, Saulo cambió su nombre por el de Pablo, dejó de ser un perseguidor romano de los cristianos, un hombre que al parecer sacaba a la gente de sus casas y la encarcelaba por ser miembros de una secta judía radical y se convirtió en un predicador itinerante y un teólogo que escribía cartas a las primeras congregaciones cristianas que ahora se consideran libros sagrados del Nuevo Testamento.

Ángeles y demonios

Cuando hablamos de ángeles y demonios, la mayoría pensamos en el arte renacentista o barroco. Hay veces en que, al hablar, seguimos refiriéndonos a lo angélico y a lo demoníaco. En ocasiones, algunos de nosotros, cuando tratamos de decidir entre el bien y el mal (o, al menos, entre ser completamente honestos o retorcidos) podemos imaginar, como los monjes medievales, a un angelillo en un hombro y a un diablillo en el otro susurrándonos ambos al oído. Pocos de nosotros, sin embargo, nos encontramos con ángeles y, si lo hacemos, esa no suele ser una experiencia que compartamos con los demás. Pese a ello, sin embargo, la investigación psicodélica sugiere la existencia, en nuestro interior, de cielos e infiernos a menudo poblados de imágenes o seres fascinantes exquisitamente diseñados. Estas entidades visionarias pueden entenderse como manifestaciones arquetípicas que, como podemos ver en *La divina comedia* de Dante, ilustran muy bien nuestros procesos psicológicos y nuestros viajes espirituales. Estos seres, envueltos a menudo en halos luminosos o representados con alas, forman parte de la literatura y el arte de la mayoría de las grandes religiones del mundo, seres celestiales que los budistas llaman *devas*, los cristianos ángeles y los musulmanes o zoroastristas *malaikah*.

Los monjes de la Edad Media aprendieron a enfrentarse a los demonios mirándoles directamente a los ojos y manteniendo elevada una cruz entre ellos y sus visiones. Del mismo modo, al navegar por los estados alternativos de conciencia propiciados por los enteógenos, la intención de enfrentarse a cualquier manifestación visionaria que parezca amenazadora ha demostrado ser extraordinariamente importante para evitar el pánico y facilitar la comprensión y resolución de conflictos. Si uno se encuentra con la visión de un demonio, un dragón, un monstruo o el hombre del saco, por ejemplo, deberá acercarse de manera deliberada y gradual, si se encuentra en condiciones, a la manifestación, estableciendo y manteniendo, a ser posible, contacto visual y diciendo algo así como: «Hola. ¡Qué miedo me das! ¿Por qué estás aquí? ¿De qué estás hecho? ¿Qué puedo aprender de ti?». Este es uno de los momentos de la sesión en los que el voluntario puede buscar apoyo interpersonal sosteniendo la mano de un guía o de cualquier otra persona.

Hay que decir que, cuando tal cosa ocurre, la imagen revela un significado que, en ocasiones, puede provocar gritos o lágrimas seguidos de risas y una profunda relajación. A veces se reconoce al monstruo como la niñera abusiva o el padre alcohólico y enfadado, como la expresión de alguna conducta pasada vergonzosa de uno mismo, o como la manifestación simbólica de algún miedo concreto que uno haya estado evitando. Lo importante aquí es descubrir que el monstruo tiene un significado y que, en sí mismo, es una invitación a favorecer la maduración espiritual y aumentar la salud psicológica. Su propósito, dicho en otras palabras, no es, en modo alguno, el de atormentar, sino el de enseñar. Repitamos esto, porque se trata de algo muy importante: *¡su propósito no es el de atormentar, sino el de enseñar!*

Si tenemos la intención de enfrentarnos y aprender no hay, en última instancia, nada que temer. Esta es una actitud que posibilita una experiencia verdadera de integración de la personalidad y la correspondiente paz interior. Entre las variantes de este tema se incluye la visión de un paciente de cáncer en el documental *A New Understanding: The Science of Psilocybin* [«Una nueva comprensión: la ciencia de la psilocibina»], estrenado en 2014, que descubrió que el objetivo de las aterradoras máscaras que experimentó durante su sesión de psilocibina era el de «superar el miedo». Y, en este mismo sentido, hay que decir que los enormes e imponentes dioses negros que custodian las cuatro puertas de muchos mandalas tibetanos clásicos desempeñan idéntico papel protector, garantizando la seguridad del peregrino que se atreve a atravesar las puertas y adentrarse en el núcleo de la conciencia humana.

En este contexto, es comprensible que las religiones sudamericanas que, en sus servicios religiosos, emplean la ayahuasca se refieran a su sacramento como «el maestro», como también hacen los indios americanos que veneran el peyote. Quienes aceptan el sacramento de la ayahuasca han recibido una preparación y saben que, en el caso de encontrarse con la visión de una anaconda, por ejemplo, deben sumergirse en su boca y mirar a través de sus ojos. Este proceso de transformación ejemplifica perfectamente la potencia de la propia intención durante los estados alternativos de conciencia propiciados por las sustancias psicodélicas. La exploración de la conciencia es un asunto serio y la intención de aprender y crecer personal y espiritualmente parece ser fundamental si lo que se desea es seguridad y beneficio. La simple intención de «colocarse» o «divertirse» conlleva riesgos evidentes, un empleo imprudente de los enteógenos que, en mi opinión, se asemeja a jugar a canicas con diamantes.

Consideremos, a modo de ilustración, la siguiente descripción de la experiencia con LSD de una mujer de mediana edad en terapia por un bloqueo creativo que resultó ser también una estudiosa de *La divina comedia* de Dante:

> Estoy descendiendo a toda velocidad por los círculos del infierno, una experiencia que resulta abrumadora para todo el mundo. Estoy de pie ante una cuna y veo, a través de los barrotes, la cara roja de un bebé gigantesco, gritando, cubierto de mocos y ahogándose en su propia saliva. ¡Qué espectáculo más aterrador es, para un niño, ver a un bebé enfadado! Debo de tener tres años y estoy mirando a mi hermanita. Una parte de mí se alegra al darse cuenta de que nadie quiera a ese bebé, pero otra está horrorizada ante un dolor que le resulta insoportable. Tengo la sensación de que, en ese momento, estoy gritando «¡Que alguien ayude a este bebé, por favor, que alguien le ayude!»… Luego me doy cuenta de que el bebé no solo es mi hermana, sino que también soy yo. También, a esa edad, a mí me

abandonaron y me dejaron sola llorando como le ocurre a ese bebé. Sé que mi padre y mi madre me quieren, pero que no quieren a este bebé. De hecho, le odian. Estoy encantada por ello, pero, al mismo tiempo, me siento aplastada por una insoportable sensación de culpa. Siento que el peso de esta culpa acabará asfixiándome y moriré. Las sensaciones de culpa y de rabia son intensas y, al mismo tiempo, opuestas: me siento como si estuviera implosionando (constriñéndome, aplastándome) por la culpa y explotando (estallando, salpicándome) por la rabia […] momento en el cual la culpa y la rabia se disuelven en algo semejante al silencio que precede a la tormenta.

Discierno vagamente que mis hermanas y yo somos tres huevos en un nido. Sé con exactitud lo que es ser un huevo: lo veo al mismo tiempo desde fuera (como el científico que contempla a través de un microscopio asombrado el milagroso mecanismo de la vida) y desde dentro (como el latido en el interior del huevo). Soy el pulso de la vida en todas sus infinitas posibilidades. La experiencia de ser un huevo es algo extática; sonidos, colores, sabores, todo inmerso en un pulso encerrado en el interior de una cáscara quebradiza que percibo vagamente como si fuese el abismo del infierno […].

Y ahora es cuando llegamos al meollo del asunto. Oigo el batir de las alas gigantescas del diablo y, al levantar la vista, veo a quien ha puesto estos huevos. Es un buitre gigantesco, tan grande que abarca la totalidad del cielo del infierno; es la encarnación del mal que gobierna el universo. Se dirige hacia nosotros, sus pequeños huevos, para destruirnos. Es un buitre negro extraordinariamente hermoso, de un color negro azabache y lleno de líneas estilizadas y geométricas (como si se tratara de un dios azteca), duro e invulnerable, una fuerza invencible, batiendo sus alas oscuras como Satán en las ilustraciones de Gustavo Doré. Me doy cuenta de que el pequeño nido es suyo como también lo es el abismo infernal. Las garras gigantescas y monstruosas se acercan a nosotros con la intención de destruirnos, y, al darme cuenta de ello, tiene lugar una extraordinaria revelación que me llena simultáneamente de horror y alivio. Soy el profeta del pasado y el vidente del futuro y, mientras recito mi salmodia, el universo entero tiembla con el impacto de mi verdad, un mensaje que los vientos siderales llevan a través de las galaxias: *«Mi madre es un monstruo; mi madre es un monstruo»*.

Milagrosamente, sin embargo, apenas grito, el buitre aterrador se convierte en mil pequeños polluelos de buitre tan pequeños e indefensos como nosotros, tres polluelos en nuestros respectivos huevos. Me siento desbordada por la piedad y la compasión y veo lo dolorosa e indefensa que ha sido la vida del buitre. En la maravillosa expresión tanto literal como metafórica del LSD, comprendo la miseria del buitre y «¡me doy cuenta de lo jodida que ha sido la vida de mi madre!». Pruebo la carne en descomposición y sé, por experiencia propia, lo espantoso que es alimentarse de carroña como hacen los buitres, las alimañas y los villanos. Y, cuando me doy cuenta de lo espantosa que es la vida de quienes infligen dolor, la compasión me lleva a susurrar *«¡Pobre, pobre monstruo!»*.

Pero, apenas siento y digo esto, ocurre algo extraordinario, porque todo mi cuerpo se eleva a través de capas y capas de extática luz azul. Estoy acostada con las manos sobre el pecho, como si estuviese muerta, pero los ángeles me transportan y me elevan cada vez más. Me siento invadida por intensos sentimientos de ternura y amor y sé, gracias a la *absolución divina*, que he pasado del infierno al cielo. Este es un concepto intensamente real y claro. Sé que, en el mismo momento en que perdoné al monstruo de mi madre, Dios me perdonó por odiar al bebé. La belleza y el éxtasis que experimento en este momento son indescriptibles. Ahora me doy cuenta de que, si bien hay palabras para describir el infierno, no hay absolutamente ninguna para describir el cielo. Cualquiera de las palabras que traten de expresar el éxtasis de la absolución divina acaba develándose un tópico manido, absurdo y ridículo.

Piedras preciosas

Otra manifestación arquetípica que suele presentarse durante las visiones son las piedras y los metales preciosos. Son muchos los escritos místicos tanto orientales como occidentales que recurren, para ilustrar el Yo, a la imagen de un diamante multifacético que irradia luz y sabiduría. A muchos les resultan familiares las descripciones del cielo que aparecen en el Apocalipsis de san Juan, el último de los libros que componen la Biblia cristiana, con calles de oro y puertas tachonadas de piedras preciosas, junto a majestuosos tronos, ángeles y dragones. Y, como sucede con las transformaciones visionarias –como la del hongo de piedra que he descrito anteriormente–, uno no puede evitar preguntarse de dónde vienen estas asombrosas y transformadoras experiencias. Ese fue el tema que Aldous Huxley abordó en su ensayo «¿Por qué son preciosas las piedras preciosas?». Su teoría afirma que valoramos esos pequeños cristales brillantes y nos los regalamos en bodas y otras ocasiones especiales, como símbolos del amor, porque nos recuerdan a las piedras preciosas arquetípicas que están innata –y quizás hasta genéticamente– presentes en cada una de nuestras mentes. Hay quienes afirman que la luz que resplandece en ellas es en esencia sagrada.

Las moradas del alma

También podemos preguntarnos, del mismo modo, si los arquitectos de la Edad Media que construyeron catedrales góticas con arcos elevados y rosetones ricamente coloreados o cúpulas islámicas llenas de figuras y espejos intrincadamente hermosos pueden haber tratado de reproducir, en el mundo cotidiano del tiempo y el espacio, el mundo visionario. En ocasiones, los informes de las experiencias con alucinógenos recogen imágenes visionarias de espacios arquitectónicos inmensos, como las siguientes que acompañaron al comienzo de una experiencia facilitada por la ayahuasca:

> El comienzo de esta experiencia se vio precedido por líneas y dibujos con los colores del arco iris sobre un fondo azabache. Las líneas eran de todos los colores y un color se fundía con otro en grados de brillo, saturación, luz y oscuridad diferentes; el amarillo se transformaba en naranja, el naranja en rojo, etcétera. Los colores resplandecían desde dentro, a veces eran iridiscentes y, en otras ocasiones, parecían estar vivos.
>
> No tardaron en aparecer visiones arquitectónicas, inicialmente del interior de un gran palacio (una catedral, un edificio de oficinas... lo que se quiera). Los detalles se centraban en techos y paneles murales increíblemente ornamentados, con diseños dorados sobre un fondo azul Prusia o rojo intenso y con molduras y diseños tan intrincados como complejos. Y, por más que admirase la artesanía y la paciente habilidad requeridas en su diseño y construcción, no se trataba de un tipo de decoración que me pareciera especialmente interesante o hermoso. Un amplio espacio, sin embargo, daba paso a otro y luego a otro y a otro y aun a otro, cada vez más alto, cada vez más ancho

y cada vez más profundo, en una secuencia que me hizo recordar la frase bíblica que dice «en la casa de mi padre hay muchas estancias». No recuerdo mobiliario ni persona alguna, solo espacios amplios y cambiantes, llenos de luz y de detalles arquitectónicos.

¿Cómo podemos entender este tipo de experiencia? ¿Se trata acaso de una representación del cielo, de algo que la mente puede representar? La descripción de las cambiantes visiones de una estancia a la siguiente se presentan como las imágenes de un espíritu o un pájaro volando a una altura próxima a los arcos de los techos que, en este caso, no eran, como habitualmente suelen ser, góticos, sino románicos. ¿De dónde procede esa luz y esa sensación intrínseca de sacralidad? No es de extrañar que si, durante una meditación profunda, un monje hubiese tenido una experiencia similar, le hubiera parecido razonable afirmar que acababa de visitar brevemente los dominios celestiales de un mundo eterno al que bien podría haber llamado Ciudad Santa o Nueva Jerusalén.

Tal vez el antiguo hebreo que escribió el Salmo 84 experimentase algo similar, expresado en el versículo: «¡Cuán hermosas son tus moradas, Señor de los ejércitos! Mi alma anhela –más aún, desfallece–, por los atrios del Señor; mi corazón y mi carne cantan con gozo al Dios vivo». Aunque a veces se interpreta como una simple canción, no es improbable que, recordando quizás una visita al Templo de Salomón en la antigua Jerusalén, el rey David tratara también, en este salmo, de reflejar el vívido recuerdo de un templo visionario, compuesto por algún poeta desconocido en alguna ladera de Palestina. Nunca sabremos si este tipo de visiones se vieron facilitadas por los hongos sagrados o si se produjeron por otros medios. Quizás no fuesen más que un fruto espontáneo debido a la gracia divina o a la bioquímica concreta de ese salmista. Son muchas las personas cuya devoción sigue considerando inspiradoras y expresivas estas palabras.

Algunos cineastas han tratado también de plasmar visualmente, con mayor o menor acierto, esta experiencia de avance continuo y progresivo de una morada a otra, a otra y aun a otra, hasta culminar en la luz blanca del Vacío o en una cumbre extática de la conciencia. Quizás lo que se experimenta refleje, de algún modo, el desplazamiento de la atención de una neurona a otra y a otra. Uno de los mejores exponentes que he visto hasta la fecha de este intento es el movimiento a través de fractales presentado por Simon Powell en su película *Manna: Psilocybin Inspired Documentary* [«Manna: un documental inspirado por la psilocibina»].

La naturaleza y la profundidad del mito

Los arquetipos que aparecen durante las experiencias psicodélicas suelen estar entrelazados con el despliegue de relatos o historias. Nuestra mente tiene la capacidad de elaborar dramas ingeniosos y creativos que describen nuestros conflictos personales en el contexto de un viaje espiritual, como bien ilustran clásicos literarios como *El progreso del peregrino* de John Bunyan, *La divina comedia* de Dante Alighieri o *El paraíso perdido* de John Milton. Los voluntarios afirman encontrarse en un determinado paisaje, quizás la Europa medieval o el antiguo Egipto, en bosques primitivos o en ciudades de apariencia futurista, siguiendo determinados caminos, cruzándose con personas o animales, descubriendo tesoros y teniendo experiencias emocionalmente potentes y profundas. Varios de los voluntarios que participaron en las investigaciones que llevamos a cabo en la Johns Hopkins han relatado, sin tener conocimiento previo alguno, sobre Garuda, el pájaro mítico del que hablan el hinduismo y el budismo, y haber cabalgado a lomos de un enorme pájaro, a salvo entre sus plumas. También es frecuente la aparición, al comienzo de algunas experiencias psicodélicas, de imágenes de guardianes, pájaros, animales, gnomos y hasta seres humanos que parecen decir: «Sígueme y te guiaré a donde necesites ir», y tampoco es extraña la aparición ocasional, como maestros o compañeros de viaje, de animales salvajes o domésticos.

Hay veces en las que, después de la conciencia mística, la mente genera de manera espontánea imágenes de integración. Recuerdo, por ejemplo, en este sentido, una visión del edificio de las Naciones Unidas en Manhattan con las banderas de colores de las naciones del mundo en la plaza frente a él. De repente, los colores de las distintas banderas se combinaron para generar un arco iris que se extendía como un arco sobre todo el edificio. Esta fue una imagen con la que concluyó una experiencia con dipropiltriptamina (DPT), un enteógeno cuyos efectos tienden a acabar de un modo bastante abrupto y completo. Uno no puede sino asombrarse ante la creatividad de una conciencia que genera tales imágenes.

Al finalizar cada sesión de preparación con una persona que, al día siguiente, va a tener una experiencia con un enteógeno, suelo tener la impresión de que la mente de esa persona ha compuesto una ópera, quizás en tres actos, y que no puede esperar a que el voluntario la experimente. Al día siguiente, la persona no solo contemplará el desarrollo de esa obra, con su singular argumento y sus cambios de decorado e iluminación, sino que se descubrirá viviéndola en primera persona desde el centro mismo del escenario. Lo sorprendente es que estas experiencias no solo ocurren en personas con titulaciones superiores en literatura o escritura creativa, sino en la mente de personas normales y corrientes, algunas de las cuales son incluso iletradas.

El término académico con el que suele designarse este proceso de desarrollo de historias que reflejan procesos psicodinámicos y búsquedas espirituales es el de «mito». Joseph Campbell, uno de los grandes estudiosos de la mitología, tituló su primer libro *El héroe de las mil caras*. Cada uno de nosotros, en mi opinión, es un héroe que se halla inmerso en un viaje simbólico, una de cuyas caras, por tanto, es suya y la otra, mía. Pero la acepción del término «mito» al que nos estamos refiriendo no es la del lenguaje cotidiano, como algo fabricado o falso, sino como algo profundamente verdadero.

Una visión de Cristo

Veamos ahora, a modo de ilustración, un ejemplo de encuentro con Cristo a partir del informe, escrito en lenguaje poético, de su experiencia con LSD de una ministra de la iglesia:

> Inmensidad. Una luz increíblemente brillante y más resplandeciente que cualquier cosa que jamás hubiera visto llenaba la totalidad del espacio. Un espectáculo exquisito, indescriptible e inolvidable. Una intensidad extraordinaria que daba paso a llamas de fuego, un fuego indestructible como la zarza que arde sin consumirse de la que habla Moisés. Podría haber atravesado ilesa esas llamas. Una luz extraordinaria.
>
> Unidad. Todo en uno. En Dios. Indescriptible. Sublime. Sin emociones. Sin yo. Sin sensaciones. El yo estaba tanto dentro como

fuera. El tiempo había desaparecido. El espacio se había esfumado. No estaba en ningún lugar, pero lo impregnaba todo. Y tampoco había tiempo, sino un eterno ahora. Ni totalmente otro ni más allá, sino en Él. En el infinito. En lo eterno y lo infinito. En el misterio y formando parte de él. Todo en uno. Parecía la eternidad o un lugar completamente ajeno al tiempo.

Podía ver la visión que Dios tenía de la humanidad. También podía ver cómo la humanidad se autodestruía. Me sentía impotente para impedirlo. Sentí un amor, una piedad y una compasión infinita por todas las almas sufrientes incapaces de ver más allá de sus sensaciones, de sus sentimientos, de sus deseos, de sus pasiones, de sus máquinas de destrucción, de sus guerras, de sus odios, de sus celos, de sus cuerpos y de sus cinco limitados sentidos. Sentí un amor muy profundo.

Luego tuve una visión extraordinaria de Cristo inmóvil de una belleza luminosa y resplandeciente. Tenía forma, pero casi podía ver a través de Él como si realmente no le estuviera viendo. Emanaba un poder y un amor inconmensurables. Le amaba con una profundidad indescriptible. No me acercaba a Él, sino que estaba «en Él» completamente fuera del espacio y del tiempo. Y, aunque no tuviese cuerpo ni yo, pude sujetar, sin embargo, Sus pies y Sus tobillos.

Cuando abracé esta forma informe con un amor infinito, la Luz se impregnó de un amor y un poder amables que trascendían toda palabra. Inolvidable. Lentamente regresé a la sensación de estar en Dios y en Cristo. Luego nos fusionamos y después volvimos a separarnos. Esto refleja la idea de la Trinidad: tres en uno, separados pero uno, persona y no persona al mismo tiempo. Una comprensión muy profunda del significado de que Dios entregase a su Hijo a este mundo sufriente. Penetré en su amor-sufrimiento y sentí el precio de Su vida. Asumí el dolor del mundo entero, pero no como algo en general, sino persona a persona, una tras otra, y sentí, en mí, el sufrimiento de toda la humanidad. Una sensación universal del propósito de la crucifixión, del significado, de la tragedia y del profundo amor y piedad de la humanidad sufriente.

Este extracto del informe personal escrito por una religiosa sobre su experiencia con LSD incluido en la recopilación de Ralph Metzner de diferentes sesiones psicodélicas titulada *The Ecstatic Adventure* se asemeja mucho a los escritos históricos de algunos de los grandes místicos cristianos, como santa Teresa de Ávila, san Juan de la Cruz y Meister Eckhart. También podemos especular diciendo que, en las visiones del Cristo de la primitiva comunidad cristiana, una pequeña secta judía perseguida y clandestina de la época, pudo haber tenido lugar un encuentro similar con el arquetipo de Cristo. Este fenómeno también nos invita a contemplar las visiones de Cristo descritas en el Nuevo Testamento, como la de María Magdalena ante la tumba vacía, la experiencia de los discípulos Pedro, Santiago y Mateo en el Monte de la Transfiguración y la descripción de la Ascensión de Jesús a los cielos.

Los eruditos de la Biblia se han esforzado durante mucho tiempo –y probablemente seguirán haciéndolo mientras haya escuelas de teología– en discernir si hay que interpretar de un modo literal o simbólico los distintos versículos de las Escrituras. ¿Qué deberíamos entender como información exacta? ¿Qué expresiones simbólicas deberíamos considerar creencias básicas de la nueva religión en las décadas y siglos que siguieron a la muerte del Jesús histórico? Tampoco me cabe la menor duda de la necesidad de que los teólogos contemporáneos y otros eruditos de la religión reconozcan y tengan en cuenta las visiones sobre el arquetipo de Cristo que se tienen hoy en día en el contexto de la investigación psicodélica y en el uso de enteógenos en entornos religiosos por parte de los pueblos indígenas.

Visiones durante la enfermedad mental

Todos los ejemplos que hemos presentado en este capítulo se refieren a experiencias visionarias provisionales en la mente de personas básicamente sanas y, hablando en términos generales, no solo hemos subrayado su importancia general, sino sus efectos en la mejora de la salud psicológica y espiritual. Los profesionales de la salud mental saben bien que experiencias parecidas, habitualmente llamadas alucinaciones, son mencionadas por personas angustiadas a menudo diagnosticadas con esquizofrenia o trastorno bipolar y que, en medio del flujo de la experiencia mental, parecen incapaces de asumir la responsabilidad de vida. En su propia definición de conciencia mística, William James incluyó una categoría llamada «transitoriedad» (junto a «inefabilidad», «cualidad noética» y «pasividad») para subrayar la breve duración del estado alternativo de conciencia y el posterior retorno al funcionamiento normativo en el mundo.

Basándose en las teorías de R.D. Laing, el psiquiatra Loren Mosher creía que, con el correspondiente apoyo emocional en un centro de tratamiento –como en su Soteria House en San José (California), en donde el personal se centra en la confianza, el respeto y el fundamento interpersonal–, es posible ayudar a algunas de esas personas, especialmente al comienzo de la manifestación de sus síntomas, a atravesar los estados alternativos que se experimentan y acercarse, de ese modo, a la resolución y curación de sus problemas.

La investigación psicodélica nos permite advertir sin esfuerzo cómo, cuando no se ha establecido antes una relación sólida y respetuosa entre el voluntario y el investigador o guía, pueden provocarse fácilmente estados mentales caracterizados por el pánico, la confusión, la desconfianza y la interpretación paranoica errónea del entorno y los motivos de los demás. También es razonable suponer la aparición de dinámicas semejantes debidas a la ocurrencia espontánea de estados alternativos de conciencia que, en ausencia de fundamento interpersonal, acaban descontrolándose.

La propuesta de Mosher sigue siendo una hipótesis tan controvertida como insuficientemente investigada. La dependencia de la psiquiatría biológica actual y de la medicación antipsicótica en un esfuerzo por acabar con los estados alternativos y restablecer cuanto antes la mente de las personas implicadas a la línea base normativa ha sido la modalidad de tratamiento prevalente durante los últimos años en los Estados Unidos. Tal vez llegue un día en el que prevalezca un enfoque equilibrado que valore tanto la medicación útil como los estados alternativos de conciencia.

Parte III.
Dinámicas personales e interpersonales

8. Lo interpersonal y lo místico

Resulta asombroso advertir, durante el despliegue de la coreografía intuitiva del contenido experiencial de las sesiones psicodélicas, la profunda relación que existe entre la relación interpersonal y la disposición a experimentar estados místicos de conciencia. Martin Buber, el filósofo existencialista judío conocido por centrar su atención en la sacralidad de las relaciones, acuñó la expresión «relación Yo-Tú» («Ich-Du» en alemán) para referirse tanto a la relación próxima en segunda persona entre individuos separados y entre cada uno de nosotros y el «Tú Eterno» o Dios. Son muchas las experiencias psicodélicas que parecen corroborar la tesis de Buber que subraya la importancia que tiene, en nuestra salud y desarrollo espiritual, la relación interpersonal que mantenemos con nuestros semejantes.

En el umbral de una rosaleda infinita

Recuerdo muy claramente, de entre todos los pacientes de cáncer a los que pude ayudar apoyándome en los efectos de las sustancias psicodélicas, el caso de una mujer alta y delgada a la que llamaré Rosa. Era afroamericana, madre de dos hijas, había trabajado duro como conserje en una universidad y se encontraba en la fase final de un cáncer de útero. Como, en ese punto de la enfermedad, se veía obligada a soportar la casi continua descarga vaginal de fluidos corporales, permanecía sentada, durante nuestras citas preparatorias y de integración, en un retrete portátil discretamente cubierta por una mantita blanca apoyada en su regazo. Pese a ello acogió con agrado la intervención de asesoramiento que se le había ofrecido con la esperanza de prepararse mejor para su muerte y reducir quizás, de ese modo, parte de su angustia psicológica.

Después de pasar unas ocho horas juntos y de haber establecido una relación de confianza, ingresó en una habitación privada del hospital para su sesión psicodélica. Allí, la enfermera que actuaba como coterapeuta le administró una dosis moderada de dipropiltriptamina (DPT). Cuando comenzó su experiencia, se encontró con un paisaje rocoso que tuvo que atravesar en la medida en que iba aceptando cada vez mejor su diagnóstico y su pronóstico. Finalmente, llegó a una puerta imaginaria, desde la que podía escuchar el canto de los ángeles y divisar, según dijo, «una rosaleda que se extendía hasta donde alcanzaba la vista». Justo cuando estaba a punto de atravesar la puerta, escuchó (dentro de su mente) la voz de una de sus hijas llamándola. De mala gana y con cierta irritación, se dio la vuelta para «averiguar qué era lo que quería» y descubrió, para su consternación, que los estados alternativos de conciencia acababan bruscamente y se hallaba de nuevo acostada en la cama de un hospital y sin imágenes visionarias. Expresó su frustración en el dialecto del centro de Baltimore diciendo: «Si vuelvo a ver esa puerta... –y, después de una pausa, prosiguió, en voz alta y apresurada–, ¡no dudaré en atravesarla!».

De regreso al mundo cotidiano, en las semanas previas a su muerte, Rosa se relacionó con su hija y otros miembros de la familia con una apertura completamente nueva. Juntas abordaron entonces de un modo muy conciliador los conflictos que tenían pendientes.

Esa misma hija invitó a Rosa a pasar con ella las últimas semanas antes de que resultara imprescindible su ingreso en una residencia de ancianos. Después del traslado a la residencia, llegué por casualidad para una visita de seguimiento momentos después de la muerte de Rosa y me encontré a sus dos hijas llorando en el vestíbulo. Cuando su respiración se volvió notablemente irregular, una ansiosa enfermera les había ordenado salir de la habitación, cerró las cortinas blancas que rodeaban la cama y la dejó sola. Ante mi insistencia –y «solo bajo mi supervisión»–, nos permitieron entrar de nuevo en la habitación y, una vez ahí, hablamos, delante del cuerpo de Rosa, de lo mucho que había significado su relación.

Más tarde, recibí la siguiente carta:

> Estimado doctor Richards:
>
> Jamás había visto morir a nadie. Gracias por ofrecerme la oportunidad de decir y hacer tantas cosas por mi madre que otras personas como yo jamás tuvieron la oportunidad de hacer por las suyas… Aún estoy de luto. Quizás llore por todos los momentos perdidos de nuestra vida. Yo era la oveja negra de mi familia, pero afortunadamente tuve la oportunidad de hacer las paces con mi madre. Nos pedimos perdón y nos perdonamos. Mi madre me pidió que, cuando muriese, no estuviera triste ni tuviese miedo.
>
> Gracias por enseñarme algo que hasta hace poco ignoraba: que el único modo de vencer los miedos consiste en enfrentarse a ellos. De la tristeza y el dolor salió finalmente algo positivo.

Aunque no tengamos forma alguna de saber con exactitud lo que Rosa pudo haber experimentado al morir, cabe perfectamente imaginar que, en esa ocasión, atravesó el umbral y se adentró bailando en la inmensa rosaleda al ritmo que marcaba el canto de los ángeles.

La esmeralda y el cojín de terciopelo

La siguiente experiencia facilitada por DPT de una mujer de mediana edad a la que llamaré Cora nos proporciona otro ejemplo del papel desempeñado, en las sesiones psicodélicas, por las relaciones interpersonales. Aquejada de un cáncer de mama terminal, esta trabajadora social afroamericana tenía problemas en aceptar la inminencia de su muerte y el consiguiente abandono de su marido y sus dos hijos, que estaban entrando en la edad adulta.

Al comienzo de los efectos de la DPT, Cora tuvo la visión de una esmeralda de un verde intenso que descansaba sobre un cojín de terciopelo. En las horas que siguieron a esa visión, se acercó de cuatro maneras diferentes a esa piedra preciosa. La primera de ellas se centró en la relación con su marido. Explorando las múltiples facetas de su largo compromiso dijo, en voz alta y con lágrimas en los ojos: «¿Cómo puedes ser tantas cosas para mí?» y, finalmente, aceptó que no tardaría en morir y logró desembarazarse de su deseo de aferrarse a él. Esta «soltada» le permitió expresar una oleada de gratitud por la calidad de vida que habían compartido.

La segunda vez su atención se centró en el mayor de sus dos hijos y en su ambivalencia ante la intención de este de casarse con una mujer que tenía una hija de otra relación. Después de poner en orden sus sentimientos, Cora acabó aceptando la decisión de su hijo y a sus futuras nuera y nieta.

La tercera vez en que apareció la esmeralda trajo a su mente la imagen de su hijo menor, que no había destacado académicamente y que, en cierto modo, le recordaba a su hermano homosexual. De nuevo tuvo entonces que atravesar los sentimientos que la embargaban hasta que por fin pudo afirmar que, pese a su desempeño académico y su orientación sexual, pudo aceptarlo tal como era.

Fue entonces cuando, después de haber aclarado las emociones relacionadas con sus tres relaciones humanas más cercanas, tuvo una cuarta experiencia con la esmeralda. Esta vez se sintió atraída por la belleza cristalina de la gema y se sumergió en la conciencia mística. Ignoro por qué la mente de esta mujer eligió una esmeralda sobre un cojín de terciopelo como símbolo arquetípico del Ser, en lugar de la imagen más común de un diamante (lo que sí recuerdo es el caso de otra mujer que, en una experiencia facilitada por el LSD, entró en la conciencia mística a través de la visión de un topacio amarillo). Quizá la almohada de terciopelo era un símbolo de la proximidad de la muerte y de la almohada sobre la que, en el ataúd, descansaría su cabeza. De algún modo, su mente sabía que, antes de poder experimentar la relación con el «Tú eterno» de Buber, debía aclarar las cosas con su marido y sus dos hijos.

Resulta sorprendente la gran cantidad de trabajo terapéutico que tuvo lugar en el breve lapso de unas cuatro horas. No hay modo alguno de interpretar su experiencia solo como una «fuga» de su vida ni como una forma de «colocarse». El enteógeno la condujo sabia y directamente a los núcleos primordiales de su angustia psicológica y abrió las puertas de su vida espiritual.

Los velos en la chimenea

Otro ejemplo clásico de esta sabiduría que parece hallarse en la mente de algunas –cuando no de todas– las personas nos la proporciona la historia del estudiante de teología que, mientras seguía diligentemente sus estudios de posgrado, había estado descuidando a su mujer y a sus hijos. Durante los primeros días de nuestra investigación en Boston, tomó LSD en un salón y, con los ojos abiertos, tuvo una visión de los muchos velos que, a modo de cortinas, obstaculizaban la visión de los troncos que ardían en la chimenea y que él interpretó intuitivamente como barreras que le alejaban de Dios. Poco a poco fue apartando, gracias al expresivo movimiento de sus brazos, un velo tras otro hasta que solo quedó uno y se preparó para lo que estaba convencido que sería «la gran experiencia de ver el rostro de Dios». Pero, cuando apartó el último de los velos, se encontró casi brutalmente enfrentado a la imagen clara de sus tres hijos llorando por la ausencia de su padre.

Aunque no se haya visto validada por los métodos habituales de investigación en ciencias sociales, esa persona nos contó que el poderoso torrente de lágrimas que, en ese momento, se desencadenó fue compartido simultáneamente por sus hijos en su casa de New Hampshire, ubicada a varias horas de distancia. Y también nos dijo que esa experiencia facilitó un mejor equilibrio entre sus diferentes facetas como académico, esposo y padre.

Este es otro ejemplo del modo en que las personas no suelen experimentar lo que quieren o esperan, sino lo que parecen requerir o necesitar en los estadios concretos de desarrollo psicológico y espiritual en que se encuentran. También debo mencionar, en este mismo sentido, a varios –aunque no ciertamente todos– los sacerdotes católico-romanos con los que he trabajado y que, aunque estaban interesados en participar en estudios de investigación con la esperanza de vislumbrar el estado místico que los cristianos llaman «la visión beatífica», se vieron obligados a atravesar dolorosas experiencias traumáticas y problemas de su desarrollo sexual temprano.

9. Experiencias de falta de sentido, desesperación y malestar somático

El poder de un baño emocional

Una de las primeras pacientes de cáncer a la que acompañé durante un proceso de terapia psicodélica fue una mujer judía de cincuenta años a la que llamaré Sarah, madre de dos hijos que estaban entrando en la adolescencia. Su marido había decidido, en connivencia con su cirujano, que Sarah no estaba en condiciones de afrontar el hecho de saber que su cáncer era terminal y la llevó de vacaciones a una isla del Caribe donde, en lugar de disfrutar, se sintió físicamente dolorida y débil, intuyó que su marido no estaba siendo del todo sincero y acabó superando su fase de negación. Enfadada y deprimida, a su regreso a Baltimore envió a sus dos hijos a un campamento de verano, sin comunicarles la gravedad de su enfermedad, con la esperanza de estar muerta antes de que regresaran. La relación que mantenía con su marido y su suegra era, en el mejor de los casos, estrictamente superficial. Su marido era «un hombre tan bondadoso» que, casi todas las noches, telefoneaba a su madre justo antes de acostarse, y su suegra la visitaba casi todos los días, normalmente justo antes de su partida de *bridge*, para poder contar a sus compañeras de partida que acababa de visitar a su nuera. Sarah temía esas visitas y las consideraba intrínsecamente falsas, pero, hasta ese momento, las había soportado como si no le quedara otra alternativa.

Mientras se preparaba para su sesión de LSD, describió su idea de la muerte como «una bombilla que se apaga». Si la vida después de la muerte tenía algún sentido era a través de sus buenas acciones tal y como se manifestaban en las vidas de sus hijos y, algún día, de los hijos de sus hijos, una perspectiva a menudo llamada «inmortalidad social». Había leído *The Beyond Within*, un libro escrito por el psiquiatra Sidney Cohen que describía el modo en que algunos pacientes de cáncer experimentaban, mientras estaban sometidos a los efectos del LSD, transformaciones visuales semejantes a las de Van Gogh. Así fue como, cuando ingresó en el hospital Sinai de Baltimore para su sesión de LSD hizo trasladar varios cuadros y esculturas valiosos de su casa a su habitación con la esperanza de disfrutar, durante su sesión psicodélica, de una percepción estética intensificada.

El contenido de su viaje interior, sin embargo, consistió en revivir muchos años de soledad crónica y depresión, que ella resumía como «un baño emocional» y que muchos otros calificarían como «un mal viaje». Por ello no tuvo, mientras permanecían activos los efectos del LSD que alteraban su conciencia, el menor interés en contemplar los cuadros y las esculturas con que había decorado su habitación. No pude determinar si la sesión incluyó, o no, algún atisbo de conciencia mística. La única experiencia positiva de la que habló fue una escena, mientras volvía a la normalidad, de pelotas de goma rebotando por las calles de Manhattan que le recordaron una experiencia feliz que había compartido ahí con su hermana.

Cuando los efectos del LSD estaban remitiendo, su marido, su suegra, su hermana y una amiga íntima fueron invitados a entrar en su habitación y a congregarse cuidadosamente en torno a su cama.

Y, cuando su suegra se inclinó para darle un beso, Sarah se arrancó la peluca de un tirón y, sentándose rígida en la cama, hizo una pausa dramática y añadió: «Es cierto que me estoy muriendo, pero dejemos claro que aún no estoy muerta (pronunciando con lentitud y de manera deliberada las tres últimas palabras con creciente intensidad)»; un «baño emocional» que no tardó en convertirse en una experiencia compartida por todos los presentes.

De vuelta a casa convocó uno tras otro a sus hijos, que estaban en campamentos de verano, y los preparó personalmente para su muerte. Luego hizo lo mismo con su madre y se sintió aliviada al descubrir que su madre «estuvo a la altura de las circunstancias» y no murió. Y finalmente se enfadó con su marido y su suegra por haber juzgado mal su capacidad para afrontar la situación y regañó también, por ello mismo, a su cirujano. Luego disfrutó recibiendo a sus amigos y regalándoles sus joyas preferidas.

El día anterior a su muerte, cuando estaba a punto de entrar en coma, visité a Sarah en la habitación del hospital en que se hallaba ingresada y me expresó su agradecimiento por los beneficios que había experimentado y su valoración por la importancia de la investigación que estábamos llevando a cabo. Le pregunté si seguía pensando que la muerte sería «como apagar una bombilla» y, mirándome directamente a los ojos, dijo, en voz baja, pero firme: «Sí –aunque luego hizo una pausa y añadió–, pero ahora debo decirle que estoy dispuesta a dejarme sorprender». Luego, señalándose los labios, me pidió un beso de despedida. La dejé con su hermana, que la cogió de la mano mientras entraba en un coma cada vez más profundo, y acabó muriendo.

¿Qué fue lo que ocurrió en este caso? ¿Experimentó acaso algún atisbo místico y prefirió no compartirlo o quizá le faltó vocabulario para hablar de ello? Parece que varias largas horas de llanto y de revivir una vida en la que se había sentido sola y crónicamente deprimida en un clima de apoyo con abundante aceptación interpersonal resultaron ser, para ella, muy terapéuticas. ¿Fue acaso el suyo un «mal viaje»? La verdad es que no lo creo. Sarah, como tantos otros han dicho, «no parecía haber experimentado lo que le hubiera gustado... sino lo que necesitaba».

Breve introducción a la psicosis

Casi al final de mi estancia en Alemania y sin saber si, tras mi regreso a los Estados Unidos, contaría con la oportunidad legal de tener otra experiencia psicodélica, le pedí al doctor Leuner si podía tener una última aventura psicodélica en su clínica. Él me dijo que estaría encantado de proporcionarme cualquier sustancia y dosis que le solicitara, aunque lamentaba estar demasiado ocupado para supervisar en persona la sesión y, como Walter Pahnke estaba visitando un centro de investigación psicodélica en Italia, tuve que buscarme a otra persona para que desempeñara esa función. Dudando de que realmente necesitara a alguien, se lo pedí al único otro estudiante de teología estadounidense de la universidad y procedí a informarle del modo en que debía actuar un guía de apoyo. A continuación, opté por recibir una dosis muy elevada de psilocibina (40 mg de psilocibina, denominada C-39, en forma líquida, administrada con dos inyecciones por vía intramuscular).

Pero ni ese amigo ni yo estábamos preparados para enfrentarnos a los estados de conciencia que se presentaron. Posteriormente describí mi experiencia como «ir colgado de una cuerda detrás de un avión a reacción». Aunque esperaba ser capaz de confiar y «soltarme» como había hecho en experiencias anteriores, en esta ocasión parece que me «agarré» involuntariamente a una sensación de desesperación. Luego experimenté lo que más tarde califiqué como una «psicosis tóxica», con descargas musculares involuntarias, sudoración profusa y episodios de evidente paranoia. De repente, por ejemplo, me quedó claro que los pacientes del pasillo eran agentes del servicio secreto y me pregunté cómo podía haber sido tan ingenuo y no haberme dado cuenta antes. A fin de cuentas, el doctor Leuner en Alemania y el doctor Leary formaban parte de un complot internacional destinado a alterar el curso de la civilización, como lo explicaba el hecho de que los nombres de los dos comenzaban con la letra «ele». Pero lo que más me preocupaba era la completa ausencia de orden, simetría, belleza o de cualquier otra cosa que tuviese connotaciones religiosas. Se trataba de un estado que bien podría llamar «cósmico» y se hallaba claramente «más allá del tiempo».

En mi informe escribí: «El hecho de haber vivido alguna vez en la Tierra, de ser hijo de padres humanos y de haberme criado en una sociedad me parecía un pasado remoto o relatos míticos de muy dudosa validez. Lo más concreto a lo que asirme en ese dominio eran las categorías filosóficas más abstractas». En un determinado momento, estaba convencido de que había muerto y estaban iniciándome en alguna forma de vida después de la muerte y sentí un gran pesar por las molestias y la vergüenza profesional que ello podría causar al doctor Leuner. Su bondad me había permitido tener esta última experiencia con psilocibina, pero ahora estaría obligado a informar a la universidad y a las autoridades gubernamentales de una «reacción adversa» y de enviar mi cuerpo a los Estados Unidos. Súbitamente, sin embargo, el caos cesó y, después de un periodo de un silencio agotador, descubrí que había recuperado mi yo cotidiano, que volvía a estar bien orientado y lleno de energía y que había recuperado la capacidad de pensar, pero, en esta ocasión, con una claridad excepcional.

¿Fue ese acaso un «mal viaje»? La verdad es que creo que sí, pero lo cierto es que también me proporcionó un conocimiento experiencial del modo en que, cuando uno es incapaz de confiar y se empeña en mantener el control, puede desarrollarse una paranoia y de que hay estados alternativos de conciencia despojados de toda belleza o significado y cuya experiencia no es terapéutica, inspiradora ni enriquecedora. Es posible también que esa experiencia me enseñara algo de humildad y una mayor conciencia del efecto negativo de las drogas psicodélicas administradas sin el suficiente conocimiento o habilidad que me obligó a matizar mi entusiasmo inicial.

Desde entonces he insistido en la importancia del enraizamiento interpersonal, es decir, de contar con la presencia de alguien en quien uno pueda confiar sin reservas. Tengo claro que la actitud «yo no necesito a nadie y puedo apañármelas solo» puede resultar muy contraproducente en algunas sesiones de dosis elevada en las que el «yo» debe «soltar» y renunciar a todo intento de mantener el control. Creo que, antes de que puedan abrirse de par en par las puertas que permiten el acceso a los reinos eternos de la conciencia, hay algo en nuestra mente que exige, al menos en algunas ocasiones, el reconocimiento de nuestra interconexión y dependencia de los demás en la vida cotidiana. Hoy entiendo esa caótica experiencia de aprendizaje como una relación inadecuadamente establecida con el guía y como una dosis que, en ese momento, era, al menos para mí, excesiva. Pese a ello, sin embargo, jamás he puesto en cuestión la validez de los estados místicos de conciencia que, antes de esa ocasión, había experimentado o los que, desde entonces, he vuelto a experimentar.

El descubrimiento del significado del trastorno psicosomático

El siguiente informe de una experiencia facilitada por la psilocibina ilustra un caso de malestar físico y psicosomático. Este voluntario, un hombre que sufría síntomas de ansiedad asociados a un cáncer de próstata, también había padecido Perthes en su infancia, una enfermedad de la articulación de la cadera que, a lo largo de los años, le había provocado un considerable dolor físico y emocional.

> En algún momento, mi rodilla izquierda empezó a temblar y sacudirse. Esa es la rodilla que me operaron por vez primera cuando tenía ocho años, luego cuando tenía doce y que, finalmente, me reemplazaron por un implante artificial […]. Este es un temblor que he experimentado en numerosas ocasiones, aun después de la cirugía de reemplazo, especialmente por la noche cuando estoy durmiendo […]. El temblor suele ir acompañado de un dolor profundo y de sensación de frío en la rodilla, y a menudo he pensado que se trataba de algún tipo de respuesta psicosomática porque, siendo de plástico y metal, no hay en ella terminaciones nerviosas que justifiquen la experiencia de las sensaciones de dolor y frío […].
>
> Durante la sesión, el movimiento de la rodilla acabó por dominarlo todo. Incapaz de encontrar alivio me revolví y pasé horas enteras sudando en el sofá. Gran parte de lo que ocurrió durante ese tiempo permanece borroso en mi memoria. Los guías me hablaron y hasta recuerdo que me cogieron de la mano, y, aunque no recuerdo con detalle lo ocurrido, tengo claro que esa conexión resultó algo clave en la sesión. Por primera vez me di cuenta de que las operaciones de la rodilla izquierda, sobre todo las dos de la infancia, me habían

resultado profundamente traumáticas y también me di cuenta de que mi subconsciente quería que lo supiera. De todas las cosas que la experiencia con psilocibina podría haberme mostrado –visiones de la unidad de la vida, elevarme a los cielos o ver a seres queridos que había perdido–, lo que esa experiencia me reveló fue la carga de una vida de traumas sin resolver.

Lo terrible de la cirugía es que, como estás medicado, tu cerebro consciente olvida la experiencia […], pero tu cuerpo y tu subconsciente saben y recuerdan perfectamente lo que ha ocurrido. Si tuviera que nombrar esa situación lo haría con el título de un relato de ciencia ficción que leí hace ya mucho tiempo: «Debo gritar, pero no tengo boca».

[…] Cuando, en el pasado, me dolía la rodilla, ya fuese la original o el implante de metal y plástico, no era extraño que me enfadase y maldijera mi rodilla y el dolor. Ahora me doy cuenta de que mi rodilla experimentó un gran sufrimiento y, durante gran parte de mi vida, se vio obligada, cuando estaba de pie, a soportar el peso de mi cuerpo para proteger la cadera derecha. Mi yo consciente creía que la enfermedad de Perthes de mi cadera derecha era el trauma que definía mi infancia. El uso de muletas y de un cabestrillo para evitar que la pierna derecha tocara el suelo y, más tarde, de un corsé ortopédico que soportaba todo el peso de la pierna ocurrió entre los cinco y los quince años y acabó determinando mi visión del mundo. Mi pierna izquierda, la normal, estaba ahí para soportar mi peso, para proteger a la derecha, para que la abrieran y me colocaran clavos metálicos con el fin de frenar su crecimiento, de modo que la derecha, cuyo crecimiento se había ralentizado debido al Perthes, no quedase, en comparación, estrafalariamente corta.

Durante la sesión con psilocibina me di cuenta de que mi pierna izquierda me ha sostenido a costa de un sufrimiento extraordinario que, hasta ese momento, mi subconsciente no había podido expresar de manera adecuada. Curiosamente, a los cuatro años empecé a tener síntomas de Perthes, que se manifestaban como dolor de rodillas. Mi madre me llevó a una serie de médicos que diagnosticaron mis síntomas como dolores de crecimiento. También recuerdo con claridad a mi padre diciéndome que el dolor que experimentaba solo estaba «en mi cabeza». Soy muy consciente, y lo he sido durante gran parte de mi vida, de que mi enfado con la gente que no me cree cuando les cuento algo, o que no presta atención a lo que tengo que decir, se remonta a este rechazo infantil de mi dolor de piernas.

Seguiré trabajando para entender esta revelación sobre mi rodilla. Por el momento ha cambiado la relación que mantengo con ella porque ya no estoy enfadado. Y también sé que todavía me queda mucho por hacer, como *somatic experiencing*, masajes terapéuticos y meditación.

Cuando llegué al final de esa parte de mi experiencia con psilocibina, todos mis espasmos cesaron y sentí la rodilla fría y completamente relajada. Fue una sensación maravillosa.

En ausencia de comprensión de los síntomas psicosomáticos, un observador podría concluir, por la forma en que se manifiestan las emociones como tensión muscular, dolor o temblores –o, en ocasiones, náuseas, síntomas cardiovasculares y dolor de cabeza–, que el malestar de las piernas de este hombre era una simple reacción adversa a la droga. Pero no hay que olvidar que uno de los nombres con los que se conocen a los enteógenos es el de «sustancias creadoras de significado», y este es un claro ejemplo del significado que pueden expresar los síntomas del malestar físico. Como hemos dicho que ocurrió en otros casos, este voluntario también concluyó: «Yo no experimenté lo que quería, sino lo que necesitaba». Y es que, aunque él hubiese preferido algún tipo de hermosa experiencia espiritual, se encontró con un conflicto psicológico crónico que necesitaba solución y comprensión. En el informe de su segunda sesión de psilocibina, que, debido al protocolo de investigación, resultó ser de dosis baja, resumió lo que había aprendido con las siguientes palabras:

> Reflexionando sobre mis problemas he llegado a la conclusión de que mis dificultades para confiar en los demás se remontan a mi infancia con un padre alcohólico y poco fiable [...]. Me he dado cuenta de que el duro trabajo de la primera sesión de psilocibina fue el resultado de una descarga masiva de energía negativa derivada de un trauma infantil relacionado con mi rodilla izquierda. También me he dado cuenta de que, pese a haber culpado a mi rodilla izquierda de toda una vida de dolor, la experiencia con la psilocibina me ha ayudado a ver que, aunque gravemente traumatizada, ha seguido sosteniéndome durante todos esos años [...]. Ahora soy consciente de que la falta de confiabilidad de mi padre y de un cuerpo que tampoco me parece muy fiable han establecido los cimientos que siguen dificultando mi confianza en los demás. Espero que la experiencia y el conocimiento adquiridos durante los tratamientos con psilocibina me ayuden a avanzar en este dominio.

Náuseas y vómitos

Una expresión psicosomática habitual durante las sesiones psicodélicas son las náuseas, que generalmente se entienden como ansiedad manifestada en el sistema digestivo. Al preparar a las personas para las sesiones, les recomendamos que acepten las náuseas y se «zambullan en su estómago» como si lo hicieran en una piscina. Hay veces en que basta con eso para permitir el restablecimiento del flujo de atención y poner fin de inmediato al síntoma. Pero hay otras veces, sin embargo, en que las náuseas persisten y la persona necesita «escupir» o vomitar algo. Basta, en tal caso, con invitarla a sentarse, darle unas palabras de apoyo y proporcionarle, si es necesario, una palangana. Inmediatamente después, animamos a la persona a que vuelva a acostarse y prosiga el viaje sin necesidad siquiera de quitarse, si los lleva puestos, el antifaz y los auriculares.

Estos vómitos suelen experimentarse como si se tratara de una forma de purga o catarsis, es decir, como si, gracia a ellos, la persona estuviera despojándose de la basura emocional –el miedo, la pena, la culpa o la ira– que ha ido acumulando a lo largo de la vida. Las náuseas son especialmente habituales durante las sesiones psicodélicas de personas con antecedentes de alcoholismo y que, en ocasiones, van acompañadas de recuerdos de haber estado ebrio y de las correspondientes sensaciones de vergüenza y fracaso. Esta combinación entre el vómito y la diarrea, llamada en ocasiones *la purga* [en castellano en el original], es habitual también en las reuniones religiosas donde emplean ayahuasca como un sacramento y es considerada como una forma sana de purga y limpieza. Quizás haya también, en algunos de los brebajes, otras sustancias vegetales, además de la DMT psicoactiva, que puedan intensificar la probabilidad de aparición de la náusea. Pero también hay que advertir que son muchas las personas que, durante la acción de la ayahuasca u otras sustancias psicodélicas, no se vean afectadas por el vómito. Parece que no se trata tanto de una respuesta fisiológica al sacramento como de una manifestación psicogénica o hasta de un efecto de las expectativas.

También puede entenderse como una forma simbólica de renuncia completa al control y de aprender a confiar. Y es muy probable que los mismos principios resulten aplicables también al empleo religioso del peyote, que va acompañado, con cierta frecuencia, de vómitos, un efecto que suele considerarse beneficioso.

Los ejemplos presentados en este capítulo ilustran algunas de las experiencias desagradables y dolorosas que pueden acompañar a las sesiones psicodélicas. A menudo, el dolor –físico, psicológico, o ambos– parece tener un propósito y un significado y culmina en sensaciones muy positivas de libertad y alivio y nuevas comprensiones. Pero, como ya hemos señalado, debe quedar claro que, si uno simplemente las utiliza para escapar de las presiones de la vida, las sustancias psicodélicas no son una buena elección. El desarrollo psicológico y espiritual es un asunto serio y, en ocasiones, desgarrador.

10. Conversión religiosa y experiencias psicodinámicas

Las variedades de las experiencias en las sesiones revivalistas

Quienes han sido criados en un entorno cristiano con una fuerte herencia evangélica o son parroquianos habituales de las iglesias llamadas «fundamentalistas» están familiarizados con la tradición de la «invitación al altar». Hablando en términos generales, se trata de la costumbre de invitar, durante el canto de un himno final o al finalizar un sermón, a los asistentes que lo deseen a levantarse de sus asientos, acercarse al altar y arrodillarse, como forma de «salvarse» o «aceptar al Señor Jesucristo como su salvador personal». El sacerdote y los ancianos presentes dan una cordial bienvenida a quienes así lo hacen, imponiendo las manos sobre sus cabezas y rezando a menudo con ellos. Hay quienes aceptan esta invitación por primera vez, mientras que otros lo hacen de manera periódica como forma de revitalizar su compromiso religioso. Hay veces en que esto tiene lugar en el contexto de varios días de servicios consecutivos con sermones y música, en una secuencia de ceremonias conocida como «avivamiento», cruzada o, incluso, «cruzada de avivamiento».

Si pudiésemos entrar en la cabeza de cada una de las personas que deciden pasar al frente o, si se trata de un entorno religioso, que se arrodillan ante la bancada de comunión y pudiéramos ver a través de sus ojos y sentir lo que sienten, sospecho que descubriríamos un amplio repertorio de estados de conciencia. Es probable que algunos hayan respondido movidos exclusivamente por la presión social y se sientan incómodos y avergonzados, no estén seguros de lo que va a ocurrir y no vean la hora de que el servicio acabe y puedan salir pronto de esa situación. Otros se enfrentarán a emociones que habían estado evitando, como «pecados» de egoísmo, avaricia, celos o culpabilidad, unidos quizás a conductas asociadas a infidelidades o problemas de abuso de sustancias de los que se arrepienten y rezarán fervientemente pidiendo perdón. También es muy probable que, desbordados por el calor y aceptación de la congregación, rompan a llorar y se comprometan a adoptar formas de conducta más acordes con las normas morales de la comunidad. Es posible que hayan tomado la decisión deliberada y consciente de llamar la atención sobre sí y de confesar en la intimidad de su mente –cuando no en público– su angustia y sus errores morales. Al arrodillarse, habrían expresado una apertura y disposición a recibir que, en muchos sentidos, se corresponden con la decisión de confiar y la posterior receptividad pasiva fundamentales para que, durante la acción de las sustancias psicodélicas, tengan lugar experiencias constructivas.

Algunas de esas personas, de pie o arrodilladas ante la congregación, solo habrán experimentado la confesión y la aceptación social que acompaña a la asunción del sistema de creencias característico de la comunidad. Ocasionalmente, sin embargo, también es posible que algunos hayan experimentado, con o sin visiones reales, estados mentales visionarios o arquetípicos asociados a la sensación convincente de hallarse ante una presencia amorosa que a veces se identifica con el Cristo eterno. El apoyo de los congregados bastará para que la mayoría de quienes experimentaron una catarsis intensa abandonen el encuentro con un sentimiento de esperanza y gratitud y sean plenamente capaces de regresar conduciendo a casa. Y también es probable, por último, que algunos expresen más emociones de las que puedan procesar y necesiten, con o sin asistencia mental formal, un apoyo continuado.

Terapia psicolítica, psicodélica y psicodelítica

Bajo la acción de los enteógenos, uno puede atravesar una gran variedad de estados de conciencia, algunos de los cuales giran en torno a emociones y recuerdos personales despojados de todo contenido religioso explícito. Cuando los enteógenos se administran en dosis bajas y repetidas con la intención de profundizar y acelerar la psicoterapia, el contenido de las sesiones suele ir acompañado de la reviviscencia de experiencias traumáticas de la infancia y la liberación de emociones asociadas a la culpa, el miedo, el sufrimiento y la ira. En este caso, la aceptación y la presencia constante de un psicoterapeuta o de un guía proporcionan el fundamento interpersonal necesario para la curación desempeñando el mismo papel del que, en el caso anterior, se ocupaban el sacerdote y la congregación. Así es como se utilizaban fundamentalmente, en las clínicas de salud mental de Europa, las sustancias psicotrópicas, un enfoque llamado a menudo terapia psicolítica (es decir, liberadora de la mente).

El psiquiatra holandés G.W. Arendsen-Hein desarrolló, en una clínica conocida como Veluweland, ubicada en Ederveen, un suburbio de Ámsterdam, el enfoque psicodélico que empleaba dosis más elevadas de sustancias psicodélicas. Allí administraba a sus pacientes (registrados como «invitados») una serie de dosis bajas, una a dos veces por semana, en pequeñas habitaciones, hasta que consideraba que se habían resuelto adecuadamente sus problemas psicodinámicos personales. En una segunda fase, los admitía en una habitación mucho más grande y bien diseñada para una única sesión con dosis elevada con la esperanza de provocar una experiencia mística. Según recuerdo, un gran ventanal permitía que la alfombra verde de la habitación se fundiese con la hierba del exterior, donde podían verse cisnes deslizándose por la superficie de un pequeño estanque. En la habitación había muebles cómodos, una chimenea y una escultura de Buda. Arendsen-Hein sostenía que el tratamiento más eficaz incluía sesiones centradas en lo que Carl Jung llamaba el «inconsciente personal» y un encuentro místico con el «inconsciente colectivo», que se creía que proporcionaba una gran sensación de integración y la profunda sensación de sentirse en casa en el mundo. Desafortunadamente, como sucedió, durante la década del 60, con la mayoría de los clínicos que utilizaban sustancias psicodélicas para el tratamiento de sus pacientes, Arendsen-Hein carecía de los recursos y la inclinación suficientes para diseñar protocolos de investigación con grupos de control como los que utiliza hoy en día la comunidad científica para determinar la eficacia de una nueva modalidad de tratamiento.

El empleo de sustancias psicodélicas en psicoterapia suele seguir dos caminos diferentes, y los dos parecen funcionar bien. En uno de ellos, la persona trabaja gradualmente con experiencias psicodinámicas personales en su camino hacia los dominios trascendentales de la conciencia, un enfoque más congruente con los enfoques psicoanalíticos. En el otro camino, que emplea dosis más elevadas, las personas pueden experimentar formas místicas y arquetípicas de conciencia durante la sesión inicial, soslayando cualquier conflicto personal que pudieran tener. Luego, durante las semanas y meses posteriores, se abordan las cuestiones psicodinámicas pendientes a la luz del recuerdo de la conciencia mística. Este enfoque parece funcionar especialmente bien con personas que padecen trastornos adictivos y experiencias repetidas de fracaso y vergüenza que han alimentado una baja autoestima. En este caso, el cambio en la imagen de uno mismo propiciado por el atisbo inicial de la conciencia mística les permite descubrir, en su mente, una belleza, un valor y unos recursos innegablemente positivos que parecen facilitar la posterior confrontación con las emociones y recuerdos negativos de su interior.

El siguiente extracto del informe de una sesión de alta dosis de LSD de un hombre que había sido adicto a los estupefacientes, encarcelado y puesto en libertad condicional y trasladado a un centro de reinserción social para recibir tratamiento en uno de los estudios de investigación llevados a cabo en el Centro de Investigación Psiquiátrica de Maryland ilustra perfectamente el efecto que pueden tener, en las relaciones interpersonales, las comprensiones proporcionadas por la conciencia mística:

> Me resulta muy difícil expresar verbalmente lo que experimenté durante la sesión. Dudo que haya palabras para expresar toda la belleza que entonces vi y sentí. Empecé a fluir con la música. Parecía como si me hubiera convertido en la música y la música se expresara a través de mí. Nos fundimos y emprendí un viaje hacia un universo lleno de amor y belleza divina [...]. Vi ante mí a un Ser Divino que estaba solo y me tendía su mano y me quedé solo ante el resplandor del amor, la belleza, la fe y la confianza. Mi mente abandonó mi

> cuerpo, que se quedó muerto, y, al tocar sus manos, me fundí con él y nos convertimos en lo mismo […].
>
> Entonces supe que la belleza, la fe, el amor y la confianza estaban en mi interior. Bastó con tocar aquel Ser Divino para convertirme en parte de Dios. En ese momento grité: «¡Qué hermoso día, Buen Dios Todopoderoso, ahora finalmente puedo afirmar que soy un ser humano!» […]. He sido absuelto de todos mis pecados. Antes creía ver, pero ahora me doy cuenta de que, durante toda mi vida, había estado ciego.
>
> Luego vi [a mi mujer] y a mis hijos y también me pareció como si nos abrazáramos y nos fundiésemos. Entonces pude reconocer todo el daño y la infelicidad que les había causado […]. Experimenté todo lo malo que había hecho en la vida y realmente creo que he sido perdonado […].
>
> Soy más consciente de mi negritud. Estoy orgulloso de ser de ascendencia negra. Bajo nuestra piel, sin embargo, negros o blancos somos iguales; todos somos hermanos e hijos de Dios. Ahora sé que, gracias a esta experiencia, jamás volveré a consumir drogas y podré recuperar mi estilo de vida anterior.

El siguiente ejemplo procede del informe de un hombre aquejado de alcoholismo que estaba recibiendo tratamiento asistido por DPT y que tuvo más dificultades para abandonar el control habitual:

> La experiencia comenzó poco después de haber recibido la inyección y enseguida me pareció emprender una especie de batalla con demonios, diablos o algo parecido. Eso pareció durar mucho tiempo durante el cual me vi transportado a mundos muy distintos. Todo parecía bastante lejano y atravesé un amplio espectro de emociones,

desde el terror hasta el miedo, la ira, el amor, la belleza y la plenitud más completa. En un determinado momento perdí toda mi seguridad, me sumí en la paranoia y me entró el pánico al pensar que había un complot para robarme la identidad y el alma en el que todo el mundo estaba implicado [incluidos mi terapeuta y mi coterapeuta]. Yo trataba de aferrarme a la realidad. Quería asegurarme de que volvería a la realidad, pero el desfile de mundos era interminable. El tiempo y el espacio no significaban nada y lo real y lo irreal acabaron confundiéndose. Recuerdo que, en ese momento, parecía estar tratando de descubrir quién era, quién era Sam Jones [seudónimo].

Una y otra vez volvía al pasado, al siglo XVIII, al siglo XVII y a la época de las Cruzadas. Volvía una y otra vez. En un determinado momento me pareció estar en el lejano Oriente, en China o en algún otro lugar y me pareció expresarme en algún dialecto asiático. Trataba de murmurar y hablar en ese dialecto y luego me iba de nuevo hacia unas deslumbrantes luces blancas.

Era como si una parte de mí hubiese conocido la belleza en todo su esplendor. Lo más sorprendente de todo era su pureza, una pureza resplandeciente y deslumbrante. Eso era todo lo que podía ver. Luego volvía y desenterraba, por así decirlo, algunos monstruos más, algunos demonios más, y entraba en combate con ellos, una experiencia que me llenaba de miedo y pánico y que luego se veía reemplazada por una especie de sensación cálida.

Me enfrenté a la muerte y, después de experimentarla, me vi transportado de nuevo a esa belleza, a esa luz blanca, a ese deslumbrante resplandor [...]. Pero todavía no estaba seguro. Estaba en contacto con la realidad, pero, a partir de un determinado momento, tuve miedo de no poder volver a establecer contacto con la realidad, de que todo formase parte de un complot y nunca pudiese regresar al mundo en el que antes me movía. Existiría en el universo como una parte del cosmos y pasaría de un mundo a otro y, de vez en cuando, podría ver a las personas de mi mundo, como mi mujer y mis hijos [...].

Experimenté la máxima sensación de amor y, al salir de ella, empecé a darme realmente cuenta de que el pánico había desaparecido y volvía a estar en el sofá. Ya no tenía miedo a perder el contacto con la realidad [...]. Creo haber descubierto algo sobre mí. Me he dado cuenta de la bondad que anida en el fondo de todo ser humano, especialmente en mí. Y también creo haber descubierto una fuerza interior de la que antes carecía. Me miré y, por primera vez en mi vida, supe quién soy.

11. Disciplina e integración

Timothy Leary y Millbrook

Al año y poco aproximado de su muerte, acaecida en 1996, siete gramos de las cenizas de Timothy Leary fueron lanzados al espacio exterior y estuvieron dando la vuelta alrededor de la Tierra durante seis años antes de que el cohete Pegasus que las transportaba ardiera en la atmósfera. Han sido muchos los que me han aconsejado que dejara tranquilos sus restos y al hombre al que pertenecieron dondequiera que estuvieran y no me atreviese siquiera a mencionar «las palabras que empiezan con "ele"», porque «Leary» y «LSD» son palabras que tienden a movilizar respuestas tan irracionales como estereotipadas. Hay quienes le consideran un héroe carismático y profético, muy adelantado a su tiempo, mientras que otros le ven como un investigador irresponsable y con problemas psicológicos que renunció a las precauciones y a la disciplina de la ciencia para buscar publicidad junto a las estrellas de cine y animar a los adolescentes a infringir las leyes y dejar que sus vidas cayeran en las seductoras garras del abuso de las drogas. Sea como fuere, su nombre y su imagen ocupan, en muchas mentes modernas, un estatus casi arquetípico.

Nadie sabe cómo le juzgará la historia. En 1963 finalizó la construcción del William James Hall en la Universidad de Harvard, un atractivo edificio diseñado por Minuoru Yamasaki (el arquitecto de la Universidad de Harvard, el mismo prestigioso arquitecto que había diseñado las torres originales del World Trade Center de Nueva

York) que ha acabado convirtiéndose en sede de los departamentos de ciencias sociales. Aunque, como reconocen respetuosamente los eruditos actuales, en su época como profesor de Harvard, fueron muchas las contribuciones hechas por Timothy Leary a la psicología y a la filosofía, lo cierto es que también exploró estados alternativos de conciencia empleando óxido nitroso y escribió abiertamente sobre sus experiencias. Está por ver todavía si Harvard levantará algún día un edificio con su nombre o instalará una modesta escultura en algún rincón de algún patio sombreado en honor a su nombre. Sea como fuere, el apelativo con el que le calificó el presidente Nixon, como «el hombre más peligroso de Estados Unidos», reverbera todavía en muchas mentes.

Mientras estudiaba en Alemania y tuve mis primeras experiencias psicodélicas en 1963 y 1964, leí sobre Timothy Leary, Richard Alpert y Ralph Metzner en la revista *Time* y me enteré del llamado «escándalo Harvard». Yo no estaba seguro de lo que pensar sobre esa controversia en los Estados Unidos porque, en Europa, se trataba de un tema académicamente respetable y la investigación con drogas psicodélicas avanzaba con calma. Yo, sin embargo, decidí conocer a esas personas, sacar mis propias conclusiones y tomar mis propias decisiones. Así fue como, el mismo día de mi regreso a los Estados Unidos y después de que mi avión procedente de Luxemburgo aterrizase en el aeropuerto Kennedy, tomé un tren en dirección a Millbrook (Nueva York). En aquel momento, la investigación psicodélica en Harvard había cesado y Timothy y sus colegas vivían en una finca propiedad de la familia de Peggy Hitchcock, una heredera de la fortuna Mellon. Después de haber recibido una carta invitándome a visitarlos, un taxi me dejó ante una garita de piedra que recordaba la entrada a un castillo europeo.

Con mi mochila a la espalda emprendí, en un caluroso día de agosto, el largo y sinuoso camino que conducía a una impresionante y antigua mansión blanca flanqueada por dos imponentes torres. Alguien salió a recibirme y me acompañó por dos tramos de escaleras hasta una pequeña habitación con un colchón en el suelo y me dijo que Timothy estaba «nadando en la cascada con su compañera, una modelo sueca», aunque no tardaría en volver, pero que, si lo deseaba, podía caminar hasta la cascada y unirme a ellos. La idea me pareció atractiva, pero, cuando emprendí el sendero boscoso hasta la cascada y atisbé a Timothy desnudo a lo lejos, decidí volver a la mansión, ducharme y esperar su regreso. Necesitaba algo de tiempo para adaptarme a un estilo de vida tan distinto al del entorno académico alemán.

La mansión resultó ser un lugar intrigante, lleno de fascinantes detalles arquitectónicos y personas procedentes de distintos orígenes culturales y profesionales, todos abiertos a expresar ideas estimulantes y potencialmente innovadoras. En la cocina había un mono encantador. Nadie parecía obsesionado por el orden o la limpieza; todo era cómodo e informal... o, en opinión de otros, caótico y desordenado. Las comidas, por cierto, eran muy sabrosas y solían ir precedidas de un momento de silencio, durante el cual se alentaba a los presentes a conectar con una actitud de agradecimiento, abrir los sentidos y centrar la atención en disfrutar plenamente del sabor del primer bocado.

Cuando llegó, Timothy me dedicó toda su atención mostrando un interés especial en lo que estaba ocurriendo con la investigación de Leuner en Gotinga y en mi interior como persona. Su compañera, Nena von Schlebrügge, que acabó convirtiéndose en la tercera de sus cinco esposas, me impresionó por ser tan hermosa espiritual como físicamente. Cuando, pocos días después, me marché, Timothy me acompañó personalmente a la estación de ferrocarril y me deseó lo mejor. Desde ese momento nos mantuvimos en contacto y tuvo a bien recibirme en muchos de los seminarios de fin de semana organizados por él y dirigidos, durante los dos años siguientes, por científicos y académicos de reconocido prestigio.

Pero lo que estaba ocurriendo en Millbrook no se limitaba a ser una mera protesta hedonista y contracultural porque, junto a los seminarios y al intento de establecer una comunidad próspera, hubo muchas redadas nocturnas y detenciones realizadas por agentes de la DEA, un enfrentamiento que reflejaba el choque de dos sistemas de valores muy distintos. Pese a las controversias que rodeaban al personaje, sin embargo, mi conexión personal con Timothy era lo bastante fuerte como para que mi prometida y yo decidiésemos invitarle a nuestra boda en 1966, cosa que declinó respetuosamente, aunque nos obsequió con un ejemplar publicado en papel repujado de sus *Psychedelic Prayers*, su adaptación del primer libro del *Tao Te King*. Antes había publicado, junto a Richard Alpert y Ralph Metzner, el libro *The Psychedelic Experience: A Manual Based on the Tibetan Book of the Dead* [«La experiencia psicodélica. Un manual basado en el *Libro tibetano de los muertos*»], una guía para navegar por estados alternativos de conciencia que sigue siendo útil a quienes están preparándose para participar en una sesión psicodélica.

Dos imágenes destacan de entre todos mis recuerdos de la comunidad psicodélica de Millbrook. La primera de ellas es una magnífica –aunque ya desaparecida– fuente cubierta de maleza y ubicada frente a la mansión que nadie parecía dispuesto a reparar y una bolera desierta, artísticamente diseñada como un edificio largo con un techo alto, ubicado en un entorno boscoso y tranquilo igualmente descuidado y abandonado que, apenas vi, imaginé convertida en una sala de meditación. Cerca de la mansión había un pequeño edificio cuadrado destinado a la meditación con cojines repartidos por el suelo, pero, en un entorno tan deteriorado y polvoriento como el resto de la finca. En general, Millbrock me pareció un *ashram* o un monasterio laico despojado de toda estructura y disciplina. No es de extrañar que fuese incapaz de autosostenerse.

Me viene a la mente la imagen de un mandala tibetano clásico, un diseño simétrico formado por cuadrados y círculos concéntricos, uno dentro del otro, con puertas, en cada uno de los cuatro lados, que conducen a un punto central de concentración meditativa. En la medida en que estos mandalas representan una psique sana y centrada, existe un equilibrio entre cuadrados y círculos. En arteterapia, los cuadrados, las líneas rectangulares y los ángulos rectos suelen considerarse manifestaciones del polo masculino o activo de nuestra mente (representado por la cognición, la razón, la estructura, la decisión, el compromiso y la conducta asertiva) y las curvas y formas circulares, por su parte, reflejan el polo femenino o pasivo (representado por la receptividad, la confianza, la paciencia, la apertura y la dulzura). Siempre me ha fascinado advertir que las personas que tienen problemas con el alcohol tienden a producir obras de arte en las que predominan las líneas curvas, de estilo psicodélico, mientras que quienes presentan tendencias obsesivo-compulsivas tienden a expresarse apelando casi por entero a líneas y ángulos rectos. La comunidad de Millbrook estaba urgentemente necesitada, en mi opinión, de un abad sabio y severo y el puesto parecía vacante, y, al menos cuando yo lo visité, el lugar estaba dominado por las formas de Paisley [estilo caracterizado por las formas curvilíneas que inspiró el arte decorativo *hippie*].

No es extraño hoy en día que los investigadores psicodélicos actuales se quejen de Timothy Leary y lo conviertan en el chivo expiatorio de las tres décadas perdidas, de las que apenas empezamos a recuperarnos. Pero, si queremos ser justos, debemos reconocer también que, junto a sus colegas, publicó algunos importantes estudios de investigación y, antes de abandonar la ciencia tradicional en favor de la búsqueda de atención a través de una prensa sensacionalista, hizo muchos y muy convincentes intentos de comunicarse con sus colegas académicos. Cabe destacar, en este último sentido, por ejemplo, un informe publicado en el *Journal of Nervous and Mental Disease* que incluía análisis estadísticos de las respuestas de 175 voluntarios a los que, tras sus experiencias con la psilocibina, había pasado una batería de cuestionarios. También llevó a cabo un creativo estudio piloto que exploraba el uso de la psilocibina en la rehabilitación de 32 reclusos de la Prisión Estatal de Concord, un centro de máxima seguridad para delincuentes juveniles. Anteriormente, había publicado un respetado libro titulado *The Interpersonal Diagnosis of Personality* [«El diagnóstico interpersonal de la personalidad»]. Y también habría que contemplar compasivamente a un ser humano que, en el pasado, había luchado contra el abuso del alcohol y que, tras el suicidio de su primera esposa, se convirtió en un padre viudo con dos hijos pequeños. Leary fue un ser humano tan especial como trágico, uno más de los muchos clínicos e investigadores dedicados, en los primeros días, a los estudios psicodélicos.

Resulta interesante reflexionar sobre las diferentes reacciones ante sus experiencias psicodélicas de sus dos principales colaboradores. Richard Alpert cambió su nombre por el de Ram Dass, viajó a la India, se estableció como respetado profesor de meditación y contribuyó a la creación de la Fundación Hanuman y la Fundación

Seva destinadas al servicio a presos, enfermos terminales y personas sin hogar. Ralph Metzner, por su parte, sigue desarrollando una productiva carrera, ha creado la Great Earth Foundation y ha llamado la atención sobre la necesidad de cuidar la naturaleza y el planeta y sobre el uso respetuoso y espiritual de la ayahuasca.

La integración de las experiencias religiosas en la vida religiosa

Huston Smith fue, como ya hemos dicho, uno de los primeros en señalar la diferencia existente entre experiencia religiosa y vida religiosa después de haber visto que aquella no garantiza automáticamente esta. Y esto es algo que, independientemente de que ocurran de manera natural o se vean facilitadas por el uso de enteógenos u otras tecnologías, no solo afecta a las experiencias místicas, sino que también tiene que ver con la conversión, la oración y diferentes tipos de experiencia meditativa. Quizás este principio trascienda las experiencias que llamamos religiosas y resulte aplicable también a cualquier episodio o aventura profunda e intensa de la vida (desde las experiencias cumbre hasta las experiencias nadir y las experiencias calificadas como traumáticas).

Parece que algunas personas tienen la posibilidad de elegir entre «aislar» las emociones y percepciones de experiencias que superan los límites de la realidad cotidiana habitual o esforzarse en integrarlas. Algunas experiencias van acompañadas de una transformación de la sensación de identidad y del fuerte impulso a cambiar la conducta en el mundo, mientras que otras parecen «perdurar como recuerdos interesantes –aunque aislados– de la vida cotidiana». Recuerdo a un empresario de éxito que, mientras permanecía acostado en el sofá de mi consulta, tuvo una experiencia mística espontánea que satisfacía todos los requisitos de la definición de conciencia mística y que, cuando posteriormente se sentó en el sofá para relatar lo que había experimentado, afirmó: «Ha estado muy bien…, pero ¿esto para qué sirve?». ¡Solo había vislumbrado el *samadhi*, el objetivo espiritual de la vida de muchos de los practicantes de las religiones orientales!

No hay indicios de que, después de su experiencia en el camino de Damasco, san Pablo necesitara una segunda visión de Cristo resucitado, porque bastó con esa experiencia para cambiar su visión del mundo y emprender una misión. Pero es muy probable que, cuando trataba de ayudar al establecimiento de las primeras comunidades del cristianismo primitivo, valorase la compañía y el apoyo de otros. Muchos de los voluntarios de la investigación que, durante la acción de la psilocibina en las investigaciones realizadas en la Johns Hopkins, han tenido experiencias muy espirituales, todos ellos perfectamente funcionales, se han dedicado luego a resolver problemas interpersonales o profesionales y a reconstruir aspectos de su vida avanzando en el camino de integración de sus recién descubiertos conocimientos. Recuerdo, en este sentido, el caso de una persona que renunció a un trabajo destinado al diseño de armamento militar y acabó ordenándose, años más tarde, monje zen y de otra que optó por unirse a los Cuerpos de Paz y desplazarse a África.

Lo que llamamos integración entraña la alternancia deliberada y repetida de la conciencia entre el recuerdo de los estados alternativos de conciencia y las exigencias y oportunidades de la existencia cotidiana, incluidos los antiguos hábitos de pensamiento o acción que pueden sentirse desconectados del nuevo conocimiento o de la nueva imagen de uno mismo. La persona que padecía alcoholismo y que, durante la acción de un enteógeno, ha experimentado, por ejemplo, una sensación de amor y aceptación incondicionales no puede volver a sus antiguos sentimientos de baja autoestima sin sentirse desconectada y con la correspondiente necesidad de integración. Es posible que sienta humildad, pero esta no se deriva de la sensación de inutilidad, sino que es un fruto del asombro y la reverencia.

Este proceso gradual de integración de las experiencias religiosas suele verse favorecido por la participación en una comunidad de apoyo. Es en este sentido donde podemos valorar la pertenencia a una iglesia, un templo, una sinagoga, una mezquita o algún tipo de grupo en el que sea posible hablar u oír hablar de las percepciones que se han tenido y participar en actividades prácticas tendentes a provocar un cambio social y cultural. Son muchas las personas que, además de ese compromiso social, suelen encontrar de gran ayuda el aprendizaje y la práctica de alguna disciplina meditativa. La vida comunitaria también puede ayudarnos a aprender un lenguaje con el que expresar las comprensiones experimentadas y favorecer la adaptación de las pautas de actitud y conducta que han cambiado. Es precisamente por ello por lo que las personas que han luchado contra las adicciones suelen valorar especialmente la participación en grupos de Alcohólicos Anónimos, Narcóticos Anónimos o Comedores Compulsivos Anónimos. Estoy convencido de que si más iglesias, sinagogas, templos, mezquitas y *sanghas* ofrecieran grupos de apoyo y estudio a quienes han experimentado profundos estados alternativos de conciencia, ya sean espontáneos o provocados por enteógenos, el número de personas que responderían positivamente a esa invitación sería sorprendente.

Hay veces en las que el proceso de integración puede verse favorecido por un periodo de asesoramiento, psicoterapia o dirección espiritual. Pero, en tal caso, no hay que suponer que la persona se haya visto dañada por la experiencia psicodélica y que, por tanto, necesite tratamiento o apoyo espiritual para regresar a su estado inicial. Lo que ocurre, muy al contrario, es que, cuando la persona descubre recuerdos traumáticos, a menudo de abusos físicos, verbales o sexuales, que han permanecido reprimidos en su mente, la relación con un terapeuta experto puede resultar muy útil para integrar esos recuerdos en el funcionamiento general, reduciendo así la ansiedad y depresión crónicas y favoreciendo el establecimiento de una identidad más madura e integrada. Y, aunque este tratamiento o interacción interpersonal disciplinada pueda requerir un trabajo duro, sus beneficios pueden resultar muy importantes.

12. Reflexiones sobre la muerte

Definición, ruptura del tabú y misterio

Hubo un tiempo –no muy lejano, por cierto– en que resultaba de mal gusto, en la sociedad occidental, hablar de sexo en público. Las conductas y las fantasías sexuales, ya fuesen personales o interpersonales, solían ser privadas y a menudo iban acompañadas de una gran carga de vergüenza y culpa. Los psiquiatras se encontraban entonces con frecuencia con personas en las que la ansiedad sexual se había manifestado como síntomas de conversión, impotencia, frigidez y, a veces, hasta parálisis. Hoy en día, sin embargo, hombres y mujeres pueden hablar de sexualidad, en la mayor parte de los círculos, con razonable franqueza y sensibilidad sin que se los considere vulgares o depravados. Las mujeres pueden considerar desear la interacción sexual y tener orgasmos como indicadores de buena salud y, en algunos círculos, hasta las personas comprometidas con el celibato pueden experimentar agradecidas un orgasmo ocasional que no vaya acompañado de sentimientos de fracaso o de culpa. Y cada vez es más frecuente que, independientemente de su identidad sexual adulta, algunas personas puedan tener fantasías heterosexuales y homosexuales sin que ello implique cuestionar su elección adulta de identidad sexual.

Sin embargo, por más que las cuestiones relativas al sexo «hayan salido del armario», la puerta de armario sigue todavía bien cerrada, para la mayoría de nosotros, en lo que respecta al tema de la muerte. Ese sigue siendo un tema tabú y que todavía se halla rodeado de miedos y confusiones. Son muchos los que siguen viendo la muerte como algo desagradable que, en ocasiones, les ocurre a otras personas. Y también hay quienes ni siquiera están dispuestos a admitir que todos los que han vivido en este planeta han muerto y que existe una probabilidad elevadísima de que, algún día, eso también acabe ocurriéndoles.

¿Qué es entonces realmente, podemos preguntarnos, la muerte? Observado desde el exterior, el corazón del cuerpo humano que deja de funcionar y se ralentiza hasta que deja de latir; la respiración cesa; la piel se enfría y aparece el *rigor mortis* y, a medida que las paredes celulares empiezan a colapsarse, aparece el tenue y dulce aroma de la descomposición. La persona con la que antes nos relacionábamos mediante gestos y palabras se ha ido para siempre y nuestro sufrimiento se intensifica.

¿Cómo puede ser –si nos tomamos en serio lo que dicen los místicos– la experiencia que llamamos «muerte» para la persona que afirmamos que ha muerto? ¿Qué aventuras nos esperan si la conciencia es realmente indestructible? Les aseguro que, en tanto persona que ha reflexionado sobre esta cuestión con muchos enfermos terminales que, de repente, se han visto obligados a conceder importancia a este tema, hay una amplia variedad de expectativas al respecto.

Hay quienes esperan que la conciencia sencillamente deje de funcionar, «como si se apagara una bombilla», y hasta pueden expresar cierta ansiedad ante la posibilidad de que ese no sea el caso. Hay quienes sienten que ya han vivido lo suficiente e, independientemente de que se trate de una vida alegre o dolorosa y eterna, o no, preferirían no seguir viviendo. Estas personas están hartas de tener una conciencia contraída y no están interesadas en tener nuevas y emocionantes aventuras. Los hay que esperan atravesar diferentes estados de conciencia, los reinos del infierno, del purgatorio y del cielo, o de esos tres ámbitos, para juzgar quizás cómo han vivido, para reunirse con parientes y amigos, o para conocer a sus antepasados o a las figuras religiosas que los precedieron. Otros esperan simplemente la paz y la felicidad celestial, al menos durante un tiempo, mientras que otros, que se toman muy en serio la reencarnación, imaginan la posibilidad de un renacimiento físico y de «volver de nuevo a usar pañales».

El *Bardo Thodol*, el texto sagrado conocido como el *Libro tibetano de los muertos*, trata de los cambios de conciencia que tienen lugar después de que el cuerpo deje de funcionar de un modo muy parecido a una experiencia psicodélica. Según se dice, la forma en que uno responde a los cambios de conciencia, especialmente en términos de atención, aceptación, humildad, confianza y coraje, puede determinar «lo que ocurra después». En muchos círculos cristianos se cree que, si uno confía su vida al Cristo arquetípico o, dicho más sencillamente, si uno «abre su corazón a Jesús», será «salvado» y que, en última instancia, todo irá bien.

La palabra inglesa de cinco letras *death* [«muerte»], al igual que la palabra de tres letras *God* [«Dios»], es uno de esos sonidos que emitimos al hablar y que pueden tener significados considerablemente distintos para distintas personas. Si la conciencia es realmente indestructible, la muerte no es más que una transición o un «despertar» a una conciencia más vívida de nuestra naturaleza espiritual. Este fue el punto que el novelista ruso León Tolstói trató de comunicar en su relato *La muerte de Iván Ilich*, en el que describe de la siguiente manera la experiencia de Iván en el momento de su muerte:

–¿Y la muerte? ¿Dónde está?
Trató de encontrar ese miedo a la muerte que le había acompañado a lo largo de toda su vida, pero no lo encontró.
–¿Dónde estaba? ¿Qué muerte era esa? Ya no albergaba ningún temor porque la muerte no existía.
En su lugar había surgido una luz.
–¡Entonces es así! –exclamó de pronto en voz alta–. ¡Qué alegría! Todo sucedió en un instante, pero el significado de ese instante ya no cambió más...
–¡Ha terminado! ¡La muerte! –se dijo–. La muerte ya no existe.

¿Cómo sería la civilización si no temiéramos a la muerte? ¿Qué pasaría si aceptásemos que la «vida» incluye estados de conciencia que se expresan tanto en el contexto de organismos físicos que funcionan normalmente como en campos energéticos de conciencia inaccesibles a la percepción sensorial ordinaria? ¿Y si la conciencia cotidiana de la mayoría de la gente estuviese lo suficientemente iluminada o despierta como para abarcar la conciencia de las dimensiones temporales y eternas de una realidad mayor? Esta conciencia despierta es, obviamente, el objetivo de muchas personas dedicadas a disciplinas meditativas, tanto occidentales como orientales.

A veces parece que, si tuviéramos «miedo a no temer a la muerte» y la muerte no fuese intrínsecamente mala como para evitarla, ello aumentaría la tendencia al suicidio y el homicidio. Hay quienes tienden a magnificar esos temores recordando imágenes de tragedias pasadas, como el suicidio colectivo en el complejo de Guayana dirigido por Jim Jones, los daños infligidos por terroristas suicidas o las carnicerías de los campos de batalla que salpican la historia de la humanidad.

Pero lo cierto es que la evidencia proporcionada al respecto por la investigación psicodélica no parece apoyar esos miedos. Las personas que pierden el miedo a la muerte suelen vivir más plenamente, respetan más su vida y la vida de los demás y dedican el tiempo que les queda a mejorar su relación con amigos y familiares. Hay pacientes de cáncer que eligen renunciar a procedimientos experimentales que tienen pocas probabilidades de proporcionar una vida más larga y de mayor calidad. Pero, mientras pueda controlarse el dolor y sea posible una comunicación significativa, lo que suele ocurrir con la atención médica moderna, parecen dispuestos a hacer lo necesario por mantener su cuerpo en funcionamiento. Desde esta perspectiva, parece que la razón para seguir manteniendo nuestro cuerpo en funcionamiento mientras sea posible vivir una vida con sentido no consiste tanto en evitar el miedo a la muerte, como en cumplir lo más plenamente posible con nuestro destino. Y eso es algo que, en algunos casos, implica completar el trabajo creativo, corregir los errores que hayamos cometido, preparar a las personas queridas para que prosigan su vida sin nosotros, o saborear simplemente cada momento con el que contamos en el mundo del tiempo.

Un encuentro personal con la muerte

Después de preguntarme cuánto debía revelar de mí en este libro para no caer en la autocomplacencia y que no fuese excesivamente autobiográfico, he decidido ilustrar este punto describiendo la muerte de Ilse, que fue mi esposa durante veinte años. Madre de mis dos hijos, Ilse era una enfermera psiquiátrica alemana que solía trabajar conmigo en la investigación psicodélica. Juntos trabajamos con muchos pacientes de cáncer, sus cónyuges y sus hijos, proporcionando asesoramiento breve asistido por una o dos sesiones de estados alternativos de conciencia facilitados por el LSD. Ella misma había experimentado estados de conciencia tan hermosos como significativos propiciados por el LSD como parte de su formación cuando nos trasladamos por vez primera a Baltimore para dedicarnos a la investigación en el centro hospitalario de Spring Grove. En aquel tiempo, la formación del nuevo personal que iba a participar en la investigación clínica con sustancias psicodélicas incluía una o dos experiencias personales con LSD. Ilse también había obtenido un diploma de tres años de estudio en un seminario teológico baptista de Zúrich llamado Rüschlikon y había cursado estudios de postgrado en psicología de la religión en Estados Unidos, en la Andover-Newton Theological School de Newton Centre (Massachusetts).

Por eso, cuando, a los cuarenta años, le diagnosticaron un cáncer de mama, nos miramos asombrados, pero luego afirmamos que difícilmente habría una pareja mejor preparada que nosotros para enfrentarse a esa situación. Durante la década siguiente, ella se sometió, con plenitud y valentía, a varias intervenciones quirúrgicas, sesiones de radioterapia, regímenes de quimioterapia y hasta un viaje a México para conseguir una sustancia experimental a la que llamábamos «sustancia negra». Finalmente llegamos a un punto en el que la imagen de su esqueleto durante la gammagrafía ósea se aclaró mostrando múltiples metástasis y pudimos sentir con la punta de los dedos los duros nódulos del cáncer avanzando en sus clavículas. Entonces supimos que había llegado el momento de preparar a nuestros hijos, que entonces tenían once y trece años, para su próxima muerte, y eso fue lo que hicimos con la mayor sensibilidad de la que fuimos capaces.

Pocas semanas después de drenar por segunda vez el líquido acumulado en su cavidad pleural, nos enteramos de que la muerte era inminente. Seguía recibiendo tratamiento ambulatorio, no necesitaba analgésicos y estaba plenamente presente en nuestra casa. Al final, decidimos declinar una última oferta de someterse a una quimioterapia experimental que podría haberle proporcionado un tiempo extra de vida a expensas de la calidad.

Ilse subió las escaleras por última vez y, acostada en la cama junto a cada hijo, reafirmó, uno tras otro, todas las cosas que un hijo necesita oír de su madre. Uno de ellos grabó su última conversación que decía «Ojalá no tuvieras que morir, mami», a lo que ella respondió: «Lo sé, pero tenemos que aceptar la vida tal como se presenta». Luego acosté a nuestros hijos y me acosté a lado de Ilse mientras se acercaba el momento de la muerte. Sus últimas palabras fueron «*Herr, Herr, Herr*» [«Señor, Señor, Señor»] y, a continuación, entró en un coma cada vez más profundo hasta que cesaron todas sus funciones corporales. Esas últimas palabras sugerían que, pese a sus avanzados conocimientos de religiones comparadas y estados mentales trascendentales, en el momento de la muerte se manifestó la sencilla fe de su infancia cristiana. Conviene señalar aquí que, según comentó la hermana de Steve Jobs, las últimas palabras de este antes de morir fueron muy parecidas: «¡Oh! ¡Oh! ¡Oh!».

Aunque inevitablemente dolorosa –porque el duelo nunca es divertido–, la muerte de Ilse tuvo lugar sin apenas depresión y ansiedad y en estrecha comunicación con sus seres queridos. No entendía por qué tenía que ocurrir a los cincuenta años, cuando nuestros hijos todavía eran pequeños y ella todavía tenía muchos planes para llevar a cabo en esta vida. Poseyendo, sin embargo, el conocimiento de las experiencias místicas en las que había participado, vivía con la convicción intuitiva de que existe un marco más amplio de comprensión en el que todo está bien y todo tiene sentido.

Este es uno de los muchos ejemplos de «buena muerte» o, al menos, de una muerte abordada con franqueza, honestidad y valentía que parecen favorecer una vida plena, antes de la muerte, para el enfermo y, después de ella, para los amigos y familiares que sobreviven. Hay muchas personas que nunca han tenido experiencias místicas ni la oportunidad de recibir enteógenos y que, basándose únicamente en sus sistemas de creencias y en sus relaciones interpersonales, experimentan, en su lecho de muerte, una sensación semejante de integración pacífica. Pero también son muchas, sin embargo, las personas que se acercan al final de sus vidas ansiosos, deprimidos y con un alejamiento de la interacción significativa con sus compañeros de vida. Para aquellas, el recuerdo vívido de la conciencia mística podría alentar su sensación de bienestar en el umbral de la muerte, mientras que, para estos, podría abrir la posibilidad de encontrar un sentido y reducir drásticamente la angustia física y emocional.

El duelo

Como saben perfectamente quienes lo han sufrido o lo están sufriendo, el duelo es un auténtico trabajo. Y, por más elevado que sea el sistema de creencias espiritual de la persona con respecto a la muerte biológica en el tiempo, el duelo parece tener que seguir su curso. En tanto profesor universitario que ha impartido cursos sobre la muerte y el proceso del morir, la muerte de Ilse me proporcionó un nuevo conocimiento experiencial, especialmente en lo que se refiere a sus manifestaciones somáticas. El duelo parece ser un proceso curativo, pero, como sucede con el parto, no está exento de dolor. Con ello quiero decir que el proceso de reorientarse en el mundo después de la pérdida de un ser querido parece atenerse a una secuencia que sigue ciertas pautas, sobre todo cuando uno es capaz de confiar en sus propias emociones y permitir su expresión.

El enfrentamiento con un duelo no resuelto y su expresión y posterior resolución es un hecho habitual durante la acción de las sustancias psicodélicas. No era infrecuente que, cuando la pérdida ocurría décadas atrás, en un momento en el que, debido a la ambivalencia emocional, a la falta de apoyo social o a otros factores, la persona optase por «ser fuerte», negar sus sentimientos de dolor, «dejar la muerte atrás» y seguir adelante. Pero parece que esos sentimientos reprimidos aguardan pacientemente la oportunidad de resolverse y pueden provocar, entretanto, en algunas personas, tensiones musculares, tendencias a la depresión y la ansiedad y síntomas psicosomáticos ligados a la angustia. Después de la catarsis del duelo, la persona suele afirmar que tiene una mayor sensación de relajación y libertad, pero no solo quienes han perdido a seres queridos en el pasado, sino también los enfermos terminales que necesitan llorar la pérdida inminente de todo lo que han conocido en vida. El encuentro inesperado con un duelo reprimido es un tema habitual en muchas experiencias psicodélicas que suelen etiquetarse como «un mal viaje».

Cambios en la actitud hacia la muerte

¿Qué pasaría si viviésemos de un modo más abierto, sincero y confiado nuestra muerte y la muerte de nuestros seres queridos? Las implicaciones de tal cambio en el modo en que nuestra cultura se enfrenta a la muerte serían, en términos de medicina preventiva, muy profundas. Muchas formas de malestar psicológico se originan o se ven agravadas por cuestiones sin resolver en las relaciones interpersonales y que quedan todavía por decir palabras de aceptación y de perdón. Las viejas heridas y resentimientos que subyacen a la ansiedad, la depresión, las críticas muy estrictas y las tensiones musculares suelen perdurar aun después de la muerte de quienes las perpetuaron.

Son muchos los médicos y enfermeras que, en los últimos años, afirman haberse sentido más cómodos y capacitados para hablar con sinceridad sobre el diagnóstico y el pronóstico de los enfermos graves o terminales. Esto es algo que depende, obviamente, de su introspección y de la aceptación de su propia mortalidad. Recuerdo a una anciana afroamericana enferma de cáncer que se enteró de su diagnóstico y pronóstico, mientras estaba sentada en el cuarto de baño del hospital, al escuchar a su médico mientras hablaba a un grupo de residentes en el pasillo frente a la puerta de su habitación. La primera pregunta que nos formuló cuando nos reunimos para preparar una sesión psicodélica fue: «¿Debería decirle a mi médico que ya me he enterado? ¿Estará en condiciones de aceptarlo?».

A menudo pienso en la posibilidad de integrar la terapia psicodélica en las unidades de cuidados paliativos de nuestros hospitales y quizás también de nuestros hospicios. Cuando realizaba mi investigación doctoral, un estudio con DPT destinado a promover el bienestar de los enfermos terminales de cáncer, el término «hospicio» se refería a un experimento innovador que estaba llevando a cabo la doctora Saunders en un centro fundado por ella en Londres, llamado St. Christopher, para atender a enfermos terminales. Hoy en día, los hospicios se han convertido en instituciones sociales con cobertura aceptada tanto por Medicare como por otras compañías de seguros. La Organización Nacional de Hospicios y Cuidados Paliativos [NhPCO, por sus siglas en inglés] informó de la existencia, en 2012, de unos 3400 hospicios certificados por Medicare en los Estados Unidos.

En el último día de su vida, cuando estaba gravemente enfermo debido a un cáncer de laringe, Aldous Huxley escribió una petición a su mujer Laura, donde decía: «Prueba con 100 microgramos de LSD intramuscular». Como se describe en las memorias de Laura tituladas *Este momento sin tiempo*, ella accedió a esta última petición y le administró LSD. Y, como la respuesta le pareció mínima, le administró, un par de horas más tarde, justo antes de su muerte, otros 100 µg. Aunque este acto sacramental pudo tener un significado personal tanto para Laura como para Aldous, que había escrito en su novela *La isla* sobre la «medicina moksha» administrada en coyunturas vitales críticas, este gesto final siempre me ha parecido similar a echar agua sobre alguien que está a punto de sumergirse en el océano. Para mí tiene mucho más sentido integrar una intervención terapéutica con psicodélicos durante la fase de cuidados paliativos (definidos como un pronóstico de, al menos, seis meses) u ofrecerla como opción a las personas cuando se les diagnostica por primera vez un cáncer u otra enfermedad potencialmente letal. Cuanto más tiempo disponga la persona para ser consciente de una realidad más amplia y pueda relacionarse más profundamente con sus seres queridos, al tiempo que disminuyen la ansiedad, la depresión y el dolor, tanto mejor.

La actitud hacia la muerte de nuestra sociedad está cambiando. Un ejemplo de ello nos lo proporciona el Agrace Hospice and Palliative Care de Madison (Wisconsin), donde muchas habitaciones se abren a patios privados para que, quien lo desee, pueda decidir no morir en una habitación de hospital, sino hacerlo a cielo abierto. Allí, quienes han cuidado de una persona pueden acompañar al cadáver, con la cabeza descubierta, en procesión por el pasillo hasta un coche fúnebre ubicado en la entrada principal del centro, en lugar de enviarlo con discreción por un ascensor en una bolsa cerrada, cuando nadie esté mirando, hasta el típico muelle de carga trasero. Cuanto más plenamente se acepte la muerte, ya sea en hospicios o en el domicilio particular, más oportunidades habrá para la comunicación genuina e incluso para la música y la risa. ¿Y si la muerte, después de todo, tan solo implica que alguien está «despertando»? Como muchos de los lectores sabrán, el término «Buda» significa «despierto», lo que parece indicar que quizás haya un buda potencial dentro de cada uno de nosotros.

Esto me recuerda una visita a Varanasi (conocida también como Benarés o Kashi), la más sagrada, para los hindúes, de todas las ciudades indias. Allí me detuve junto al Manikarnika Ghat, uno de los «*gaths* de cremación», esas escalinatas que descienden hasta el río sagrado Ganges en donde las cremaciones se suceden casi constantemente. Los hindúes creen en general que, si uno muere en Benarés, va directamente al cielo. Observé a unos parientes varones sentados en línea recta viendo arder un cadáver. La ceremonia comenzó sumergiendo el cadáver en el Ganges, untándolo cuidadosamente con *ghee* [una especie de mantequilla clarificada empleada en la cocina india] y sándalo, decorándolo con flores y envolviéndolo en telas de significado simbólico. Luego colocaron el cadáver sobre una pila de ramas y troncos calculados con esmero para proporcionar la intensidad y el tiempo de calor necesarios para completar la cremación. Luego, el hijo mayor, ataviado con el tradicional *dhoti* blanco, encendió una antorcha en el templo cercano en donde arde una llama eterna y la llevó a la pira funeraria y, después de dar cinco vueltas en el sentido de las agujas del reloj (simbolizando los elementos: tierra, aire, fuego, agua y éter), encendió la pira; a veces incluso, en el momento oportuno, puede coger una caña de bambú con la que aplastar el cráneo del difunto para asegurarse de que las llamas consuman también el cerebro.

Mientras yo presenciaba la celebración de este ritual –que la mayoría de los occidentales considerarían lúgubre y hasta grotesco–, unos adolescentes jugaban alegremente al críquet en el *gath* contiguo sin barrera alguna que les separase de la cremación. La aceptación de la muerte está tan arraigada en la India que dudo que nadie se hubiese molestado si la pelota de críquet hubiese caído sobre la pira. Después de unas tres o cuatro horas de incineración, las cenizas y los fragmentos de huesos restantes se vertieron en el Ganges y los familiares se alejaron sin mirar atrás. La muerte está tan integrada en la vida que no es extraño ver, en Benarés, el cuerpo del abuelo envuelto en una manta y atado en la baca de una furgoneta circulando por las estrechas callejuelas camino de la cremación. Resulta chocante comparar esto con lo que ocurre en el procedimiento funerario occidental. ¿Cuántas veces he estado junto a un cadáver colocado en un costoso ataúd en una funeraria estadounidense, con un velo de color de rosa y una lámpara enfocada en la cara para que parezca vivo mientras la gente que me rodea comenta incómodamente «qué buen aspecto tiene»? ¿Cuánto tiempo más debemos seguir empeñados en negar de este modo la muerte?

Me parecer importante, en las interacciones con enfermos terminales y sus familias, respetar sus sistemas de creencias o la falta de ellos. Si queremos ser útiles, debemos conectar con las personas en el lugar en que se encuentran y hablarles de un modo que les resulte comprensible y pueda servirles de apoyo. En este sentido, por ejemplo, no habría que hablar del mismo modo a quien no espera nada después de la muerte que a quien anticipa estados mentales infernales o celestiales o tiene la expectativa de encontrarse con sus antepasados. Como sucede en cualquier interacción humana, la comunicación sincera y sin prejuicios contribuye a aliviar la ansiedad, a facilitar la resolución de la culpa y de la ira y a alentar sentimientos de aceptación, perdón y, a veces, incluso de alegría. Es razonable suponer que, como lo que vaya a ocurrir después de la muerte ocurrirá independientemente de nuestras creencias o expectativas, lo que importa no es la aceptación de las ideas, sino la aceptación del amor, del amor humano y del amor divino.

Como sucede con cualquier relación verdadera, el proceso del *counseling* tiende a relajar también las tensiones musculares que a veces pueden llevar a exacerbar el dolor físico. El significado del dolor suele cambiar durante la terapia psicodélica, pasando de ser una amenaza de muerte ubicada en el foco central de la conciencia a una sensación ubicada en algún lugar de la periferia del campo de la conciencia. Después de una terapia eficaz, las relaciones, tanto con uno mismo como con los demás y con cualquier cosa que uno considere sagrada, han pasado a ser centrales. Son muchas las ocasiones que, en este sentido, he oído: «El dolor sigue ahí, pero ya no me molesta como antes».

Desde la perspectiva de la conciencia mística, el universo es tan inmenso que hay espacio para innumerables versiones de la vida inmortal. En Occidente tendemos a olvidar que muchos orientales dan por sentada la reencarnación con la misma falta de discernimiento con la que nosotros la descartamos. Y, en lo que se refiere a la inmortalidad e, independientemente del valor que ello pueda tener, no tengo la menor necesidad de contar con un enfoque que «sirva para todo el mundo». Quizá algunos de nosotros nos reencarnemos alguna que otra vez. Ian Stevenson, psiquiatra de la Universidad de Virginia, ha documentado casos bastante convincentes de ello para quienes estén abiertos a la posibilidad de una vida anterior y, a continuación, llevó a cabo una minuciosa labor detectivesca para tratar de corroborar detalladamente la información recopilada.

Quizá hasta quienes no esperan nada después de la muerte lleguen a experimentar que resulta demasiado aburrida o la reconocen como esa «nada que contiene toda la realidad» de la que habla el budismo. Tal vez algunos de nosotros, lo esperemos o no, nos encontremos con seres queridos y antepasados y con manifestaciones arquetípicas de la conciencia, como ángeles y demonios. La literatura de las experiencias cercanas a la muerte y los informes de quienes se han adentrado en los procesos físicos de la muerte y, luego, han resucitado contienen historias muy intrigantes para reflexionar que a veces se asemejan mucho a los informes de experiencias psicodélicas que hablan de atravesar túneles, encontrarse con seres visionarios y verse atraídos hacia reinos sagrados y luminosos. Independientemente, sin embargo, del contenido de lo que pueda ocurrir después de la muerte, debo informar de la observación tantas veces repetida de que, con la necesaria confianza, apertura y conexión interpersonal, la ansiedad se ve reemplazada por la curiosidad y la capacidad de aceptar con serenidad la vida tal como es.

Parte IV.
Aplicaciones presentes y futuras de los enteógenos

13. Las fronteras psicodélicas de la medicina

El empleo de enteógenos en psicoterapia

Son muchos los estudios publicados que sugieren la importancia del uso de sustancias psicodélicas para el tratamiento de numerosas enfermedades mentales. En manos de terapeutas hábiles que conozcan el arte de navegar por la mente humana y puedan establecer una relación sólida, los psicodélicos pueden convertirse en herramientas para intensificar, profundizar y acelerar considerablemente los procesos psicoterapéuticos de la curación. Con frecuencia se dice que unas pocas experiencias psicodélicas aisladas equivalen a varios años de tratamiento psicoterapéutico. Sería fácil descartar tales palabras como fruto del entusiasmo y la exageración irresponsables, de no ser porque algunas de ellas han sido pronunciadas por terapeutas profesionales y con una larga trayectoria en la práctica del tratamiento convencional.

Creo que ha llegado ya el momento de diseñar e implementar adecuadamente proyectos de investigación centrados en el empleo de psicodélicos para el tratamiento de personas que experimentan formas especiales de angustia. A la vista de todo lo que llevamos dicho, parece evidente que dicho tratamiento debe llevarse a cabo en el contexto de relaciones humanas sanas. Hay que desconfiar de la utilidad de limitarse a la simple prescripción de un enteógeno como si de una medicación se tratara. En el momento de escribir estas líneas, la investigación con psicodélicos actualmente en curso se centra en su utilidad para el tratamiento de las adicciones al alcohol, la heroína, la cocaína y la nicotina, estados de ansiedad y depresión y, en un caso, de personas altamente funcionales que padecen de síndrome de Asperger o de algún otro trastorno de espectro autista. Son muchas, como ya hemos dicho, las alternativas utilizadas para investigar el uso de sustancias psicodélicas en el campo de la psicoterapia que han caído dentro del campo de las terapias denominadas psicolíticas, psicodélicas y psicodelíticas y que actualmente se integran en enfoques terapéuticos cognitivo-conductuales y procedimientos destinados a aumentar la motivación. Es posible investigar distintas sustancias psicoactivas en dosis variables, en distintos entornos de tratamiento, variando la frecuencia y dosis de la administración del enteógeno, el tiempo individual y grupal destinado al proceso, la coordinación con procedimientos terapéuticos complementarios, la duración global del procedimiento y la posibilidad de seguimiento o repetición periódica del tratamiento.

Los resultados preliminares de un reciente estudio dirigido por Matthew Johnson y Albert García-Romeu en la Johns Hopkins que empleaba psilocibina y técnicas cognitivo-conductuales para el tratamiento de la adicción a la nicotina, por ejemplo, han sido muy prometedores. Un estudio piloto de 15 personas mental y físicamente sanas que habían fracasado una y otra vez en sus intentos de superar su adicción a la nicotina, fumando una media de diecinueve cigarrillos al día durante una media de treinta y un años, descubrió, seis meses después de una breve intervención de tratamiento que incluía un máximo de tres sesiones de psilocibina, una tasa de abstinencia del 8%. Esta investigación prosigue con un estudio controlado más amplio y, si estos resultados se mantienen, sus implicaciones para la salud pública serían sorprendentes. Según los Centros para el Control y la Prevención de Enfermedades (CDC), el tabaco es la causa principal de muerte evitable, a la que se atribuyen cinco millones de muertes al año en todo el mundo, de las que 480.000 tienen lugar en Estados Unidos. Esta es una frontera de gran importancia para mejorar la salud humana que está abierta de par en par al personal con formación médica interesado en entender mejor los factores que están demostrando ser eficaces y llegar incluso a mejorarlos.

De manera parecida, Michael Bogenschutz, resucitando prometedoras investigaciones anteriores que empleaban LSD o DPT para el tratamiento de personas que padecían de alcoholismo, ha llevado a cabo un estudio piloto con 10 voluntarios en la Universidad de Nuevo México que recibieron psilocibina en el contexto de apoyo interpersonal y terapia de estímulo de la motivación. Esta investigación ha puesto de relieve que las experiencias –a menudo místicas– que tuvieron lugar durante la acción de la psilocibina eran un claro predictor de la reducción del consumo de alcohol y ansiedad una semana después de la administración de psilocibina, logros que se mantuvieron cuando los pacientes se vieron entrevistados y evaluados seis meses después del tratamiento. Y, como sucedió con los voluntarios que luchaban contra la adicción a la nicotina, tampoco se observaron efectos adversos significativos relacionados con el tratamiento. Actualmente se está llevando a cabo en la Universidad de Nueva York un estudio controlado de mayor envergadura dirigido por Stephen Ross y sus colegas sobre la eficacia de la psilocibina para el tratamiento del alcoholismo en un centro en rápida expansión destinado al tratamiento de adicciones.

Los resultados de los proyectos de investigación que emplean psicoterapia asistida por drogas psicodélicas para el tratamiento de pacientes con cáncer que sufren de depresión, ansiedad, aislamiento interpersonal y dolor, tanto en los años 60 como a comienzos de los 70 y ahora que se ha reanudado la investigación, han informado de una reducción significativa del malestar psicológico y físico de muchos de los participantes. Pero no hay que entender este esperanzador hallazgo como una respuesta estrictamente farmacológica como la que suele acompañar a la toma regular de un antidepresivo o de un tranquilizante, sino más bien como la respuesta duradera a una o, como mucho, tres incursiones en el interior de la conciencia y al vívido recuerdo de esas experiencias. También hay que decir que, aunque la mayoría de los proyectos de investigación actuales con voluntarios normales descarten a los solicitantes con antecedentes de episodios de depresión grave, la investigación actual avisa de que recibe regularmente el testimonio de personas que afirman que bastó con una sola experiencia enteogénica para sacarles de una profunda depresión y acabar con el asedio de pensamientos suicidas. En la actualidad, investigadores del Imperial College de Londres están empezando a investigar la eficacia de los psicodélicos para el tratamiento de la depresión teniendo en cuenta parámetros bioquímicos y de neuroimagen, así como datos clínicos, un tipo de investigación, por otra parte, muy fácil de replicar y profundizar.

Otra prometedora área de investigación –muy poco estudiada hasta la fecha– consiste en el empleo de enteógenos para el tratamiento de personas con trastornos sociopáticos de la personalidad. Estas personas, ya sea debido a una predisposición genética, a traumas o negligencias acaecidas durante la infancia o a falta de oportunidades y estructuras inadecuadas durante sus años de formación, suelen tener dificultades para establecer relaciones significativas y experimentar, en consecuencia, sentimientos concomitantes de responsabilidad, cuidado, culpa y remordimiento. A medida que su vida avanza, muchas de estas personas acaban arrestadas por transgredir las normas morales o legales de la sociedad y pasan años siendo mínimamente productivas ocupando una celda. En 2014, un grupo de investigación y defensa de la justicia penal llamado Prison Policy Initiative publicó un informe en el que estimaba que cerca de 2,4 millones de personas permanecen de continuo encarceladas en los Estados Unidos, sin contar a los que se ven encerrados y puestos de inmediato en libertad. Esta situación, que carece de parangón en el mundo, necesita, al tiempo que alienta, una industria de construcción, dotación de personal y mantenimiento de prisiones, así como de personal jurídico y tribunales. Para quienes caminamos libremente por la calle resulta aplicable aquello de «ojos que no ven, corazón que no siente». Cada vez que he entrado en una prisión para visitar a alguien, mi habitual complacencia ha experimentado una brusca sacudida. Bien podríamos considerar el mundo de las prisiones, de paredes inhóspitas habitualmente pintadas de rosa, de ruidos de altos decibelios, de falta de respeto, intimidación, miedo y desesperación, como un ejemplo claro de infierno en la Tierra.

Son muchas las personas que comparten la creencia de que una sociedad que realmente se preocupara por todos sus ciudadanos debería abordar este problema de forma más creativa. Después de todo, hemos sido capaces, si decidimos que se trata de una prioridad nacional, de llevar a un ser humano a la superficie de la Luna y traerlo de nuevo a la Tierra. Entre las intervenciones posiblemente merecedoras de una financiación y exploración seria se encuentra la psicoterapia asistida por el uso de sustancias psicodélicas. ¿Por qué dar drogas a los presos? Dicho en pocas palabras, porque el contexto proporcionado por relaciones sanas con personal cualificado contribuiría positivamente al desarrollo gradual de una confianza necesaria para provocar experiencias psicodinámicas y místicas positivas. De ese modo, las personas traumatizadas y desatendidas podrían establecer vínculos significativos, experimentar un «reparentaje» y curarse. La conciencia mística y su vívido recuerdo favorecen el conocimiento del amor y la pertenencia a la familia humana que bien podría facilitar cambios en la imagen y el perdón de uno mismo y de los demás y la creación de un código ético personal. Este nuevo conocimiento requeriría también la integración y el refuerzo en el contexto de una terapia de grupo, un empleo constructivo y una vivienda digna.

La literatura científica habla también de los resultados de un estudio dirigido por Timothy Leary, Ralph Metzner y sus colegas de la Universidad de Harvard en el que, entre los años 1961 y 1963, administraron psilocibina a 34 reclusos de la prisión de Concord (Massachusetts) que parecieron muy prometedores. Lamentablemente, debido quizás al diseño experimental y a la falta de un adecuado seguimiento, los resultados no demostraron ser, en términos de reincidencia, muy duraderos. En esa misma época se publicó un estudio de B. Tenenbaum sobre el tratamiento de 10 delincuentes sexuales encarcelados en el Atascadero State Hospital (California) y otro estudio dirigido por G.W. Arendsen-Hein que administró una serie de sesiones de LSD a 21 delincuentes crónicos en los Países Bajos, ambos con resultados igualmente prometedores. Y, aunque ninguna sustancia psicodélica sea una «varita mágica» que cure de manera permanente una enfermedad como lo hace tomar un comprimido de aspirina con el dolor de cabeza, el uso prudente de estas sustancias puede propiciar el desarrollo personal y espiritual necesario para modificar significativamente las actitudes y la conducta, sobre todo cuando se combina con servicios de apoyo bien financiados.

La evaluación de los proyectos que han empleado sustancias psicodélicas para el tratamiento médico parece que ha tendido a concluir que, si los milagros duraderos no se producen fácilmente, estas sustancias carecen de valor. En este sentido, sin embargo, nos parece necesario y apropiado asumir un enfoque más adecuado al respecto. Repitamos una vez más que lo que promueve la curación y favorece la maduración personal y espiritual no es la simple administración de la sustancia psicodélica, sino los estados discretos de conciencia facilitados y experimentados durante el lapso de acción del enteógeno y su posterior recuerdo e integración.

Avances en la comprensión de los procesos de sanación

Algunos desarrollos recientes de la teoría y práctica psicoanalítica pueden adaptarse perfectamente al uso responsable de los enteógenos. Wilfred Bion, psicoanalista británico que vivió desde 1897 hasta 1979, citaba a menudo, por ejemplo, la expresión «infinito oscuro e informe» de *El paraíso perdido* de John Milton y se refería con el término «O» a la Realidad Última o Dios. Aunque se le suele considerar un «místico secular», reconocía la sacralidad y el misterio de la conciencia humana sin devaluarla.

Como se afirma en el libro erudito y perspicaz recientemente publicado por Scott Hill, Carl Jung tenía también un profundo respeto por lo que él llamaba «la función trascendente» y llamaba la atención sobre el inconsciente colectivo, el reino organizado de los arquetipos descubiertos en la conciencia humana que parece intrínseco a nuestro ser y es completamente independiente de los complejos que desarrollamos en nuestra primera infancia. Aunque Bion y Jung han fallecido y no pueden participar en la investigación psicodélica actual, ahora se abre la puerta para que los teóricos y clínicos psicoanalíticos sigan explorando, con la ayuda de los enteógenos, las profundidades de la conciencia y los procesos de curación. Como sucede con el estudio de la literatura mística, es posible ir más allá del análisis de los escritos de los principales teóricos del psicoanálisis y explorar de forma empírica las profundidades de la mente. La imagen del vidente apuntando a la Luna resulta, en este sentido, muy pertinente: en lugar de estudiar el dedo del vidente, el verdadero discípulo debe mirar en la dirección señalada por el dedo, realizar sus propios descubrimientos, consultar con colegas, diseñar proyectos de investigación, esbozar hipótesis y extraer conclusiones novedosas.

Si nos tomamos en serio la visión que nos proporciona la cumbre de la conciencia mística y aceptamos la realidad fundamental de la dimensión eterna de la mente, quizás cambie el modo en que entendemos el papel que, en la curación, desempeña el terapeuta (ya sea psiquiatra, psicólogo, trabajador social, enfermero psiquiátrico, consejero pastoral o chamán). Si la fuerza curativa última es esa energía llamada amor que, procedente de las dimensiones sagradas de la conciencia, se derrama en el tiempo, el sanador es un canal o un facilitador. En lugar de llevar a cabo ingeniosos procedimientos y técnicas, por más inteligentes y complejas que sean las elaboraciones teóricas en las que se apoyan, cabe entender que la tarea principal del sanador consiste en dejar a un lado el ego y permanecer completamente presente, como si su función se limitase a enfocar un rayo de luz procedente del más allá. Clark Martin, un psicólogo que ha hablado sin ambages de su historia personal previa de ansiedad asociada al cáncer, ha escrito recientemente que, basándose en sus experiencias como voluntario de investigación hace ya varios años en la Johns Hopkins, considera que, para el tratamiento eficaz de la salud mental, la «presencia» del terapeuta es más importante que la «empatía», en parte porque no depende del lenguaje. Una de las expresiones de esta adaptación teórica ha sido la de complementar sus servicios clínicos con la enseñanza de mindfulness.

El proceso de curación facilitado por las experiencias con MDA, por ejemplo, se ha visto simbolizado por la luz que penetraba a través de un vitral proporcionando una claridad, una calidez y una aceptación incondicional. Si consideramos el vitral como una metáfora del terapeuta, la singularidad de su vida personal serían los pigmentos que refractan y tiñen la energía procedente de la luz eterna. Y es que, por más que uno pueda apreciar el arte del terapeuta, es muy posible que su ser importe más que las palabras que pronuncia, las acciones que realiza o los conceptos a los que apela para explicar lo que ocurre. Desde la perspectiva proporcionada por esta metáfora, el terapeuta ideal y plenamente iluminado es «transparente a la trascendencia», aunque, en realidad, los terapeutas presentan diferentes grados de transparencia en diferentes días y esperan no estar tan preocupados por el contenido de sus agendas y sus cuestiones personales como para tornarse opacos.

Si utilizamos la palabra «Dios» para referirnos a este amor último que se halla en el fondo de nuestro ser, cabe decir que Dios opera, en el proceso de curación, a través de seres humanos imperfectos –a menudo llamados sanadores heridos– y que es Él quien hace «lo que realmente importa». También es importante reconocer que ese amor se manifiesta del mismo modo en el paciente y que, a través de él, se dirige al terapeuta, quien puede recibirlo y reconocerlo adecuadamente. Aunque los conceptos psicoanalíticos de transferencia y contratransferencia puedan referirse a estadios y distorsiones distintos en este proceso, también debemos reconocer la autenticidad de «la relación real», de la que habla el psicólogo existencial-humanista James Bugental, que pueda estar estableciéndose. Y esto es algo que no solo se aplica a la psicoterapia, sino a todo tipo de relación interpersonal verdaderamente útil, al margen de que lo llamemos dirección espiritual, *coaching* o simplemente relación humana.

El renacimiento del interés por las sustancias psicodélicas y el modo en que las han empleado los chamanes o curanderos indígenas aumenta asimismo el interés por descubrir la forma de sintetizar las moléculas de ciertas sustancias vegetales e incorporarlas a los medicamentos del futuro. Cada vez resulta más clara la arrogancia implícita en el trato despectivo con el que la medicina alopática occidental suele descartar a los chamanes como «hechiceros» primitivos despojados de los brillantes conocimientos de la ciencia. Y cada vez es más evidente que algunos de ellos poseen conocimientos valiosos que podrían compartir con nosotros, no solo sobre hierbas y brebajes exóticos, sino también sobre técnicas de navegación por la conciencia y la interconexión espiritual que a todos nos une. El intercambio respetuoso de conocimientos y visiones del mundo con los curanderos profesionales, ya sean de Brasil, el Tíbet, Gabón, Estados Unidos o cualquier otro lugar, podría resultar, en este sentido, muy provechoso para todos.

Investigación de la correlación existente entre la actividad cerebral y la conciencia

Las sustancias psicodélicas parecen ser herramientas muy prometedoras en el floreciente campo de la neurociencia cognitiva. En este sentido, debemos decir que están realizándose estudios en los que experimentados «psiconautas» familiarizados con diferentes estados alternativos de conciencia y que dominan las habilidades básicas para navegar por estos mundos interiores participan en proyectos de investigación en los que se acuestan en escáneres de Tomografía por Emisión de Positrones (PET) o en ruidosas máquinas de Resonancia Magnética funcional (fMRI) permitiendo que se recojan muestras de fluidos corporales, se monitoricen determinados parámetros fisiológicos y se escanee su actividad cerebral. Y, en el caso de que esos experimentados exploradores de la conciencia accedan a participar como voluntarios en este tipo de experimentos, debemos asegurarnos de establecer y mantener, en un entorno de investigación cordial y seguro, una relación interpersonal amable con los investigadores.

Así es como los científicos pueden estudiar la correlación que existe entre el flujo sanguíneo en determinadas áreas del cerebro de sus voluntarios (una variable que se supone que indica la intensidad de la activación), los cambios químicos presentes en sus muestras de sangre y los datos relativos a los estados internos de conciencia registrados y a las respuestas conductuales a diferentes estímulos. Pero, como este tipo de investigación todavía se halla en un estadio relativamente temprano del desarrollo, los informes de las revistas profesionales no reflejan tanto la conciencia de una increíble diversidad de estados psicodélicos, sino que se refieren globalmente a todos ellos como «estado psicodélico», e incluso hay ocasiones en las que parecen asumir de manera incuestionable la creencia de que la conciencia es un mero producto de la actividad cerebral, una suposición que muchos de los que han explorado de primera mano estos estados alternativos consideran tan inadecuada como innecesariamente reduccionista.

Algunos de los recientes estudios más interesantes de este tipo se han llevado a cabo en el Imperial College de Londres dirigidos por David Nutt y sus colegas (entre los cuales cabe destacar a Robin Carhart-Harris y David Erritzoe); en el hospital universitario de Zúrich bajo la dirección de Franz Vollenweider, y en la Escuela de Medicina de la Johns Hopkins School de Baltimore dirigidos por Roland Griffiths, Matthew Johnson y Frederick Barrett. En un reciente estudio bien diseñado y controlado con placebo dirigido por Rainer Kraehenmann y sus colegas de la Universidad de Zúrich, por ejemplo, se registró el fMRI de 25 jóvenes sanos sometidos a la acción de una dosis baja de psilocibina, la mayoría de los cuales no tenían la menor experiencia previa con enteógenos. Los resultados de estas investigaciones pusieron de relieve una reducción, en los sujetos estudiados, de la reactividad en la amígdala, una estructura clave en los circuitos serotoninérgicos de procesamiento de emociones, y sugirieron la necesidad de llevar a cabo investigaciones posteriores con la intención de respaldar la eficacia de la psilocibina en el tratamiento de la depresión clínica.

Pese a los apasionantes e importantes avances realizados al respecto en el campo de la neurociencia, lo cierto es que seguimos sin saber lo que somos. Los filósofos y algunos científicos llevan siglos debatiendo sobre el problema mente-cuerpo sin haber llegado todavía a ninguna conclusión clara. No cabe la menor duda de que nuestros cerebros están implicados en el modo en que experimentamos los complejos contenidos cognitivos, emocionales y volitivos de nuestra mente, de un modo quizás parecido a la forma en que un televisor capta y procesa los programas que recibe, aunque, como ya hemos dicho, ello no implique ningún tipo de causalidad. También hemos dicho que las mejores respuestas a este enigma que, en este momento, se nos ocurren podrían ser formuladas por físicos teóricos que están empezando a desentrañar los misterios inherentes a la materia. Sea como fuere, sin embargo, la investigación de esta frontera de la medicina podría proporcionarnos una visión más exacta del funcionamiento del cerebro, proporcionarnos pistas que nos ayudasen a desarrollar nuevos medicamentos y descubrir formas más adecuadas de navegar a través de los distintos estados de conciencia, tanto de los que más anhelamos como de aquellos otros que queremos minimizar o evitar (como las depresiones, las obsesiones y las compulsiones crónicas).

Los enteógenos y la formación de los profesionales de la salud mental

Son muchos los programas de formación para profesionales de la salud mental que exigen que el terapeuta se haya sometido a cierta cantidad de psicoterapia personal no solo para aumentar su salud, sino también para aprender, de ese modo, algo sobre el funcionamiento de la mente. Hay quienes afirman que este aprendizaje experiencial podría mejorar de forma significativa participando, cuando se obtenga la autorización legal necesaria para llevar a cabo este tipo de iniciativas educativas, en algunas sesiones psicodélicas bien estructuradas. Del mismo modo que leer un libro sobre París, aunque sea en francés, es muy distinto a pasear por sus calles, sentarse en la terraza de un café, hablar con sus habitantes y aventurarse en la catedral de Notre Dame, el Palacio de Congresos o en la hermosa capilla gótica de la Sainte Chapelle, es mucha también la diferencia que existe entre leer un libro sobre la mente y explorarla en profundidad.

Ese tipo de exploración no solo aumentaría nuestro conocimiento acerca de las diferentes regiones de la mente, con la correspondiente mejora de la empatía y eficacia del profesional para trabajar con sus futuros pacientes, sino que probablemente también aumentaría su sensibilidad a factores tales como la confianza, la honestidad, el valor y la franqueza. La experiencia puede ayudarnos asimismo a entender cómo se generan el pánico y la paranoia y de qué manera podemos enfrentarnos eficazmente, cuando se presenten, a esos estados de ansiedad. También es posible que este tipo de experiencia contribuya al desarrollo de una mayor sensibilidad a esos momentos en los que la consideración positiva incondicional debe ir acompañada de una estructura y unos límites bien definidos. Lo más importante, sin embargo, es que el conocimiento experiencial de los estados visionarios y místicos puede alentar en los profesionales un mayor respeto por la dimensión sagrada del paciente que solicita su ayuda, por las fuerzas creativas e integradoras que actúan en todos nosotros y por el milagro, en suma, de la vida misma.

Cuando finalmente contemos con programas para formar y acreditar la adecuación de los profesionales en el arte y la ciencia del empleo terapéutico de las sustancias psicodélicas, contaremos también con profesionales cualificados para emplear con sensatez sustancias enteógenas en su clínica o consulta privada. La Asociación Multidisciplinar de Estudios Psicodélicos (MAPS), el Instituto de Estudios Integrales de California (CIIS) y la Universidad de Nueva

York están desarrollando este tipo de planes de estudios y programas de formación. Muchos profesionales de la salud mental estaban empleando sustancias psicodélicas en su práctica profesional antes de que las drogas fueran declaradas ilegales y hay curanderos y chamanes en otras culturas que las han utilizado y siguen utilizándolas desde hace siglos.

Los efectos estrictamente bioquímicos de los enteógenos

Conviene señalar también que, aunque este libro haga hincapié en la dimensión experiencial del efecto de las sustancias psicodélicas, hay factores puramente bioquímicos que pueden ser muy importantes. Andrew Sewell, John Halpern y Harrison Pope, por ejemplo, han observado que las dosis muy bajas de psilocibina alivian el dolor insoportable de las cefaleas en racimo (cefaleas cluster), una aplicación que hoy está poniendo a punto una organización llamada Clusterbusters. También están estudiándose los efectos de una nueva droga, llamada bromopsilocibina, inicialmente sintetizada por Albert Hofmann que, aun sin tener efectos notables sobre la conciencia, parece ayudar a muchas personas que padecen de dolor de cabeza. Por su parte, Francisco Moreno y sus colegas han informado de los prometedores resultados de la administración de una dosis baja de psilocibina a personas que padecen de un trastorno obsesivo-compulsivo.

Asimismo cabe señalar la existencia de personas que han sugerido que tomar con frecuencia una dosis subumbral (es decir, una dosis muy baja) de una sustancia psicodélica con una frecuencia incluso diaria –como si de una cápsula de vitaminas se tratara– puede aumentar tanto la creatividad como la eficacia del funcionamiento psicológico de algunas personas. Y, aunque se ha sugerido que este quizás no sea más que un efecto meramente bioquímico, es posible que, en el caso de funcionar, lo haga mejor durante periodos de tiempo limitados en personas que estén psicológicamente bien integradas. No tengo la menor duda de que la bioquímica implicada en la salud mental y la creatividad es muy compleja, pero también estoy convencido de que la idea básica subyacente quizás no sea tan descabellada como, en principio, pudiera parecer. Este no es más que uno de los muchos tipos de proyectos de investigación relativamente sencillos y directos que esperan ser investigados a fondo.

El uso religioso de los enteógenos y la conducta adictiva

Parece haber poco abuso del alcohol y de las drogas en las comunidades religiosas que valoran y emplean los enteógenos a modo de sacramentos. Además, se ha afirmado que algunos miembros de dichas comunidades con antecedentes de alcoholismo u otras adicciones encuentran útil la administración frecuente de un sacramento enteógeno para mantenerse limpios de la dependencia del alcohol y las drogas. John Halpern y sus colegas asociados con la Escuela de Medicina de Harvard entrevistaron, por ejemplo, a 32 miembros estadounidenses de la religión del Santo Daime que habían recibido ayahuasca en sus servicios religiosos semanales. Veinticuatro de las personas entrevistadas tenían antecedentes de dependencia del alcohol u otras drogas y 22 de ellas se hallaban en franca remisión. Afirmaciones similares han hecho miembros de la Iglesia Nativa Americana en el contexto del uso sacramental del peyote. Estas prometedoras afirmaciones invitan claramente a llevar a cabo proyectos de investigación serios y bien diseñados que, aunque deberían haberse realizado hace tiempo, es de esperar que no tarden en implementarse.

La comunidad científica suele contemplar con suspicacia los testimonios de personas que afirman haberse beneficiado de un modo casi milagroso del uso de los enteógenos. Recientemente se puso en contacto conmigo un hombre con un historial de dos décadas de adicción a la metanfetamina y al *crack* de cocaína que afirmó haber participado en diez programas de rehabilitación hospitalaria de drogodependientes, además de haber ingresado en centros de tratamiento ambulatorio de drogodependientes y en grupos de apoyo de Alcohólicos Anónimos… y de haber fracasado en todos esos intentos. También reconoció una adicción de veinte años al tabaco, a la que calificó como «la más fuerte de todas las adicciones que jamás haya experimentado». La causante de la recuperación gradual del control de sus adicciones fue, en su opinión, una experiencia mística propiciada por la psilocibina, unida al consumo de cannabis, y ahora afirma llevar seis años sin consumir metanfetamina, cocaína ni nicotina y libre de los tortuosos antojos a los que tiempo atrás se hallaba sometido. Para ese hombre, la psilocibina no solo ha sido fundamental para su recuperación, sino también para su vida religiosa actual y le gustaría poder tomar legalmente a diario su sacramento de psilocibina en dosis bajas.

Otro testimonio no solicitado nos ha llegado de un hombre de cerca de cincuenta años que atribuye al uso de la ayahuasca, unas tres veces al mes, y a su acercamiento y posterior pertenencia a la religión del Santo Daime y su asistencia a Alcohólicos Anónimos, seis años de recuperación exitosa de la multidependencia a la que anteriormente se hallaba sometido. Este fue el informe que, al respecto, elaboró:

> Pasé buena parte de mi vida como alcohólico crónico de la variedad desesperanzada. También mantuve una dependencia casi ininterrumpida de un par de décadas de opiáceos (sobre todo heroína y Oxycontin) y benzodiacepinas. Esa dieta incluía también un gran apetito –aunque intermitente– de cocaína (de administración fundamentalmente intravenosa). También consumí, a lo largo de los años, una cantidad importante de anfetaminas en diversas formas, aunque en menor medida que las sustancias que acabo de mencionar. Después de más de veinte años de auténtica adicción, mi vida era un lamentable puñado de sueños rotos. Tenía las venas obstruidas, me faltaban dientes, había estado en la cárcel en varias ocasiones, había pasado por centros de tratamiento, me había inscrito en clínicas de desintoxicación con metadona, padecía de hepatitis C, no tenía trabajo, novia ni vida. Desde cualquier punto de vista, era una persona completamente desesperada…
>
> Las ceremonias [con ayahuasca] me proporcionaron una visión general de mi vida. Me mostraron mis fortalezas y mis debilidades. Reconocí mis bondades, pero también mi narcisismo, mi egocentrismo, mi resentimiento y mi inseguridad.
>
> Pero lo más importante de todo es que me proporcionaron una imagen muy clara de lo que podía llegar a ser si entregaba mi corazón y mi vida a Dios y Su creación. El inventario del cuarto paso de AA y la confesión del quinto paso, serios escollos para muchos, los atravesé casi sin esfuerzo gracias a las ceremonias de ayahuasca. Me convertí en una persona sincera conmigo y me entregué por completo

al proceso sin reservas de ningún tipo. Atravesé rápidamente el resto de los pasos y llegué al decimosegundo y su preciado despertar a su debido tiempo… aunque, en realidad, no hay «llegada», porque el viaje prosigue, día tras día, a lo largo de toda la vida.

La sobrecogedora belleza de mis visiones, unida al amoroso abrazo del Espíritu de Dios (en sus aspectos materno, paterno y fraterno), enjugaron mis lágrimas, calmaron mi dolor y me permitieron creer que todo iría bien. Las palabras se quedan muy cortas para llegar a expresar el Amor y la aceptación que, desde entonces, sigo experimentando.

Este tipo de afirmaciones nos invitan a diseñar nuevas investigaciones piloto para ver si estas historias reflejan respuestas atípicas o proporcionan pistas sobre enfoques de tratamiento nuevos y quizá excepcionalmente eficaces que podrían reducir de forma significativa el sufrimiento de tantas personas que siguen luchando contra adicciones graves y, en ocasiones, letales.

14. Las fronteras psicodélicas de la educación

No cabe la menor duda de la importancia del conocimiento proporcionado por los intensos y profundos estados de conciencia facilitados por las sustancias psicodélicas. Es mucha la diferencia que existe entre las comprensiones e intuiciones procedentes de estos dominios experienciales de la mente y las proporcionadas por las imágenes a menudo absurdas provocadas por dosis bajas y distorsionadas por la resistencia personal. Es posible, en tales casos, obtener conocimiento de niveles muy diferentes, desde percepciones espirituales relativas a la naturaleza de la mente y su relación con los demás y con el cosmos hasta una mejor comprensión de su dinámica y del modo más adecuado de navegar con seguridad por ella, pasando por una mayor comprensión de las fuerzas formativas a las que nos vimos expuestos en nuestra infancia y del modo de resolver las tensiones psicológicas, así como también de comprensiones relativas a diferentes disciplinas académicas.

Kenneth Tupper fue uno de los primeros en subrayar la gran importancia que tienen los enteógenos en el campo de la educación. Ha escrito sobre la «inteligencia existencial» e incluso ha sugerido la posibilidad de esbozar un programa para adolescentes que, en contraposición con el programa «Outward Bound» (red internacional de organizaciones de educación al aire libre), podría llamarse «Inward Bound». En palabras de Tupper:

> El desarrollo de la capacidad imaginativa de reflexionar sobre el lugar que, a cada uno de nosotros, nos corresponde en el cosmos, de la sensibilidad ante el asombro y la maravilla y de la conciencia de la mente y del cuerpo parece recibir hoy en día una escasa atención en el entorno educativo en donde administradores, profesores y alumnos siguen centrando su interés en el resultado de los exámenes y el pensamiento instrumental. Y esto resulta especialmente evidente durante los últimos años de la educación obligatoria, cuando muchos estudiantes adolescentes parecen haber agotado ya la insaciable curiosidad que tenían de niños y han acabado hastiados y aburridos. El afán juvenil por descubrir, aprender e imaginar está viéndose reemplazado, con demasiada frecuencia, por el simple deseo de consumir irreflexivamente entretenimiento y bienes materiales.

En este capítulo centraremos nuestra atención en las implicaciones que tienen los enteógenos para la creatividad y mejora de la comprensión en los campos de las humanidades y las ciencias naturales y sociales que ilustraremos con algunos ejemplos relativamente aleatorios.

Filosofía

Muchos lectores conocerán la alegoría de la caverna de Platón. Tal como la presenta en un diálogo de *La república* entre su hermano Glaucón y Sócrates, en esa caverna hay unos prisioneros encadenados, desde el momento de su nacimiento, que no pueden mirar atrás y se ven condenados a ver tan solo sombras en movimiento proyectadas en una pared a las que toman por la misma realidad. Las sombras son creadas por personas ocultas tras un muro que mueven, por encima de sus cabezas, réplicas de objetos como árboles, caballos y figuras humanas (derivados del «mundo real»), de espaldas a un fuego que ilumina el interior de la cueva. Sin conocer la existencia de los titiriteros, el fuego, el sol y la vida en el exterior de la cueva, esas sombras configuran la única realidad de los prisioneros, que han creado palabras para referirse a cada una de las sombras y juegan entre ellos a predecir el orden en que van a presentarse. Y, como el color verde ni siquiera existe, los árboles son, para ellos, obviamente, grises.

Pero, un buen día, un prisionero logra liberarse de sus cadenas, se da la vuelta, camina cuesta arriba, descubre el fuego y a los titiriteros y, después de superar el desconcierto y reticencias iniciales, sale al exterior, se adapta primero a la luna y luego al sol y acaba convirtiéndose en un filósofo rey. Cuando regresa, sin embargo, a la cueva y trata de compartir su descubrimiento con sus compañeros de prisión, se ve ridiculizado porque sus descabelladas ideas se encuentran más allá de la concepción de la realidad que han aprendido y en la que se sienten cómodos y concluyen que la luz ha dañado los ojos de su compañero y no puede ver bien, razón por la cual desaprueban unánimemente la salida de la cueva de alguien más. Así es como el destino del rey filósofo acaba limitándose a vivir con sus compañeros en el interior de la cueva tratando de despertarlos gradualmente a una realidad mayor.

La comprensión de esta alegoría resulta muy sencilla para cualquiera que haya experimentado la conciencia mística. Platón murió en torno al año 348 a.c., pero las ideas que trató de expresar son esencialmente las mismas que hoy en día tratan de explicar muchas de las personas que han experimentado formas místicas de conciencia. El mundo de las formas de Platón y el reino de los arquetipos que se encuentran fuera de la caverna y se consideran más reales que las percepciones de la existencia cotidiana son «lugares» que el místico ha visitado y recuerda vívidamente. Bien podríamos decir que ha «estado allí», como si hubiera viajado a Machu Picchu o a la gran pirámide de Guiza y que, en consecuencia, ha adquirido un conocimiento experiencial indeleble.

Los eruditos platónicos no solo entienden las ideas y escritos de Platón, sino que también comprenden el probable origen de su visión del mundo. La idea de que Platón perteneciese a la religión mistérica eleusina, en la que los participantes tomaban un brebaje psicodélico llamado *kykeon*, tiene mucho sentido, aunque también es concebible que se tratase de un místico natural cuya bioquímica innata bastara para provocarle experiencias místicas sin necesidad de recurrir a ningún enteógeno. Hoy en día, sin embargo, las sustancias psicodélicas no solo pueden ayudar a los eruditos a estudiar los escritos de Platón en griego clásico en los silenciosos cubículos de las bibliotecas, sino que también pueden permitirles acceder a los estados de conciencia que inspiraron sus escritos y corroborar por sí mismos su naturaleza y veracidad. Aun en el caso de que Alfred North Whitehead tuviese razón al afirmar que la mayor parte de la filosofía occidental desde Platón no han sido más que «notas a pie de página de Platón», la importancia de este conocimiento resulta indiscutible para cualquier estudiante serio de la disciplina. ¿Qué pasaría si las universidades ofrecieran un seminario experimental llamado, por ejemplo, Filosofía 599, que permitiese a los estudiantes cualificados recibir legalmente una sustancia psicodélica en un contexto que proporcionase con toda seguridad una preparación cualificada? Es probable que no todos los alumnos del seminario experimentarían, en sus primeras sesiones, la conciencia mística descrita por Platón. Algunos descubrirían estados alternativos de pensamiento y percepción que les ayudarían a entender la visión de otros filósofos, pero lo más probable es que los debates posteriores en clase serían apasionantes.

Música

La energía que se manifiesta en forma de sonido es una parte integral de los estados alternativos de conciencia. Uno de los nombres hindúes del Creador es Nada Brahma, el Dios del Sonido. En la antigua Grecia, los pitagóricos, que destacaban por su comprensión de las matemáticas, también escribieron sobre «la música de las esferas». No tenemos forma de saber si, en torno al 500 a.C., Pitágoras de Samos ingirió sustancias enteogénicas o fue un místico natural que descubrió esos dominios por otras vías. No es infrecuente que, en un entorno relativamente silencioso, la persona que se halla en un estado alternativo de conciencia afirme oír música. El místico sufí Hazrat Inayat Khan enseñaba que, en última instancia, el universo está compuesto por vibraciones que él consideraba música. Su devoción era tal que creía haberse convertido en música: «Toqué la vina hasta que mi corazón se convirtió en un instrumento. Luego ofrecí este instrumento al Músico divino, el único músico verdadero. Desde entonces me he convertido en flauta y, cuando él quiere, toca su música. Y, por más que la gente me la atribuya, esta música no es mía, sino del Músico que la interpreta».

También son habituales, después de escuchar música durante la acción de los enteógenos, las afirmaciones del tipo «me he convertido en la música», «he entrado en la mente del compositor» o «he escuchado la verdad eterna que el compositor pretendía expresar». La música suele entenderse como una modalidad no verbal de lenguaje que trata de explicar –consiguiéndolo en numerosas ocasiones– los procesos más profundos y las verdades últimas de la conciencia humana. Esto se ve muy bien ilustrado por las armonías ricamente expresivas de una sinfonía de Brahms, por ejemplo, y también por las progresiones de acordes, a menudo disonantes, que suben y bajan hasta alcanzar, por fin, un clímax. Y, como bien saben los amantes de la música clásica, esto guarda un profundo paralelismo con las alegrías y tristezas de la existencia humana, formas musicales que reflejan nuestros anhelos más profundos y nuestras intuiciones más sagradas.

No es difícil entender, por tanto, la diferencia, claramente establecida por muchos musicólogos, intérpretes y compositores, entre escuchar de manera objetiva la música desde una distancia crítica con las categorías de la mente racional y del lenguaje y «fundirse con ella». Esta última experiencia bien podría mejorar la capacidad de captar «lo que el compositor trataba de decir» y movilizar también la capacidad de convertir las profundidades del propio ser en una nueva composición. Escuchar, por ejemplo, una grabación como los arreglos de Leopold Stokowski de «Ven, dulce muerte» de J.S. Bach con la conciencia expandida que proporciona un enteógeno puede permitir una valoración profunda del arte de Stokowski al interpretar la música, captar el potencial expresivo de los distintos integrantes de la orquesta y hasta el genio del propio Bach y evocar, en quienes escuchan la música desde el mundo del tiempo, el asombro por la belleza trascendental que emana tiernamente de los reinos eternos de la conciencia. Hay quienes llaman «lenguaje de los dioses» a la música que consideramos «grande», es decir, a la música clásica, coral o sinfónica. Existen estados alternativos de conciencia en los que intuitivamente se percibe que la música refleja y expresa una verdad espiritual que trasciende el umbral en el que las palabras vacilan y acaban enmudeciendo.

A menudo nos maravillamos ante el genio de la música y nos preguntamos, por ejemplo, cómo pudo Beethoven, estando sordo, componer y dirigir su triunfal *Novena sinfonía*, o cómo Handel escribió su oratorio, *El Mesías*, en solo veinticuatro días. El exquisito patetismo y la gloria exultante del *Réquiem alemán* de Brahms, la magnificencia de la *Misa en si menor* de J.S. Bach o los anhelos trascendentales y el clímax etéreo del *Adagio para cuerdas* de Samuel Barber (conocido popularmente como «tema de *Platoon*») son reconocidos de manera intuitiva por muchos oyentes como muy espirituales. En los últimos tiempos, tenemos composiciones maravillosas, a menudo consideradas místicas, de compositores como Olivier Messiaen, Henryk Górecki y Arvo Pärt. Messiaen, por ejemplo, citó el canto hindú y el canto de los pájaros entre las fuentes de sus obras *Cuarteto para el fin de los tiempos* e *Iluminaciones sobre el más allá*. Es razonable suponer que, independientemente del modo en que se haya generado, una música que cala tan hondo en el alma humana emerja de estados alternativos sagrados de conciencia.

El uso de enteógenos por parte de los músicos también ha producido una variedad de composiciones experimentales, a menudo catalogadas bajo el epígrafe de rock, soul, folk y pop psicodélico, así como música electrónica llamada trance o rave. Hay música que parece reflejar cambios superficiales de conciencia como manifestación quizás de estados alternativos de cambio sensorial y hermosos despliegues de colores y formas geométricas y música que, por el contrario, parece moverse en dimensiones más profundas de la mente que algunos no dudan en calificar como sagradas. Algunas músicas percusivas complejas, como la música de trance de Abdelmadjid Guemguem, conocida como Guem, despiertan, en algunos oyentes, estados de conciencia profundamente espirituales. Además, para muchos, el uso de sustancias psicodélicas ha desencadenado un nuevo aprecio por las ragas clásicas indias, como las composiciones carnáticas de Tyagaraja (1767-1847), con sus ritmos repetitivos y sus notas de cuarto de tono. Hasta los solemnes cantos gregorianos, mantras que a menudo provocan una profundización progresiva de formas meditativas de conciencia, han resultado muy eficaces, en este mismo sentido, para algunas personas. Después de varias décadas de experimentar con la elección de muchos estilos diferentes de música para proporcionar apoyo no verbal durante la acción de las sustancias psicodélicas, tratando de diferenciar lo «muy bueno» de lo «excelente», he llegado a la conclusión de que hay obras de Bach, Brahms, Mozart y otros compositores, por lo general, considerados «clásicos occidentales», que cabría calificar como «fundamentalmente psicodélicas».

Recuerdo con gran intensidad la noche en que, estando en una región montañosa del norte de la India, me invitaron amablemente a cenar en casa de Tendzin Choegyal y su esposa Rinchen Khandro. Tendzin nació tulku, pero decidió desvincularse de su linaje monástico, casarse y tener hijos. Es el hermano menor de Tenzin Gyatso, Su Santidad el decimocuarto Dalái Lama. Su esposa Rinchen es una mujer extraordinaria, fundadora y directora del Proyecto de Monjas Tibetanas, una iniciativa educativa compasiva y sin ánimo de lucro que, en varios campus pequeños y bellamente diseñados, acoge y apoya a unas setecientas refugiadas que están adaptándose a la vida en la India. Su hogar, ubicado en una empinada ladera justo debajo del complejo residencial del Dalái Lama, está muy por encima del valle y la ciudad de Dharamsala. Varias águilas que despegaban su grácil vuelo por el cielo contribuían a llenar de magia aquella exótica escena.

Sintiéndome honrado por hallarme en presencia de estos auspiciosos líderes tibetanos durante unas horas preciosas, me pregunté qué era lo que más me apetecía discutir con ellos. Había oído teorías según las cuales diferentes frecuencias de sonido, penetrantes o reverberantes, podrían evocar diversos fenómenos discretos en la conciencia humana y había escuchado a monjes cantando guturalmente «*om mani padme hum*» (un mantra que significa «homenaje a la joya en el centro del loto»), en el templo del Dalái Lama, con ocasional acompañamiento instrumental. «Tendzin –le pregunté– me interesaría que me contaras algo sobre la música tibetana y su relación con la conciencia». Después de una pausa tranquilizadora, sonrió y contestó: «Si quieres saber cuál es la música que más me conmueve espiritualmente, Bill, debo decirte que se trata de la sonata *Patética* de Beethoven».

Cabe atribuir a Hanscarl Leuner el primer desarrollo de una técnica psicoterapéutica conocida como imaginería afectiva guiada (GAI) (acrónimo de *Experimentelles katatymes Bilderleben* o EkB) que comenzó combinando la imaginería con la música y prosiguió mezclando ambas con el uso de enteógenos. Esas técnicas, combinadas con las experiencias de otros que emplearon la música durante los primeros tiempos de la investigación psicodélica en Canadá, Estados Unidos y Europa, se vieron posteriormente perfeccionadas y sistematizadas por Helen Lindquist Bonny, musicoterapeuta del Centro de Investigación Psiquiátrica de Maryland. Su trabajo seminal se conoce como el Bonny Method of Guided Imagery and Music (GIM) y sigue aplicándose, normalmente sin enteógenos, en muchos países afiliados a la Association for Music and Imagery (www.ami-bonnymethod.org).

De manera parecida, Stanislav Grof ha combinado estas técnicas con un énfasis en una modalidad de respiración rápida y concentrada denominada por él «respiración holotrópica», ahora ampliamente centralizada y difundida a través de la Association for Holotropic Breathwork International (www.grof-holotropic-breathwork.net). Tanto Helen Bonny como Stan Grof han empleado también una técnica de arteterapia que consiste en dibujar mandalas, desarrollada por Joan Kellogg, que se empleó en la investigación psicodélica en el Centro de Investigación Psiquiátrica de Maryland para facilitar el proceso inicial de expresión e integración de la terapia psicodélica. Son muchas las oportunidades de investigación que se abren para los músicos interesados en participar en este intento creativo de combinar, con o sin el uso de enteógenos, los procesos psicoterapéuticos con el empleo de procedimientos de imaginería mental, técnicas de respiración y expresión artística. Las futuras investigaciones psicoterapéuticas realizadas en este sentido podrían comparar los efectos del tratamiento con imaginería afectiva guiada, imaginería guiada con música o respiración holotrópica con los de un grupo de control.

Hay músicos que, en busca de perspectivas e inspiración únicas, deciden asumir los riesgos de implicarse en el uso no autorizado de psicodélicos, enfrentarse a las incertidumbres relativas a la pureza y dosis de cualquier sustancia natural o sintética a las que puedan acceder a través de canales de distribución ilegales y asumir también simultáneamente la responsabilidad derivada de su decisión de transgredir las leyes actuales relativas al uso de las drogas. Impacientes por vivir su vida y componer mientras puedan, pueden haber llegado a la conclusión de que resulta muy improbable que, durante sus años productivos, tengan la posibilidad de acceder a seminarios universitarios o talleres profesionales que posibiliten la exploración enteogénica. Yo animaría a estos músicos a colaborar con los científicos sociales y profesionales de la medicina en el diseño e implementación de proyectos de investigación actuales con sustancias psicodélicas culturalmente autorizadas con la esperanza de allanar el camino para el acceso legal a los enteógenos en entornos bien estructurados, no solo para ellos mismos, sino también para los compositores e intérpretes del futuro.

Literatura

El guion de muchas novelas que consideramos «grandes» parece brotar de lo más profundo de la mente de sus autores. Las secuencias oníricas que el autor imagina y expresa en su campo de conciencia son muy semejantes, cuando no idénticas, al flujo de contenido que acompaña a algunas sesiones psicodélicas. A menudo, un aspecto creativo de nuestra mente esboza o coreografía intrincados argumentos que dramatizan hábilmente el despliegue de nuestra vida psicológica y espiritual incluyendo a menudo temas relevantes para personas que están atravesando las mismas tensiones emocionales o el mismo paisaje vital. Muchos de estos dramas, a los que podríamos considerar mitos en proceso de construcción, incluyen una amplia variedad de emociones humanas, desde situaciones profundamente serias y conmovedoras hasta otras lúdicas y humorísticas.

Cuando uno lee clásicos como *La divina comedia* de Dante, *El paraíso perdido* de Milton, *El progreso del peregrino* de Bunyan o hasta *Siddhartha* de Hesse, que incluyen recuerdos del trasfondo de las propias experiencias místicas o visionarias del autor, resulta fácil advertir «desde dónde está hablando». Podemos entender la estructuración verbal de tales historias como el arte de comunicar comprensiones relativas a los significados últimos de la vida e intentos de orientar al lector, cuyos conflictos, emociones y anhelos resuenan con los de los personajes de la novela, hacia descubrimientos semejantes a los suyos. Algunas de estas obras llegan a ser clásicas y pasan de una generación a otra por el simple hecho de que conectan con principios universales, y quizá hasta místicos, de la mente humana.

Los poemas, en especial, parecen ser, en ocasiones, intentos de expresar, con palabras cuidadosamente elegidas y sus asociaciones, experiencias que eluden la expresión verbal concreta. El elemento sorpresa que acompaña a las secuencias de imágenes de muchas sesiones psicodélicas discurre paralelo a los giros imprevistos que caracterizan la trama de algunas novelas extraordinarias. Quizás llegue un día en el que haya retiros de fin de semana destinados a impartir cursos de escritura creativa en los que algunos estudiantes motivados puedan investigar, en un entorno seguro y legal, los procesos de su imaginación profunda con la ayuda de enteógenos.

Neurociencia

¿Qué conocimiento experiencial o qué pistas llevan a los expertos de disciplinas como la bioquímica, la neuroanatomía, la biología celular o la física cuántica a formular nuevas hipótesis? Hace tiempo que se afirma que las sustancias psicodélicas facilitan la creatividad. Pero, para esbozar y verificar nuevas hipótesis, uno debe haber hecho antes los deberes y dominar el lenguaje y los marcos conceptuales de referencia actuales de su disciplina. Esta es una de las razones por las cuales la idea de que los académicos maduros puedan acceder legalmente a las sustancias psicodélicas suele suscitar tanto entusiasmo como esperanza.

Como afirma el libro de James Fadiman *The Psychedelic Explorer's Guide*, podemos ubicar los inicios de la investigación sobre este empleo de los psicodélicos en un estudio de la creatividad de Menlo Park (California) a finales de los 60. Los participantes en ese estudio eran respetados y bien asentados profesionales en sus propias disciplinas que debían identificar una cuestión sin resolver que se hallara en la frontera más avanzada de sus respectivos campos y, durante las últimas horas de una sesión psicodélica –habitualmente con LSD–, se les presentaba el tema que habían elegido. Fueron muchos los que afirmaron entonces haber sido capaces de contemplar desde una nueva perspectiva el callejón sin salida o la frontera en la que se encontraba el problema elegido, explorar las interrelaciones entre ideas, visualizarlas de un modo único y obtener, de ese modo, nuevas comprensiones, algunas de las cuales se manifestaron luego en proyectos que acabaron llevándose a la práctica.

Si, desde cierta perspectiva, no solo tenemos nervios, sino que, en realidad, *somos* nervios, no podemos dejar de preguntarnos qué tipo de conocimiento experiencial pueden esperar los neurocientíficos adecuadamente entrenados que tengan la oportunidad de explorar sus propios sistemas nerviosos con la ayuda de enteógenos. Como ya hemos dicho, en su libro *La serpiente cósmica: la alucinante historia de la ayahuasca, el ADN y los orígenes del conocimiento*, el antropólogo Jeremy Narby nos ha proporcionado una sugerencia fascinante. En su opinión, del mismo modo que tenemos sentidos orientados hacia el exterior que nos proporcionan datos visuales, auditivos, olfativos, táctiles y cinestésicos, también tenemos sentidos dirigidos hacia el interior que nos permiten percibir estructuras y procesos neuronales, celulares y quizás hasta genéticos. Narby llama la atención, en este sentido, sobre las pautas coloridas y abstractas y los diseños geométricos que a menudo se observan durante la acción de los enteógenos y sugiere audazmente que estas visiones podrían ser el registro perceptual del sustrato atómico y subatómico de nuestro sistema nervioso. También apunta que el ADN parece emitir luz en forma de fotones y postula que, en ocasiones, durante las sesiones psicodélicas, la gente puede estar viendo espirales de ADN y fenómenos similares. Obviamente, es fácil descartar, tachándola de esquizoide, esta especulación. ¿Pero acaso está alguien en condiciones de esbozar una explicación alternativa de estas experiencias internas que se presentan con tanta frecuencia y que tan impresionantes y convincentes nos parecen?

Del mismo modo, el psiquiatra Rick Strassman, en su libro *DMT, la molécula del espíritu. Las revolucionarias investigaciones de un médico sobre las experiencias místicas y cercanas a la muerte*, invita a los investigadores a echar un nuevo vistazo a la glándula pineal que, a finales del siglo XVI y principios del XVII, el filósofo René Descartes consideraba «la sede del alma». El doctor Strassman ha postulado que la glándula pineal, ubicada cerca del centro del cerebro, justo debajo de la parte posterior del cuerpo calloso, puede generar y secretar DMT en una dosis más que habitual en la proximidad de la muerte, en estados psicóticos y en experiencias místicas espontáneas. En 2013, un estudio de investigación dirigido por Steven

Barker y sus colegas proporcionó la confirmación inicial de DMT en la microdiálisis del tejido pineal de ratas, inaugurando así un camino que aguarda todavía la aparición de bioquímicos interesados en seguir profundizando en esos estudios. Independientemente de que la investigación futura apoye o refute la hipótesis de que nuestros cerebros producen DMT endógena, hay informes de que se genera de manera natural en algún lugar de nuestro cuerpo, quizás en el tejido pulmonar, y también se han encontrado trazas en la sangre y la orina humanas. Esto nos invita a especular sobre el papel desempeñado por la DMT en la vida y la evolución en general ya que, según los informes, se encuentra en todo el reino animal y vegetal. Y también abre la puerta a la divertida idea de que como, en este momento de la historia, la posesión de DMT está prohibida por muchos gobiernos, la mayoría de nosotros, por el simple hecho de ser humanos, estaríamos transgrediendo involuntariamente la ley federal aunque la cantidad del enteógeno en nuestros cuerpos sea minúscula. Pero como la cantidad de DMT es ínfima, esta es una sugerencia fácilmente descartable, aunque conviene recordar que el LSD puede ser psicoactivo en dosis tan bajas como veinte millonésimas de gramo.

Botánica

Un cambio muy habitual en nuestro modo de ver la vida después de haber tenido una experiencia psicodélica profunda se refleja en una mayor valoración de la inteligencia de la naturaleza. Las plantas, árboles, animales, pájaros y hasta bacterias y micelios de hongos empiezan a ser vistos y respetados como seres vivos y autónomos, en lugar de como meros objetos mecánicos o absurdos de nuestro entorno que podemos controlar o explotar a nuestro antojo. La interpretación de Darwin de la evolución como «supervivencia del más apto», tal y como se expone en los libros de Jeremy Narby, Michael Pollan y Simon Powell, está viéndose revisada debido al reconocimiento y valoración de formas de conducta ingeniosamente inteligentes que no solo parecen reflejar procesos de adaptación, sino también de aprendizaje.

Cada vez es mayor el número de investigadores que descubren la presencia de una tasa significativa de DMT en especies vegetales muy distintas, algunas valoradas desde hace mucho tiempo como medicinas y que se han visto ritualmente empleadas por chamanes o curanderos indígenas. En el brebaje sagrado llamado ayahuasca, suelen ser las hojas de la planta *Psychotria veridis*, también llamada *chacruna*, que contiene DMT. Aisladamente ingeridas por vía oral, las hojas son inactivas debido a la acción inhibidora de las enzimas de la monoaminooxidasa presentes en el estómago humano. Combinada, sin embargo, con la harmina, la harmalina y la tetrahidroharmina, inhibidoras de la MAO, obtenidas de la trituración de la vid *Bannesteriopsis caapi*, una liana trepadora que produce flores rosas en las copas de los árboles, la infusión que contiene DMT es capaz de retener su potencia y verse absorbida por el cuerpo humano, favoreciendo la aparición de estados alternativos de conciencia valorados en las religiones sudamericanas del Santo Daime, la União do Vegetal y la Barquinha. En un brebaje muy similar, normalmente llamado yagé, las hojas de otra planta que contiene DMT, la *Diplopterys cabrerana*, se combinan con la misma liana. Lo curioso es que la respuesta que suelen dar los nativos cuando se les pregunta cómo descubrieron esta combinación es que fue un secreto que les enseñaron las propias plantas o los espíritus de las plantas.

La creencia en «la planta como maestra» es un concepto inquietante y confuso –cuando no un puro disparate– para la mayoría de nosotros, que hemos crecido en sociedades poco receptivas a las intuiciones experimentadas en estados alternativos de conciencia. Puede que hayamos oído hablar de viejecitas solitarias que hablan con sus plantas y quizás algunos de nosotros respondamos a esos comentarios con una condescendiente amabilidad, pero, por más sanas y robustas que parezcan sus plantas, esas son afirmaciones que, a la mayoría, jamás se nos ocurriría tomarnos en serio. Más extremos son aún quienes no se limitan a creer que las plantas y los hongos son, en cierto modo, conscientes, sino capaces de mostrar incluso intención. Hay quienes los consideran una forma de llegar a la humanidad en un esfuerzo por despertarnos a la dimensión espiritual de la vida para que nuestra ceguera a la ecología y la explotación desenfrenada de los recursos naturales no nos lleve a acabar destruyéndonos a nosotros y a nuestro planeta.

Se nos ha enseñado que la resolución de problemas requiere cerebros, preferiblemente humanos. Las investigaciones que indican que mohos unicelulares que ni siquiera tienen sistema nervioso pueden recorrer laberintos, como explica Jeremy Narby en *Inteligencia en la naturaleza. Investigando el conocimiento*, resultan, por más que se reproduzca el experimento, difíciles de creer.

Uno de los modos en que Edmund Ware Sinnott, director, durante muchos años, del Departamento de Biología de la Universidad de Yale, se refirió a Dios fue como «las propiedades intencionales del protoplasma». En sus libros, como *The Biology of the Spirit* y *Matter, Mind and Man*, no solo escribió sobre la fotosíntesis y las estructuras celulares, sino también sobre la Belleza y el Espíritu Divino. Un comienzo para salvar esta brecha conceptual puede encontrarse en la reverencia y la apreciación puramente estética de la belleza y la actividad intencionada en la naturaleza, tal y como se ha captado en las increíbles fotografías con cámara rápida y cámara hiperrápida de Louis Schwartzberg (movingart.com).

En su libro *Mycelium Running*, el respetado micólogo Paul Stamets describe la *Psilocybe cubensis*, una de las aproximadamente 180 especies diferentes de setas que contienen psilocibina, y comenta lo siguiente:

> Actualmente, el cultivo de este hongo es ilegal en Estados Unidos, pero es legal en muchos otros países [...]. Sin embargo, el estatus legal de este hongo y de otras especies psicoactivas de *Psilocybe* es a menudo cambiante, porque los gobiernos tienen dificultades con las definiciones legales. Conviene, pues, antes de iniciar el cultivo, consultar el estatus legal correspondiente.
>
> Aunque no recomiendo el uso de este hongo para el público en general, esta especie y sus parientes pueden ser útiles para estimular la creatividad de artistas, filósofos, teólogos, matemáticos, físicos, astrónomos, programadores informáticos, psicólogos y otros líderes intelectuales.
>
> Personalmente creo que las industrias de informática y de internet y la astrofísica se han inspirado en el empleo de este hongo, que ha estimulado la imaginación y los campos de visión de científicos y chamanes con fractales complejos, hipervínculos de pensamientos y herramientas mentales destinadas al análisis de sistemas complejos. Son muchos los usuarios que, durante miles de años, han elevado a esta y otras setas *Psilocybe* al nivel de sacramento religioso.

Quizás los botánicos, y hasta los biólogos en general, deberían añadirse a la lista de Stamet de aquellos cuya actividad puede verse estimulada por la experiencia enteogénica. Parece que, en efecto, puede haber formas de interactuar y aprender de forma significativa de ciertas especies de plantas y hongos que faciliten un tipo de reconocimiento y valoración que actualmente escapa de la mayoría de los libros de texto. Simon G. Powell expresó de forma muy ingeniosa algunas de estas ideas en su documental *Manna-Psilocybin Mushroom, Inspired Documentary*, 2003. Sin embargo, hay que advertir que, mientras se imprimía la primera edición del libro de Stamet, la Ley de Drogas de 2005 declaró ilegal en el Reino Unido la posesión de setas frescas que contenían psilocibina. La legalidad de la posesión, venta, transporte y cultivo de especies de setas frescas y secas que contienen psilocibina sigue siendo, en muchos países, dudosa.

Comentarios finales

Las fronteras psicodélicas en la educación, especialmente en los casos de la filosofía, la música, la literatura, la neurociencia y la botánica, se han establecido más o menos al azar. Es probable que las experiencias enteogénicas proporcionen también un conocimiento importante para muchas otras disciplinas. Se ha dicho que las experiencias psicodélicas catalizan la creatividad en Silicon Valley, sobre todo en el campo de la informática. Son muchas las cosas nuevas que podrían discutir los físicos y los matemáticos. En el siguiente capítulo exploraremos la importancia de los enteógenos para los estudios religiosos.

Insisto en que estas sustancias sagradas son sobremanera potentes y deberían integrarse sabia y diestramente en el campo de la educación. Como veremos en el capítulo 16, es cierto que hay personas para las cuales la ingesta de enteógenos puede resultar peligrosa. Pero empeñarse en impedir su acceso y declarar ilegal su uso para todos los ciudadanos carece de sentido para quienes reconocen su utilidad y han aprendido a emplear estas sustancias de un modo responsable.

15. Las fronteras psicodélicas de la religión

La experiencia empírica de los eruditos de la religión

El mundo de la erudición religiosa parece bastante alejado del mundo de la devoción y la fe privadas, a veces demasiado dependiente de los procesos intelectuales y con un mínimo interés por los dominios experienciales de la conciencia humana y las cuestiones intuitivas del corazón. Esta desconexión me afectó mucho durante el último año de mis estudios teológicos en la Yale Divinity School, el año que siguió a mi regreso de la Universidad de Gotinga. En Alemania había asistido, para envidia de algunos de mis compañeros de clase de Yale, a conferencias ofrecidas por destacados eruditos bíblicos como Joachim Jeremias, Hans Conzelmann y Walther Zimmerli. Pero, por más extraño que pueda parecer, mis principales intereses intelectuales y mi inspiración espiritual no se veían nutridos por profesores del Departamento de Teología de la universidad, sino por miembros del Departamento de Psiquiatría de la Escuela de Medicina. Ahí encontré cursos como *Religionspsychopathologie* [«Psicopatología de la religión»] y un seminario sobre delirios religiosos de los pacientes esquizofrénicos que investigaba también sobre las revelaciones religiosas que no eran consideradas evidencia de enfermedad mental. También había un curso de autohipnosis y procedimientos meditativos (como el entrenamiento autógeno de Schultz) impartido en un gran auditorio lleno de estudiantes de medicina. Junto a mi experiencia personal y la posibilidad de experimentar con sustancias psicodélicas en la clínica psiquiátrica con Hanscarl Leuner, me quedó claro que la dimensión experiencial de la religión se manifestaba con más claridad en el Departamento de Medicina de la universidad. Así fue como, cuando regresé a New Haven para completar el tercer y último curso del máster en teología, el área de especialización en la que me sentía más a gusto, había cambiado de la preparación para el ministerio pastoral a lo que entonces se llamaba «Enseñanza e investigación en religión».

Uno de los primeros seminarios en los que me inscribí al regresar a Yale se titulaba «Teología del idealismo alemán» y giraba en torno a los escritos de los filósofos Kant, Hegel y Schelling, que celebrábamos en torno a una pesada mesa de roble de la gótica Sterling Memorial Library, con ventanas de vitrales tintados y pinturas al óleo con elaborados marcos dorados de profesores con togas académicas que parecían contemplarnos desde lo alto. Como era habitual entonces entre los estudiantes graduados en filosofía, a los que les gustaba considerarse independientes, la mayoría de ellos llevaban abrigos deportivos de *tweed* con parches de cuero en los codos, camisas bastante arrugadas con corbatas largas y vaqueros. Esto ocurría en 1964 y muchos de ellos fumaban también en pipa, por lo general en curva. Además, se trataba básicamente de un club de hombres, la mayoría de los cuales llevaban barba.

Recuerdo vívidamente el día en que, después de leer la *Crítica de la razón pura* de Immanuel Kant, estuvimos reflexionando seriamente sobre el concepto que Kant denominó «intuición intelectual», debatiendo sobre la posibilidad del conocimiento directo de la verdad espiritual, algo que Kant consideraba imposible. Recién llegado de una visita al Spring Grove Hospital de Baltimore, donde los alcohólicos recibían psicoterapia asistida por LSD gracias a una subvención del Instituto Nacional de Salud Mental, me encontré recordando una conversación con un hombre aquejado de alcoholismo que había estado hospitalizado y que, durante una sesión con LSD, había experimentado una forma mística de conciencia.

Yo llevaba un abrigo deportivo de *tweed*, camisa de vestir y corbata, pero, por desgracia, no tenía parches de cuero en los codos; pero lo peor era que tampoco llevaba barba ni fumaba en pipa. Pese a ello, sin embargo, me armé de valor para levantar la mano y decir algo así como: «Acabo de visitar un centro de investigación en Baltimore donde hablé con un alcohólico que, después de relatarme una experiencia mística con LSD, me dijo que "sí que es posible tener una experiencia directa de la verdad espiritual"». Un silencio muy incómodo siguió a mi intervención como si, al introducir información empírica en una discusión filosófica, hubiese roto algún tabú académico. El tiempo pareció entonces detenerse y, después de un silencio denso en el que nadie respondió a mis palabras, se reanudó el debate con referencias continuas a los escritos de filósofos muertos hacía mucho tiempo sobre la posibilidad de tal conocimiento. A los sofisticados estudiantes de posgrado de Yale les parecía imposible aprender nada de un alcohólico que había tomado una droga.

La sustancias psicodélicas son herramientas muy poderosas para el estudio de la conciencia y, muy especialmente, para el estudio de las experiencias místicas y religiosas. ¿Por qué siendo tan relevante para los estudiosos de la religión la comprensión de temas como la revelación y la conversión –y quizás incluso el origen primordial de las ideas religiosas y los símbolos sagrados–, los departamentos universitarios de religión no colaboran con colegas que posean conocimientos de investigación en psicofarmacología y solicitan las autorizaciones gubernamentales e institucionales que actualmente se requieren para llevar a cabo estudios con enteógenos? ¿Se contentarían los astrónomos y los biólogos con investigar en sus respectivos campos de estudio sin contar con telescopios o microscopios? ¿O se contentaría acaso, como ya hemos dicho, un estudioso de la vida de París con permanecer dentro de una biblioteca, aprendiendo el idioma y leyendo novelas y guías francesas sin pisar las calles de la ciudad, hablar con los nativos en las terrazas de los cafés o disfrutar de la magnificencia de sus catedrales? Tal vez aún sea demasiado pronto y los estudiosos de la religión estén empezando a despertar de su largo letargo ante la increíble frontera que les espera. Es bien sabido que los sociólogos llevan tiempo acusando a los estudiosos de la religión de padecer un considerable «retraso cultural».

Hay veces en que los astrónomos tiemblan asombrados al contemplar, a través de sus telescopios, la insondable belleza de las distantes galaxias, pero aun así consiguen esbozar hipótesis y realizar cuidadosas observaciones y mediciones que les permiten avanzar en su área de conocimiento. Lo mismo podríamos decir de los eruditos de la religión a los que no tengo la menor duda de que les gustaría entender mejor la «mente de Dios» y los misterios de nuestro ser. No creo que este tipo de estudios profanase nada sagrado; en cualquier caso, estoy convencido de que acabaríamos descubriendo la dimensión sagrada que encierran ámbitos de la vida y del pensamiento que antes considerábamos profanos.

Regiones subdesarrolladas del pensamiento religioso

Son muchas las fronteras apasionantes del pensamiento que esperan ser exploradas por los estudiosos de la religión. Wayne Teasdale, autor de *El corazón místico*, una de las mejores introducciones al misticismo y la vida meditativa, fue un pionero en la relación entre el cristianismo y el budismo. Otra pionera visionaria es Diana Eck, profesora de religiones comparadas en Harvard, que ha tendido puentes de entendimiento entre el cristianismo y el hinduismo relacionando, por ejemplo, el concepto hindú de la energía divina llamada *shakti* con el concepto cristiano de Espíritu Santo. El estudio clásico de Huston Smith sobre las religiones del mundo, *The World's Religions* (anteriormente titulado *The Religions of Man* [«*Las religiones del mundo*»]), refleja su profunda valoración de cada una de las grandes creencias y está escrito «desde dentro hacia fuera» sobre la base de su abierta inmersión en diferentes ámbitos de la teoría y práctica de la religión, así como de sus cordiales relaciones personales con líderes de diferentes tradiciones religiosas. Alan Watts, Jack Kornfield, Joseph Goldstein y otros han contribuido a facilitar la accesibilidad del budismo a las mentes occidentales. Son muchas las cosas que actualmente podemos aprender de las grandes religiones del mundo y nuestra investigación no debería limitarse al estudio de textos antiguos, sino que podría llegar a experimentar también conscientemente esas dimensiones mediante el uso inteligente de las sustancias psicodélicas. A menudo pienso en lo mucho que judíos, cristianos y musulmanes, que tienden a ser demasiado serios –y hasta austeros–, podrían beneficiarse del concepto hindú de *lila*, conocido como «el juego divino».

Hubo un tiempo, no muy lejano, en el que eran muchos los estudiosos del misticismo que diferenciaban el «misticismo oriental» (centrado en la conciencia unitiva) del «misticismo occidental» (que se centraba en la relación personal con lo Divino). Pero son muchas, como ya hemos dicho –si no todas–, las personas, tanto orientales como occidentales, que pueden experimentar ambas modalidades de conciencia. Como hemos comentado en el capítulo 5, titulado «Aproximaciones a la conciencia unitiva», ahora parece que, lejos de representar dos modalidades o formas diferentes de funcionamiento del sistema nervioso, tanto la «unidad interna» como la «unidad externa» parecen ser experiencias que forman parte, independientemente de su origen cultural, del repertorio de todo ser humano.

La erudición teológica y de la experiencia personal puede, en la actualidad, incluir, en las manifestaciones personales de las tradiciones religiosas, tanto la modalidad unitiva de la conciencia como la devoción a lo divino. El hinduismo no solo tiene en cuenta el reconocimiento de la unidad *atman/brahman*, sino el culto también a Ishwara en formas como el Señor Shiva o el Señor Krishna, y el cristianismo abarca, del mismo modo, tanto la devoción a Jesús personal como el Fundamento Abstracto del Ser descrito por Paul Tillich. Recuerdo haber entrado en un templo hindú el día del cumpleaños de Krishna, ver a niños sonrientes reunidos en torno a una cuna en la que descansaba un muñeco de Krishna y quedarme impresionado por la similitud con las típicas escenas del pesebre de la Nochebuena cristiana. La conducta de los sacerdotes, por su parte, es también notablemente parecida, limpiando cruces de latón, candelabros, cuencos de agua o estatuas de las distintas divinidades. Aunque siempre pueden hacerse distinciones teológicas, hay mucho espacio para encontrar similitudes y relaciones entre las distintas religiones del mundo y para unirse también en proyectos de servicio social.

Son muchos los conceptos y expresiones teológicas que pueden enriquecerse de una nueva comprensión. Consideremos, por ejemplo, la conocida cita del Éxodo (33:2) que dice: «No puedes ver a Dios y vivir». Sería fácil descartar esta idea como errónea basándose en el hecho de que son muchas las personas que sienten haber «visto a Dios» y, obviamente, siguen vivas. Sin embargo, son muchas las personas que han experimentado, junto a la revelación del mundo eterno, la muerte del ego o del yo cotidiano y que, en ese sentido, estaban realmente «muertas» cuando el mundo visionario se les manifestó. También san Pablo dijo que el proceso de asumir un «nuevo ser en Cristo» pasa por «morir al yo». Esto sugiere la necesidad de aclarar las confusiones, ambigüedades y malentendidos del lenguaje y abre la puerta a nuevas reflexiones teológicas.

Thomas Roberts ha escrito sobre «los quinientos años de avalancha de palabras» provocada por la invención de la imprenta y el acceso del hombre común a las escrituras sagradas y los comentarios teológicos. Roberts augura el advenimiento de una nueva era religiosa que no gira tanto en torno a las palabras como a la experiencia directa y afirma que «para la mayoría de las personas que han experimentado con enteógenos, conceptos como "asombro", "sacralidad", "eternidad", "gracia", "ágape", "trascendencia", "transfiguración", "noche oscura del alma", "renacimiento", "cielo" e "infierno" dejan de ser meras ideas y se convierten en auténticas experiencias». Y hay que decir que esta comprensión experiencial de los conceptos religiosos no implica subestimar la importancia de los credos y dogmas tradicionales, sino enriquecer el lenguaje simbólico con nuevos significados y tornarlo más accesible y comprensible a los practicantes del siglo XXI.

La experiencia enteogénica reemplaza la comprensión del concepto teológico de «pecado», como incumplimiento de una serie de prescripciones concretas, por otra que lo concibe como alejamiento de lo Divino. Desde esta perspectiva, la entrada en el mundo del tiempo no entraña tanto una comprensión del «pecado original» como una forma de «caída» o «culpa», sino de separación. Matthew Fox es un teólogo que ha escrito sobre esta nueva perspectiva y ha llamado la atención sobre lo que él denomina «la bendición original». Paul Tillich también nos ha invitado a considerar el pecado como un alejamiento de nosotros mismos, de los demás y del Fundamento del Ser. La redención o salvación, por el contrario, puede entenderse, desde esta perspectiva, como el restablecimiento de una conexión consciente con las dimensiones sagradas de la conciencia.

También los símbolos religiosos pueden experimentar una metamorfosis y dejar de ser conceptos intelectuales para convertirse en realidades espirituales cargadas de significado. Esto es algo que expresa muy bien la doctrina católica romana de la transustanciación, en la que el pan y el vino de la comunión se experimentan espiritualmente como la sangre y el cuerpo de Cristo y los profundos significados asociados a los símbolos de «sangre» y de «cuerpo». Sin descifrar los símbolos, el ritual de la misa puede parecer muy extraño –sobre todo a quienes no han crecido en una tradición cristiana–, como si el hecho de beber sangre y comer carne fuese una práctica caníbal primitiva que los hombres y mujeres modernos siguen realizando por razones desconocidas. La mayor conexión con la dimensión espiritual de la vida nos permite entender el misterio que encierran los símbolos eucarísticos, valorar el altar como un lugar en el tiempo y el espacio en el que se entrecruzan las verdades eternas y la existencia temporal y en donde puede obtenerse un auténtico alimento espiritual. La sangre, en particular, parece ser un símbolo que a menudo se encuentra en las experiencias psicodélicas, pero no como algo sangriento, sino que, en el mundo visionario, se refiere a una energía purificadora de energía vibrantemente roja y dadora de vida que da sentido a la frase común en la tradición judeocristiana que afirma la necesidad de «ser lavado en la sangre del cordero».

La comprensión de los profetas y de las profecías

Los eruditos de la religión no tienden a ver a los profetas como «videntes» o adivinos, sino como «narradores». Las sagradas escrituras del judaísmo, el cristianismo y el islam abundan en descripciones de experiencias visionarias o arquetípicas. Fueron precisamente las revelaciones provocadas por estados alternativos de conciencia las que llevaron a profetas como Amós, Oseas, Isaías, Ezequiel, Jeremías, Zacarías, Sofonías y Mahoma a predicar la necesidad de un despertar espiritual, la renovación de las normas éticas y la importancia de la justicia social. Hay que destacar que, desde una perspectiva islámica, Isa, o Jesús de Nazaret, estaría incluido en esta lista. Muchas de las descripciones de experiencias visionarias, expresadas por esos hombres —o a ellos atribuidas—, subrayan la realidad primordial de Dios, la humildad absoluta ante Su presencia, la potencia del amor y de la ira, la realidad de la muerte y la fugacidad de la vida humana.

¿Sería demasiado extremo sugerir la importancia de las experiencias visionarias para los estudiosos de las escrituras sagradas? En su libro *DMT and the Soul of Prophecy* («La DMT y el alma de la profecía»), Rick Strassman ha dado un impulso inicial en esta dirección al comparar algunas de las experiencias con DMT relatadas por sus sujetos con los escritos o comentarios atribuidos a los profetas hebreos. Los estudiosos se han centrado a menudo en el significado de las palabras de las escrituras en sus idiomas originales y han tratado de reconstruir las épocas históricas, sociales y políticas en las que vivieron los profetas. Además, la valoración experiencial de los reinos visionarios que encontraron los profetas podría insuflar nueva vida a los estudios religiosos.

Las diferentes religiones se han centrado en una única voz profética, un documento escrito o una colección de manuscritos que han considerado como la revelación final de Dios al ser humano. Con el debido respeto a los sistemas de creencias individuales, resulta evidente que, aunque uno pueda elegir el enfoque que personalmente considere más adecuado, lo cierto es que la revelación sigue produciéndose no solo dentro de una religión, sino dentro de la psique humana en distintos idiomas, tradiciones y orientaciones de las distintas culturas del mundo. Algunas de las personas que han experimentado estados de conciencia reveladores han sugerido que, aun en el caso de que, por la razón que fuese, se perdiesen todas las escrituras sagradas del mundo, por más trágico que ello fuese –no solo para la religión, sino también para la historia y la literatura– volverían a escribirse, con el tiempo, escrituras similares ilustrando percepciones espirituales igualmente profundas.

Pues, por más veneradas que sean, las escrituras no han caído del cielo golpeando a los profetas en la cabeza, sino que han sido escritas por seres humanos inspirados que, en distintos entornos sociales y políticos, experimentaron personalmente estados alternativos de conciencia y expresaron como mejor pudieron, de palabra o por escrito, las revelaciones experimentadas. A menudo, sus seguidores, a veces décadas más tarde, escribían historias o poemas que, hasta entonces, habían sido transmitidos oralmente y corregían los manuscritos con la intención de mejorarlos. A lo largo de la historia de las religiones organizadas, se han reunido comités de eruditos para decidir qué manuscritos supuestamente inspirados había que incluir y cuáles excluir del canon oficial. Como resume la cita de Paul Tillich al comienzo de este libro: «Dios nunca deja de dar testimonio de sí».

El poder de la decisión

Entre todos los aprendizajes experienciales que recomendaría a los estudiosos de las religiones que experimentasen con sustancias psicodélicas destacaría una comprensión más clara del papel desempeñado, en la vida religiosa, por la decisión. El protestantismo evangélico ha hecho especial hincapié en «decidir por Cristo», es decir, en la decisión de permanecer receptivo y confiar en algo más grande que la personalidad cotidiana y permitir que una dimensión sagrada de la vida, por más conceptualizada que esté, entre, cambie y modifique nuestro ser. Este momento o proceso de despertar requiere algo más que la pasividad representada por el hecho de permanecer acostado en la calzada mientras se acerca una apisonadora. Desde una perspectiva psicológica, esta actitud reconoce también la importancia de la fortaleza del ego porque, cuando uno ha desarrollado un ego o una sensación de identidad personal, resulta más sencillo, en las condiciones adecuadas, renunciar al control. Tal vez por ello, las personas de más de veinte años tengan más probabilidades de experimentar estados trascendentales de conciencia durante la acción de los enteógenos que los jóvenes que se hallan sumidos en la euforia de la adolescencia. A la vista, sin embargo, de la frecuencia con la que ocurren espontáneamente experiencias de conversión en muchos jóvenes adolescentes en el contexto de los grupos religiosos evangélicos, parece que algunos de ellos poseen ya una clara sensación de autoconciencia o identidad personal.

Dentro y fuera de los círculos teológicos

Una herramienta conceptual que me ha parecido sumamente valiosa en el proceso de relacionar mi educación teológica cristiana y el estudio de las religiones del mundo con el conocimiento experiencial derivado de las experiencias místicas y arquetípicas es la idea de «círculo teológico» de Paul Tillich. Dentro de los confines de tal círculo, uno se sumerge en el simbolismo, el lenguaje y las tradiciones históricas propias de su fe religiosa, ya sea cristiana, hindú o de cualquier otra religión. Así es como uno llega a experimentar los significados y a percibir los dramas representados dentro de esa determinada tradición y puede convertirse en miembro de pleno derecho del culto o de las experiencias meditativas.

Pero también hay veces en las que, apoyándose en la mente racional del filósofo y el científico que todos llevamos dentro, uno puede salir de ese círculo. Eso es lo que nos permite examinar críticamente los contenidos de un determinado círculo y comparar y relacionar un círculo con otro. Con el adecuado entrenamiento, uno puede llegar incluso a entrar del todo en un círculo distinto al de la religión o cultura de su infancia. Esta es una aplicación muy práctica de la modalidad «y/o» que tiene simultáneamente en cuenta tanto las capacidades cognitivas como las intuitivas de las que estamos dotados. Los eruditos de la religión no deben ser agnósticos escépticos que mantengan una distancia crítica con respecto a su objeto de estudio. Quizás en esta disciplina, más que en muchas otras, la esencia del ser humano está implicada en su área de estudio y no hay ningún impedimento para adorar y pensar simultáneamente.

Como persona que valora ser un observador participante en tradiciones religiosas distintas a la mía, no he tenido empacho alguno en rezar en el muro de las lamentaciones de la ciudad vieja de Jerusalén. Recuerdo que, en cierta ocasión, iba caminando por el sendero ascendente que se aleja del muro cuando vi que se me acercaba un rabino ortodoxo vestido con una levita negra, una larga barba blanca, ojos brillantes y una sonrisa de oreja a oreja. Yo esperaba tener la oportunidad de hablar con él y compartir, aunque solo fuera un momento, algo de nuestras vidas y de nuestra visión. Me cogió de las manos y me miró fijamente a los ojos mientras nos saludábamos. Luego hizo una pausa y preguntó con calma: «¿Era tu madre judía?», pero apenas le dije que no, pronunció un lacónico «que tenga un buen día» y se alejó a paso ligero. Quizás solo buscaba el décimo miembro que le faltaba en un *minyan* para la realización de las oraciones públicas, pero lo cierto es que ambos perdimos la oportunidad de conocernos y de aprender el uno del otro.

En otro intento de adentrarme en una tradición religiosa diferente a la mía, confieso haber comulgado con el debido respeto, pese a ser oficialmente protestante, en el altar mayor de la basílica de San Pedro de Roma sin haberme confesado formalmente antes como es preceptivo, y me complace decir que no caí muerto. Mis experiencias de meditación en templos budistas, hindúes y sijs, así como en mezquitas islámicas, han discurrido sin mayor problema y a menudo me han parecido experiencias de culto significativas. También soy consciente de que, en la parroquia episcopal en la que colaboro como músico la mayoría de los domingos por la mañana, a veces entro lo suficiente en el círculo de la dogmática cristiana como para recitar con sentido y descifrar mentalmente el histórico Credo de Nicea, incluyendo incluso el significado simbólico de la expresión «ascendió a los cielos y está sentado a la diestra del Padre». Otras veces descubro que he salido del círculo y, sin dejar de adorar, me hallo meditativamente inmerso en la recitación de un mantra hindú o budista.

El Jesús de la historia y el Cristo eterno

Fue Carl Jung quien postuló que, independientemente de que hayamos sido educados como cristianos –o aun en el caso de que nos consideremos «creyentes»–, el arquetipo de Cristo se encuentra dentro de cada uno de nosotros. El teólogo alemán Martin Kähler ha distinguido entre el Jesús de la historia y el Cristo de la fe, siendo este último el arquetipo eterno que existió antes del nacimiento y después de la crucifixión del hombre histórico llamado Jesús de Nazaret. Desde esta perspectiva, el Cristo eterno habita, sea cual sea nuestro sistema de creencias personal, dentro de cada ser humano y, como ilustra la conversión de Saulo de Tarso en san Pablo, puede revelarse a través de alguna experiencia visionaria. Y eso mismo podríamos decir de otros arquetipos importantes, como el Buda, los *bodhisattvas*, las deidades hindúes, los dioses griegos y lo que Jung denominó «el anciano sabio», «el niño» y «la gran madre». Quizás, si alguna investigación empírica futura así lo confirma, no se considere tan extraño que un hindú tenga una experiencia de Cristo o que un cristiano tropiece un buen día con Shiva o Vishnu.

Investigación sobre el origen de las religiones

Las personas interesadas en investigar el papel desempeñado por los enteógenos en el origen de las religiones tienen regiones muy interesantes que explorar. Autores como Robert Gordon Wasson, Huston Smith, Carl Ruck, Albert Hofmann y Dan Merkur han publicado libros minuciosamente investigados en los que sugieren que el *soma* del que habla el antiguo Rig Veda, el *kykeon* que se bebía en los misterios de Eleusis y el *maná* que recogían los israelitas de madrugada camino a Canaán bien podrían haber sido algún tipo de hongos psicoactivos. El libro *The Sacred Mushroom and the Cross* [«El hongo sagrado y la cruz»] del arqueólogo y estudioso de los rollos del mar Muerto John Marco Allegro generó una gran controversia al sugerir que las referencias a Jesús de los Evangelios podrían haber sido una forma de describir los efectos potencialmente sagrados de un hongo, la *Amanita muscaria*, y los reinos del conocimiento espiritual a los que, con él, puede accederse. Según se dice, intuyendo las dificultades que encontrarían muchos teólogos al tratar de entender su hallazgo, no tuvo empacho alguno, cuando se publicó su libro, en dimitir de su puesto en la Facultad de Teología de la Universidad de Manchester. Aunque murió en 1988, algunas de sus ideas, así como las de otros eruditos, bien merecen la atención minuciosa y continua de quienes posean los conocimientos necesarios para descifrar documentos antiguos junto a la suficiente apertura y valentía para explorar seriamente nuevas perspectivas.

Los enteógenos en la práctica religiosa personal

Si pasamos del mundo de la erudición a la práctica personal de la religión, el acervo de conocimientos relativos al poder de los enteógenos sabiamente ingeridos para despertar la conciencia espiritual de quienes aspiramos a un conocimiento experiencial en nuestra vida religiosa plantea cuestiones prácticas muy interesantes. Pero, para ello, las comunidades médica, legal y religiosa se verán obligadas, en un futuro próximo, a aclarar y debatir varias cuestiones importantes.

Muchos afirmarán que la libertad de religión de la que habla la Constitución de los Estados Unidos y garantías similares en otros países debe prevalecer finalmente sobre los miedos culturales alentados por los gobiernos que han tratado de suprimir y controlar el acceso a las sustancias psicodélicas en sus formas natural o farmacológicamente puras. Creo que, cuando los historiadores del futuro echen la vista atrás y contemplen nuestro tiempo, tendrán dificultades para creer en la absurda situación de que el miedo a la exploración de la conciencia y las experiencias religiosas hayan estado tan fuera de control que una persona pudiera ser arrestada si, en su jardín, brotaba la especie de seta equivocada y, sobre todo, si tomaba la decisión personal de consumirla como si de un sacramento se tratara.

En el momento de escribir estas líneas puedo afirmar que el empleo religioso de la mescalina en forma del cactus peyote fue declarado legal en Estados Unidos en 1971 para los miembros de la Iglesia Nativa Americana. Además, el Tribunal Supremo de Estados Unidos reconoció, en 2006, la DMT en el brebaje llamado ayahuasca como sacramento legítimo y legal de la União do Vegetal (UDV). Según la ley federal de los Estados Unidos, su uso es actualmente legal para los miembros de esas organizaciones religiosas concretas, aunque las leyes de los distintos estados puedan diferir. No es de extrañar que la importación de estas sustancias sacramentales en los estados que permiten su presencia esté estrechamente vigilada por la Drug Enforcement Administration (DEA) para garantizar que no se desvíe hacia el uso llamado recreativo.

Cabe esperar que una actitud respetuosa y responsable hacia estas sustancias sacramentales acabe aprobando su acceso legal en los Estados Unidos y en otros contextos en los que prevalezca una intención religiosa seria. Quizá el siguiente paso consista en ampliar la autorización legal a centros de retiro e investigación dotados de profesionales con formación tanto médica como religiosa que conozcan el arte de administrar sabiamente estas sustancias a quienes lo deseen. Dichos centros podrían ofrecer también apoyo individual y grupal para la integración inicial de la experiencia. Aunque es posible que pase mucho tiempo antes de que los sacramentos psicodélicos acaben incorporándose a las experiencias de culto en las iglesias, sinagogas, mezquitas y templos de las principales organizaciones religiosas, los actuales líderes religiosos de los distintos credos podrían apoyar estos centros de investigación y retiro.

16. Cómo maximizar la seguridad y el beneficio

Seguridad fisiológica

Después de muchos años de experiencia tanto en culturas indígenas como en consultas de psicoterapia y en laboratorios médicos, la seguridad fisiológica de los principales enteógenos ha quedado claramente establecida. Los estudios realizados al respecto a lo largo de varias décadas los han declarado básicamente no tóxicos y físicamente no adictivos. No se consideran drogas de dependencia, porque la búsqueda compulsiva de drogas no está asociada a ellas. Y tampoco se ha observado, en los estudios hechos al respecto con animales, problemas de autoadministración ni síndromes de abstinencia detectables.

La publicidad sensacionalista en torno a la muerte de un elefante de siete toneladas llamado Tusko en el zoo de Oklahoma City al que, en 1962, se le administró una inyección intramuscular de 297.000 μg de LSD acabó aquietándose. La investigación llevada a cabo posteriormente concluyó que, con toda probabilidad, su muerte no se debió al LSD, sino a otros medicamentos administrados más tarde. Y aunque, desde entonces, se ha administrado supuestamente LSD solo a elefantes en dosis asimismo excesivas sin provocar su muerte, hay que decir que la cantidad administrada en esa extraña historia superaba casi 660 veces la dosis elevada típica de LSD (450 μg) prescrita para un ser humano. La publicidad dada a esas noticias al tratar de documentar los supuestos peligros del LSD es ahora, *a posteriori*, un indicador que nos obliga a reflexionar sobre el clima de irracionalidad presente en ese periodo de nuestra historia.

Sensibilizados, quizás, por los daños provocados por la talidomida, en aquella época se alegó también que el LSD podría provocar daños cromosómicos. Tomándose en serio esta preocupación, el personal del Centro de Investigación Psiquiátrica de Maryland llevó a cabo un cuidadoso estudio doble ciego y controlado aprobado por la FDA utilizando LSD puro en colaboración Joe-Hin Tjio, bioquímico del Instituto Nacional de Salud. En ese estudio se obtuvieron muestras de sangre de 32 sujetos que participaban en nuestros estudios de investigación psicoterapéutica en curso antes y después de la administración de LSD y se transportaron a un laboratorio de Bethesda (Maryland) para su examen microscópico. También se obtuvieron muestras de sangre de cinco consumidores habituales del mercado negro que aceptaron tomar LSD puro, así como de ocho voluntarios normales y miembros del personal –entre los cuales me hallaba yo– que, en un pasado reciente, habían recibido LSD puro. Al tratarse de un estudio doble ciego, los técnicos de laboratorio ignoraban qué muestras se habían extraído antes de la administración de LSD y cuáles se habían obtenido después. Los resultados de este estudio, publicados en 1969 en el prestigioso *Journal of the American Medical Association* (JAMA), afirmaban que «no existen pruebas definitivas de que el LSD puro dañe los cromosomas de los linfocitos humanos en vivo, tal y como se ha estudiado a partir de cultivos de 72 horas». Como prueba también del clima irracional de la época, hay que decir que ese estudio y sus resultados casi no recibieron cobertura en prensa y que los bienintencionados cruzados antidroga siguieron dirigiendo la atención del gran público sobre el evanescente espectro del daño cromosómico.

En 1971, Norman Dishotsky y sus colegas analizaron críticamente nueve estudios *in vitro* (es decir, en tubos de ensayo) que afirmaban la rotura de cromosomas después del consumo de LSD y 21 estudios *in vivo* (es decir, en seres humanos vivos) que informaron de resultados contradictorios. Los científicos concluyeron que «el daño cromosómico, cuando se encontraba, no tenía tanto que ver con los efectos del uso exclusivo del LSD como con los efectos del abuso de drogas en general. Nuestra conclusión es que el LSD puro ingerido en dosis moderadas no produce daños cromosómicos detectables con los métodos con que actualmente contamos». También corrigieron las acusaciones según las cuales el LSD podría provocar cáncer o defectos de nacimiento y su revisión de la literatura no descubrió evidencia alguna, pero señalaron que «aunque no haya pruebas de que el LSD puro sea teratogénico para el ser humano, el uso de cualquier droga durante el embarazo obliga a que sus posibles beneficios superen con creces sus peligros potenciales». Sea como fuere, las directrices éticas de los proyectos de investigación de casi cualquier droga desautorizarían hoy en día, como simple medida de precaución, la participación en ellos de una mujer embarazada. A semejantes conclusiones llegó nuestra propia revisión en la Johns Hopkins de la literatura sobre los principales enteógenos relevantes para las cuestiones de seguridad, publicada en 2008 (por Johnson, Richards y Griffiths).

Es evidente que no hay que generalizar automáticamente el descubrimiento de la aparente seguridad fisiológica del LSD puro a otros enteógenos importantes, ya sea en sus formas farmacológicamente puras o en sus manifestaciones en plantas u hongos naturales. Son muchas las investigaciones realizadas con cautela que todavía hay que llevar a cabo para aclarar los descubrimientos reseñados en la literatura profesional. Nunca hay que descartar la posibilidad de que algunas de las 180 o más especies de setas que contienen psilocibina o algunos de los ingredientes que en ocasiones se incluyen en los preparados de ayahuasca pudiesen provocar, en algunas personas, respuestas adversas.

Son muchas las incógnitas que debemos tener en cuenta cuando tratamos con subespecies recolectadas en la naturaleza. Siempre cabe la posibilidad, por ejemplo, de que un mapache se haya orinado en las setas que estamos recolectando y que tal cosa pudiese exponernos a algún peligro. A la luz, sin embargo, de la larga historia del uso indígena de estas subespecies sacramentales en ceremonias religiosas, cabe suponer muy improbable la presencia de compuestos tóxicos. Para eludir las incógnitas que siempre afectan al desarrollo natural de los hongos que contienen psilocibina al aire libre, a menudo en pastos sobre estiércol de vaca, hay personas que hoy en día encargan las esporas *online* con instrucciones precisas fáciles de encontrar en internet. Luego inyectan las esporas en vermiculita y harina de arroz integral con agua destilada en frascos estériles de boca ancha y cultivan los hongos por su cuenta. Aunque el cultivo de setas de psilocibina, aun para uso propio y en la intimidad del propio hogar, sigue siendo ilegal y conlleva duras penas en muchas partes del mundo, el hecho de encargar y poseer las esporas, supuestamente para limitarse a examinarlas al microscopio, sigue siendo legal con pocas excepciones.

Otra preocupación se ha centrado en lo que se ha dado en llamar «trastorno perceptivo persistente por alucinógeno» (HPPD), habitualmente conocido como «flashbacks». Los cambios perceptuales que, en ocasiones, se consideran recurrencias de los efectos de la droga durante los días o meses posteriores a la supuesta eliminación de la sustancia del organismo parecen ser muy raros y causar problemas en algunas personas, mientras que son bienvenidos en otras. No tengo constancia de ningún informe sobre este fenómeno en las casi dos décadas de investigación con sustancias psicodélicas que hemos llevado a cabo en el hospital Spring Grove y en el Centro de Investigación Psiquiátrica de Maryland, quizás porque, como no se le esperaba, los voluntarios no se vieron interrogados al respecto durante las entrevistas de seguimiento. En la actualidad, los investigadores están indagando sobre este fenómeno, por lo que doy por sentado que, en un futuro no muy lejano, dispondremos de información más clara al respecto.

Parece que, aunque raros, los «flashbacks» –si es que existen en los entornos de investigación bien gestionados– pueden ser más comunes entre las personas que consumen con frecuencia una variedad de drogas psicoactivas y, más especialmente, entre quienes no las emplean con una actitud terapéutica o religiosa. Una teoría sobre su origen sugiere que ese efecto es más probable cuando la persona busca una experiencia placentera y, en su lugar, tropieza con problemas no resueltos, sobre todo si uno trata de eludir el contenido emocional que conllevaría la confrontación y expresión del problema con lo que, debido a la falta de motivación o al insuficiente apoyo terapéutico, desaprovecha una importante oportunidad terapéutica. En tal caso, la persona pasea y habla con los ojos abiertos, empeñándose en recuperar el control en lugar de permitirse atravesar la angustia emergente de cara a la resolución y curación. Cuando finalmente desaparece el efecto de la droga, el conflicto activado permanece justo bajo el umbral de la conciencia de modo que, cuando la persona está fatigada, estresada o privada de sueño, el conflicto activado y soslayado aflora de nuevo, proporcionando una segunda oportunidad para abordar el difícil contenido emocional interior.

Otro factor que hay que tener en cuenta a la hora de sopesar los informes de «flashback» es que su aparición antes de haber tomado una sustancia psicodélica tiende a considerarse como una «experiencia inusual», mientras que, cuando se producen después, su aparición suele atribuirse, con razón o sin ella, a la experiencia psicodélica. Resumiendo, pues, la información con la que, en este momento, contamos corrobora la seguridad fisiológica fundamental de los principales enteógenos, sobre todo en sus formas farmacológicamente puras.

En este mismo sentido debemos decir también que el cribado médico al que se ven sometidos los voluntarios de la mayoría de los proyectos de investigación en curso con sustancias psicodélicas cuenta con criterios para excluir a quienes pueden verse expuestos a un riesgo mayor. Como ya hemos señalado, las mujeres embarazadas o las que tienen intención de quedarse embarazadas en un futuro próximo suelen verse excluidas rutinariamente, una precaución habitual en toda investigación psicofarmacológica. Y, por motivos parecidos, los riesgos a los que se ve expuesta la persona aquejada de una afección cardiovascular aguda podrían superar con mucho sus posibles beneficios. Si uno no debe subirse a una montaña rusa o considera físicamente peligroso enfrentarse a emociones intensas, tampoco es prudente tomar un enteógeno, aunque no conozco ningún caso documentado de muerte por emoción intensa. No obstante, tanto el sufrimiento psicológico como la alegría intensas pueden ser francamente agotadores. Ancianos aquejados de cáncer terminal sin problemas cardiovasculares graves han tolerado bien la expresión emocional y, aunque, al finalizar el día, se encuentren normalmente cansados, han afirmado estar muy agradecidos por la experiencia en su conjunto.

La mayoría de los proyectos de investigación excluirían también a personas con un tumor cerebral, importantes metástasis neurológicas o trastornos convulsivos como la epilepsia, tanto por razones éticas (debidas al hecho de querer maximizar la probabilidad de beneficio cuando existe la presencia de factores desconocidos) como por razones metodológicas (para estandarizar la variabilidad de la muestra de las personas estudiadas). La mayoría de las investigaciones que se realizan en la actualidad también cuentan con normas estrictas para descartar a quienes presentan una elevada presión sanguínea. Los descubrimientos realizados al respecto en la Johns Hopkins indican un ligero aumento de la presión sanguínea en muchas personas durante la acción de la psilocibina y una excitación cardiovascular que aumenta o disminuye en función de las emociones experimentadas. También se aconseja que las personas que toman antidepresivos como Prozac, Zoloft, Celexa o Paxil, cuyo mecanismo de acción parece unirse a los mismos receptores cerebrales que los psicodélicos, dejen de tomarlos, si tal cosa es posible y resulta apropiada, antes de considerar su posible participación en una investigación psicodélica.

Estas son las pautas que suele seguir la investigación médica controlada habitualmente en entornos universitarios. Los criterios que se observan en las comunidades religiosas indígenas pueden ser diferentes, lo que quizás implique un mayor riesgo para algunos participantes, pero también más flexibilidad para otros, que pueden decidir aceptar esos riesgos. Hasta donde sé no se lleva a cabo una toma de la presión sanguínea de referencia de los miembros de las iglesias que, durante sus ceremonias religiosas, reciben peyote, setas psilocibe o ayahuasca. El tiempo, la experiencia y la acumulación de datos determinarán la adecuación de los procedimientos de cribado actuales de los participantes en una investigación, lo cual contribuirá a tranquilizar tanto a los colegas preocupados como a los miembros de las juntas de revisión institucional. La mayoría de los investigadores que en la actualidad trabajan con sustancias psicodélicas prefieren pecar más de cautela –aun a riesgo de caer en la sobreprotección– que de la osadía que implica aventurarse a cualquier eventualidad potencialmente adversa que pudiese obstaculizar la investigación mientras este punto todavía está pendiente de aclaración. Aunque estas políticas sean a veces muy decepcionantes para los voluntarios muy motivados que solicitan participar en diversos estudios con enteógenos, en este momento de la historia deben ser consideradas tan prudentes como necesarias.

Seguridad psicológica

La seguridad psicológica que conlleva el consumo de enteógenos requiere una respuesta más compleja, porque depende tanto de la persona que va a recibir la sustancia psicodélica como de los conocimientos y habilidades de las personas que la administran y de quienes, cuando es necesario, proporcionan apoyo y compañía.

Con el conocimiento del que actualmente disponemos, cualquier persona con una historia personal o familiar de psicosis haría bien en optar por métodos de desarrollo personal y espiritual que no impliquen el uso de enteógenos. Parece que, en tales personas, existe el riesgo de que un enteógeno desencadene la aparición de una reacción prolongada, es decir, de estados alternativos de conciencia no deseados que perduren días o meses después de que la sustancia psicodélica se haya metabolizado y la persona regrese a la conciencia básica de la vida cotidiana. Este es un riesgo que, en el caso de las personas sin predisposición genética a la psicosis, parece mínimo o hasta inexistente. En una revisión de investigaciones que incluyó un total de 1200 voluntarios que habían recibido LSD o mescalina (ninguno de los cuales había sido clasificado como «paciente»), el psiquiatra Sidney Cohen solo encontró un informe de estados alternativos de conciencia que durase más de 48 horas que resultó ser gemelo idéntico de un paciente diagnosticado como esquizofrénico. Ese es un dato que, en la mayoría de los programas de investigación actuales, hubiera sido motivo de exclusión durante la evaluación médica inicial.

En la medida en que los enteógenos pueden reactivar o acelerar la aparición de psicosis en personas genéticamente predispuestas se ha sugerido que, con el tiempo, estas mismas personas podrían presentar síntomas psicóticos aunque no ingiriesen estas sustancias. En ese mismo sentido se ha afirmado que una experiencia psicodélica podría acelerar su entrada en tratamiento y prevenir incluso la psicosis mediante el cultivo terapéutico de una mayor fortaleza del ego, o abordando los conflictos que, con el paso del tiempo, hayan ido intensificándose. Esto plantea cuestiones fundamentales sobre el momento, la motivación, los valores y el modo en que se conceptualiza el propósito de la vida humana. ¿El objetivo es el de «seguir siendo normal» o emprender un proceso de desarrollo personal espiritual que resuelva los conflictos? Esto, obviamente, nos obliga a decidir qué luchas pueden ser necesarias y tienen un valor constructivo y cuáles pueden convertirse en un desvío innecesario que conviene evitar.

Es evidente que, en el caso de la persona cuyo único interés es el de «colocarse» –es decir, en el llamado uso recreativo–, las sustancias psicodélicas son una mala elección. Estas sustancias, como ya hemos dicho repetidamente, parecen ser muy poderosas y provocar experiencias imprevistas. Pueden llevar a algunas personas a experimentar un dolor personal insoportable que, por más potencialmente significativo que sea para algunos en el panorama general del desarrollo humano, también puede ser muy perturbador en ese momento concreto. Nunca debemos olvidar que, como dijo Huston Smith, «el éxtasis no es divertido».

Algunos de los informes relativos al consumo de psicodélicos ajeno al contexto médico o religioso reflejan una alarmante falta de conocimiento. Hay jóvenes que han tomado enteógenos y luego han deambulado por centros comerciales o caminado sin rumbo por distintos parajes sin más intención que «ver lo que pasaba» y, a veces, sin el adecuado acompañamiento de una persona de apoyo encargada de garantizar la seguridad. Recuerdo el caso de un joven que se enorgullecía, en tales casos, de ver películas de terror en el televisor y mostraba una especial predilección por *Psicosis*, de Alfred Hitchcock. Con una dosis baja, algunas personas pueden «salirse con la suya» con este tipo de conductas, al menos en algunas ocasiones y calificar sus experiencias como «guays», pero, con el tiempo, es probable que la gravedad del abuso de estas sustancias intrínsecamente sagradas resulte evidente tanto para ellos como para los demás. La confrontación con los propios miedos siempre es conveniente, pero «cada cual tiene suficiente grano para su propio molino» y no es necesario complementarlo con las fantasías de otras personas o con estímulos potencialmente distractores o perturbadores procedentes del entorno.

El dicho según el cual «lo que importa no es lo que te ocurre, sino el modo en que respondes a ello» es excepcionalmente cierto en el caso de las sesiones psicodélicas. Como ya hemos dicho en capítulos anteriores, la exploración segura y productiva de la conciencia exige un alto grado de confianza, valentía, apertura y conexión interpersonal. Las personas con tendencias paranoicas pueden malinterpretar las señales del entorno y actuar de un modo que, cuando están funcionando sus facultades normales de buen juicio, considerarían imprudente o simplemente estúpido.

La presencia de un acompañante o de un guía atento y bien informado es de vital importancia para garantizar la seguridad. Recuerdo a un hombre que asistió a nuestra consulta de terapia asistida con LSD para la adicción a los narcóticos en el Centro de Investigación Psiquiátrica de Maryland que, mientras estaba sentado en el sofá durante una sesión psicodélica, se quedó mirando fijamente con los ojos muy abiertos la silla de cuero negro que estaba vacía enfrente de él. De repente se levantó y se dirigió corriendo hacia la puerta, con la intención de abrirla y salir corriendo del edificio. Como si de un partido de rugby se tratara, le plaqué en la puerta y conseguí sujetarle. Presa del pánico, señaló la silla y me insistió en que teníamos que escapar rápidamente de la cobra enroscada en la silla negra que le amenazaba. Seguí sujetándole con firmeza y le indiqué que mirara de frente a los ojos de la cobra, y, cuando lo hizo, rompió a llorar al ver que la cobra se transformaba en su madre. Su cuerpo se relajó entonces mientras atravesaba emociones que atribuyó a la influencia represiva de su madre en su vida.

Esta situación se convirtió, para él, en una experiencia terapéutica fundamental y, con el tiempo, llegó a explorar significados todavía más profundos de la cobra, relacionándola con el ascenso de su propia energía espiritual, lo que las disciplinas meditativas orientales denominan *kundalini shakti*. Si este hombre hubiese estado solo y sin nadie que le apoyara, no solo habría perdido una valiosa oportunidad terapéutica, sino que, al huir con el juicio mermado, podría haberse dañado a sí o a otras personas. Como sucede en el caso de las pesadillas que la mayoría de nosotros podemos recordar, cuando uno huye de sus conflictos psicológicos, la intensidad de la amenaza aumenta al tiempo que uno se siente cada vez más débil, más pequeño y más ansioso, despertándose a menudo con un sudor frío. Cuando, por el contrario, la imagen aterradora se aborda y afronta con valentía, uno se fortalece y se abre la puerta de la comprensión.

Como ya hemos dicho en reiteradas ocasiones, la actitud de la persona durante la acción de un enteógeno es de vital importancia. Si lo que uno busca realmente es el desarrollo personal y espiritual, también está motivado para hacer frente al material oscuro o aterrador que pudiera presentarse. En nuestra opinión, es importante permitirse «seguir el proceso» de la reacción enteogénica independientemente de la ansiedad que pueda presentarse, del mismo modo que uno confía en que el bumerán que recién ha lanzado acabará regresando, por más vueltas que dé, al punto de partida. Con la práctica, uno puede dar incluso la bienvenida a la aparición de un dragón o una manifestación simbólica parecida y, como un atleta experto, disfrutar del reto de «mirarle directamente a los ojos» y de la aventura de atravesar las distintas emociones y percepciones que, durante esa confrontación, puedan presentarse. Un ejemplo de este principio de la conciencia nos lo proporciona el caso del hombre que, bajo la influencia de la ayahuasca, describió una secuencia visionaria de adentrarse cada vez más en la tierra, atravesar túneles oscuros, criptas, raíces, telas de araña e insectos escurridizos hasta que, en algún lugar de las más abominables profundidades, llegó finalmente hasta una puerta y, al abrirla, se descubrió en la cima de una montaña bajo un cielo azul iluminado por la cálida luz del sol. Así es como, en ocasiones, funciona nuestra mente. Un mantra muy interesante que puede servir de recordatorio para repetir en silencio durante las sesiones psicodélicas es «hacia dentro y a través».

También hay veces en las que, durante la preparación de voluntarios para sesiones psicodélicas, sugerimos la posibilidad de abrir la puerta que conduce al «sótano de nuestra vida» y decirse «¡Ahí vamos!». A continuación, uno desciende con paso firme, llevando consigo una potente linterna y va iluminando uno tras otro los rincones más oscuros que pueda encontrar en ese sótano. Hay veces en que este proceso continúa abriendo una trampilla en el suelo y bajando más aún. No hay nada, cuando este proceso cuenta con el apoyo de un guía, que no pueda «verse tal como es». También es posible afirmar el derecho a saber lo que ocurre dentro de la propia mente. Esta intención, en última instancia, permite resolver todos los conflictos interiores generadores de ansiedad y desemboca en la certeza de que es seguro relajarse y estar en paz. Con esta actitud y el apoyo interpersonal durante la acción de una sustancia psicodélica, es habitual escuchar la conclusión de que «no hay nada que temer».

El historial de seguridad durante los últimos quince años de investigación en la Johns Hopkins ha sido muy positivo. Aunque algunas personas se han visto obligadas a atravesar, durante sus sesiones psicodélicas, episodios difíciles de ansiedad, también han logrado visiones y comprensiones nuevas que, *a posteriori*, resultan ser tan importantes como constructivas. Nadie que haya completado su participación en nuestra investigación ha mostrado hasta la fecha, que yo sepa, arrepentimiento por haberse ofrecido voluntario, ni impacto adverso tampoco en su vida personal o espiritual.

Esta es una situación que cabe atribuir, en mi opinión, a la cuidadosa selección médica y psicológica a la que se ven sometidos los voluntarios y al clima interpersonal de la unidad de investigación. En lugar de verse etiquetados como «pacientes» o «sujetos experimentales», los voluntarios son recibidos como participantes valiosos y colegas en la exploración de una importante frontera del conocimiento. Semejante clima terapéutico e historial de seguridad similar prevaleció durante las investigaciones que anteriormente llevamos a cabo en el Spring Grove Hospital y en el Centro de Investigación Psiquiátrica de Maryland, así como en muchos –si no la mayoría– de los lugares en los que, tanto en el pasado como en el presente, se han llevado a cabo estudios con enteógenos y voluntarios normales o con personas que buscaban tratamiento terapéutico psicoemocional.

Además, una vez que una persona es aceptada en un estudio y firma un formulario de consentimiento informado, suele participar en un mínimo de ocho horas de establecimiento de una relación con el guía o terapeuta que estará presente durante el periodo de acción del enteógeno. Es habitual que, durante ese tiempo –que suele durar al menos una o dos y, a veces, hasta tres semanas–, se comparta confidencialmente la historia vital de la persona, incluidas las relaciones importantes, la evolución profesional, la historia religiosa o no religiosa y la orientación actual, las experiencias de viaje y cualquier trauma o logro singular que haya ocurrido hasta ese momento.

El día anterior a la sesión programada de toma de enteógenos, el guía examina las distintas experiencias que podrían presentarse y expone, en la medida en que las palabras puedan comunicarse, sus conclusiones sobre el arte de maximizar la seguridad y los beneficios. Esto se hace siempre en persona para abrir, de ese modo, la posibilidad de discusión e interacción y consolidar más aún la relación. No sería lo mismo escuchar un vídeo genérico sobre el mejor modo de responder durante la acción de un enteógeno. Cada voluntario cuenta además con la posibilidad, en una especie de «ensayo general», de la inminente sesión psicodélica, de familiarizarse con la habitación en la que se le administrará el enteógeno, acostarse en el sofá, escuchar música con antifaz y auriculares y explorar sus propias imágenes mentales, parecidas a un sueño despierto sin la ayuda de un enteógeno.

Otro factor importante para garantizar la seguridad es contar con guías capacitados y adecuadamente formados. Aunque lo ideal sería que todos hubiesen tenido experiencias formativas que incluyesen la ingesta personal de enteógenos, tal cosa no siempre es posible en el clima jurídico-político actual existente en los Estados Unidos y muchos otros países. Como mínimo, todos los guías de los estudios que hemos realizado en la Johns Hopkins han tenido experiencia personal en técnicas meditativas y están familiarizados con algunas modalidades alternativas de conciencia. También han trabajado en una relación de aprendizaje con guías más experimentados, son emocionalmente estables y centrados y están cognitivamente abiertos a la importancia de los estados no ordinarios de conciencia. Es por ello por lo que no suelen tener miedo a los discursos inusuales u otras conductas atípicas. Si un guía se tensa o está preocupado por la posibilidad de que la persona esté «volviéndose loca» o pueda «perder el control», esa ansiedad podría contagiarse fácilmente y resultar perjudicial y contraproducente.

Parte de la formación de los nuevos guías de la Johns Hopkins consiste en familiarizarse con la música de apoyo utilizada en un estudio de investigación concreto y con los motivos de su selección. Hemos aprendido que, en las sesiones con dosis elevadas, especialmente durante el inicio y el periodo intenso de los efectos enteógenos, la estructura de apoyo de la música es más importante que las preferencias musicales personales del guía o del voluntario. En los estados de trascendencia del ego, el yo cotidiano que percibe la música puede haberse desvanecido y entrado en una conciencia unitiva de un modo bastante independiente de cualquier frecuencia sonora que llegue a sus oídos a través de los auriculares o los altavoces. En la medida, sin embargo, en que el ego se acerca a su disolución y empieza a reconstruirse, la estructura no verbal de la música puede proporcionar un apoyo muy importante. Así pues, la sensibilidad al potencial terapéutico de una música cuidadosamente elegida puede contribuir de manera muy positiva a la mejora de la seguridad psicológica.

Al final del libro incluimos una lista de reproducción que ha sido elegida a conciencia según un proceso de ensayo y error y que, a lo largo del tiempo, ha demostrado funcionar bien con muchas personas muy diferentes. Esa lista incluye una cantidad importante de música clásica, sinfónica y coral, así como algunos cantos hindúes, en las partes intensas de la sesión, y selecciones más ligeras cerca del retorno a la realidad cotidiana al finalizar el día. En nuestras primeras investigaciones realizadas en los años 60 descubrimos, sobre todo en el caso de algunos alcohólicos que nunca habían llegado a apreciar la música clásica, que las sinfonías de Brahms y obras similares resonaban profundamente en su interior y resultaban muy eficaces como estructura y apoyo no verbal. Muchas de esas personas no solo empezaron a valorar la música clásica, sino que salieron a comprar discos, cintas o cedés para poder disfrutarlas en el futuro y facilitar la integración continua de sus experiencias. Cabe señalar que, en la medida en que la conciencia regresa a la vida cotidiana después de una experiencia intensa de naturaleza mística, visionaria o psicodinámica, es posible disfrutar de casi cualquier estilo de música. En esos momentos, las listas de reproducción personales favoritas pueden disfrutarse mucho más.

Otra consideración que hay que tener en cuenta para garantizar la seguridad psicológica es que proporciona muchas oportunidades para la integración del contenido psicológico o espiritual que se haya experimentado durante la acción del enteógeno. En la mayoría de los estudios de investigación, se anima a los participantes que reciben enteógenos a que proporcionen un informe –o, al menos, un esbozo o borrador– en el que describan sus experiencias la misma noche de la sesión o a primera hora de la mañana siguiente para capturar de ese modo, en sus propias palabras, la esencia de sus comprensiones. Esto facilita la puesta en marcha del proceso de integración, proporciona un importante documento de investigación y garantiza que cada voluntario tenga un recuerdo que, en los años venideros, seguirá siendo valioso. Con este informe en mano, los voluntarios vuelven al centro de investigación al día siguiente a sus sesiones, en una cita con su guía para tener la posibilidad, de ese modo, de revisar lo sucedido. Este proceso de intercambio y debate interpersonal, que abarca todo el espectro de pensamientos, emociones y percepciones, parece consolidar los beneficios obtenidos.

A veces hay recuerdos traumáticos de la infancia que nunca se han compartido con nadie y de los que hay que hablar sinceramente. En ocasiones, también hay experiencias espirituales que trascienden con mucho lo que la persona jamás concibió posible y deben ser también reconocidas. Hay veces en que los voluntarios pueden tener problemas en seleccionar el concepto o la palabra que más se adapte a su experiencia y el guía puede sugerirles formas de pensar que otros han encontrado útiles o recomendarles la lectura de escritos de místicos del pasado o de exploradores recientes de la mente. Los protocolos de investigación proporcionan varias horas para la integración después de una sesión psicodélica con el fin de garantizar la seguridad y consolidar las respuestas potencialmente beneficiosas. No son pocas tampoco las personas para las cuales el proceso de integración prosigue durante meses, años y hasta décadas en la medida en que avanza el desarrollo psicológico y espiritual.

En contextos religiosos ajenos a las estructuras de la investigación psicofarmacológica, la seguridad psicológica se ve garantizada por la tradición, las directrices conductuales y el contexto interpersonal que proporciona la comunidad espiritual. En un determinado estudio, Paulo Cesar Ribeiro Barbosa y sus colegas analizaron 15 publicaciones que habían evaluado las respuestas de salud emocional, cognitiva o física comunicadas después de la desaparición de los efectos agudos de la ayahuasca. Y aunque, en algunos de los estudios considerados, se señaló la posible existencia de sesgos metodológicos, la conclusión fue que: «Los datos acumulados sugieren que el uso de ayahuasca es seguro y hasta, en determinadas circunstancias, beneficioso». Otros dos pequeños estudios recientes sobre el uso religioso de la ayahuasca, uno realizado por John Halpern con 32 miembros de una rama de la Iglesia del Santo Daime y otro dirigido por Charles Grob con 15 varones pertenecientes a la União do Vegetal, han corroborado de manera parecida las afirmaciones sobre la seguridad. También hay que decir que, en ambos casos, el contexto comunitario proporcionó los correspondientes procedimientos de preparación y apoyo social.

Consideraciones legales

Al considerar las cuestiones de seguridad y beneficio debemos sopesar también, obviamente, las posibles consecuencias legales de que la persona decida consumir sustancias psicodélicas fuera de los proyectos de investigación científica, las organizaciones religiosas u otras circunstancias aprobadas en un determinado país. Pues, pese a los beneficios psicológicos o espirituales, el hecho de que uno se vea multado o encarcelado puede acabar afectando muy negativamente la vida personal.

A medida que vamos recuperándonos de la histeria de los años 60, especialmente si los proyectos de investigación actuales y futuros siguen corroborando la seguridad básica del uso adecuado y responsable de los principales enteógenos, es razonable anticipar cambios graduales en la legalización sobre las drogas de varios países y de sus estados o provincias individuales. Como actualmente ocurre con el caso de la marihuana, las leyes federales y estatales pueden contradecirse. En 2005, por ejemplo, un tribunal de apelaciones del Estado de Nuevo México dictaminó que el cultivo de setas de psilocibina para uso personal no podía considerarse «fabricación de una sustancia controlada», aunque, según la ley federal, la psilocibina sigue siendo ilegal en ese estado. Las leyes tienden a ser complejas, a veces estableciendo sutiles diferencias entre las modalidades natural y sintética y variando en función de la supuesta intención asociada al cultivo, el transporte, la venta o la posesión. Rara vez parece existir una categoría de «uso responsable» razón por la cual suele asumirse que la simple posesión implica «abuso». Afortunadamente, internet ofrece información bastante actualizada sobre la legislación vigente en los distintos países.

Parte V.
Sigamos avanzando

17. El miedo a despertar

Un efecto habitual de los estados de conciencia visionarios y místicos es que movilizan la capacidad de experimentar más plenamente el asombro. De repente, en lugar de dar por sentada la vida mientras llevamos a cabo nuestras rutinas cotidianas, el simple hecho de existir puede aparecérsenos como un auténtico milagro. Fue el filósofo alemán Wilhelm Gottfried von Schelling el primero en llamar la atención de los estudiosos al preguntarse «¿Por qué hay algo en lugar de nada?». Aunque, en la mayoría de los casos, nuestro paso por la Tierra no suele llegar a cien años, el mero hecho de existir resulta, pensándolo bien, bastante increíble. En este sentido, me viene a la memoria el recuerdo de Arthur Munk, mi primer profesor de filosofía del Albion College que, en las discusiones de clase, se emocionaba mucho y, al comentar esta pregunta, exclamaba «¡Pero qué pregunta más extraordinaria!», independientemente de que alguien tuviera o no la menor idea de cuál podría ser la respuesta.

La emergencia de la conciencia suele a ir acompañada de una cierta originalidad del ser y una apertura a nuevas visiones de la realidad. No tengo la menor duda de que, hablando en términos generales, nuestro intelecto es muy rudimentario y de que, cuando se asoma a lo desconocido, se encuentra al borde de un misterio insondable. Un buen día, tras mi primer atisbo de conciencia mística como joven estudiante, estaba paseando por una librería cuando me llamó la atención un librito de Joseph Möller, titulado *Vielleicht ist alles anders* [«Quizás todo sea de otro modo»], que compré solo por el título. Otro título que me intrigó en aquellos días fue *The Adventures of Ideas* [«La aventura de las ideas»] de Alfred North Whitehead. La potencia de las ideas, incluso de aquellas que influyen significativamente en el curso de las civilizaciones y la historia, cambia con el paso del tiempo y, a veces, asume nuevas formas.

¿Por qué parece que algunos miembros de la familia humana no quieren ver más allá de la existencia rutinaria? ¿Será acaso por miedo a lo desconocido? ¿Es el mundo demasiado grande y aterrador como para tratar de pensar en él? ¿Tendrá que ver con el miedo a que nos sorprendan, a equivocarnos o a perder el control? ¿Es posible que exista algún gen que nos impulse a filosofar o a buscar la espiritualidad y que solo se exprese en algunos de nosotros o en algunos momentos? Cuando la gente viene a pedirme ayuda por su miedo a volar en avión, a veces me pregunto si no debería mencionarles que siempre hemos estado volando en un pequeño planeta que da vueltas en torno a su eje vertical a una velocidad (en el ecuador) de unos 1.000 kilómetros por hora y que da una vuelta al año en torno al Sol a unos 108.000 kilómetros por hora. Por mucho que nos guste afirmar nuestra independencia en la vida cotidiana no es menos cierto que, cuando finalmente nos encontremos en el lecho de muerte, todos deberemos aceptar que dependemos de realidades mucho mayores que nuestro ego. ¿Por qué todo esto me evoca el título del libro de C.S. Lewis *Sorprendido por la alegría*?

Recuerdo el día en que, hace ya muchos años, Ilse y yo decidimos hacer algo bueno por su anciana tía, Tante Wilma. La vida de Wilma era limitada; era viuda y vivía sola en un pequeño apartamento en un suburbio de Dortmund (Alemania) y decidimos llevarla en tren a Ámsterdam a pasar el día. Cuando la recogimos ya podían advertirse los problemas porque no dejaba de insistir en llevar, en un caluroso día del mes de julio, un pesado abrigo negro. Cuando la policía fronteriza comprobó, al entrar el tren en Holanda, nuestros pasaportes, se puso muy nerviosa, reviviendo quizás recuerdos de la Segunda Guerra Mundial. Una vez en Ámsterdam, subimos a un tranvía y nos dirigimos al Museo Van Gogh. Una vez allí se quejó de que aún no hubiésemos visto a la reina y se sentó en una silla del vestíbulo, junto a un arco más allá del cual colgaban algunos de los cuadros más hermosos de Van Gogh. Allí permaneció, enfurruñada, negándose a dar un paso más y, mucho menos, a complacernos y tranquilizarnos. Cuando por fin la devolvimos a su casa esa misma noche dejó muy claro que, para ella, se había tratado de un día muy desagradable.

Tratando de entender compasivamente a Tante Wilma, no cabía duda de que padecía de esa modalidad de conciencia contraída que a menudo llamamos depresión y de que se empeñaba con obstinación en exacerbar su angustia y en evitar la belleza y la vida que la rodeaba. Quizá lo que más temía era la alegría. Resulta sorprendente advertir la ausencia, en el DSM V –el manual diagnóstico y estadístico de términos políticamente aprobados que utilizan los profesionales de la salud mental para etiquetar a los pacientes a efectos de reembolso del seguro–, de un diagnóstico que bien podría denominarse «miedo a la alegría».

Recuerdo también, del mismo modo, a uno de los estudiantes de teología al que acompañé mientras experimentaba su primera sesión de psilocibina en la clínica del doctor Leuner. Entonces no sabía mucho sobre el arte de guiar sesiones y debería haberme alertado cuando me dio la espalda, enterró la cara en las esquinas interiores de los cojines del sofá y permaneció en silencio y completamente refractario a todos mis intentos de comunicarme con él. Al final, cuando el efecto del enteógeno estaba disminuyendo, exclamó: «*Ich habe es geschafft!*» («¡Lo he conseguido!»). Resultó que había pasado la sesión resistiéndose a dejarse llevar por un torbellino que trataba de arrastrarle hacia un vórtice que conducía a las profundidades del océano. En lugar de confiar y sumergirse en las profundidades, permitiendo que las aguas visionarias y su inexperto guía le apoyasen, había pasado toda la experiencia luchando a contracorriente y estaba completamente agotado. Ese día, al menos, malgastó una oportunidad de descubrir los tesoros, dolorosos o alegres, que podrían haberle aguardado en las profundidades de su mente. Esta conducta es, desde la perspectiva psicológica, un claro ejemplo de «resistencia» y miedo a perder el control.

Un tercer ejemplo proviene de una inolvidable mañana en la que visité a dos pacientes de cáncer, más o menos de la misma edad. Una de ellas era una mujer de una familia excepcionalmente rica. Nos preparamos para su sesión de LSD sentados junto a su piscina en un lujoso suburbio de Baltimore atendidos por sirvientes. Recuerdo que se disculpó porque, en su salón, todavía estaban los muebles del año anterior que su decorador aún no había actualizado. La otra era una mujer pobre que vivía en un adosado en mal estado ubicado en los barrios bajos de Baltimore. Nos conocimos en su cocina, con el suelo de linóleo agrietado y con cucarachas, que hacía tiempo que había aceptado como inevitables compañeras de piso, arrastrándose literalmente por nuestros cuerpos. Ambas se enfrentaban al mismo problema: la inminencia de la muerte. Tal vez debido a mis propias limitaciones, los intentos de ayudar a la mujer rica con el LSD fracasaron y, al final, murió, aislada, deprimida y amargada. La muerte era lo único que no podía controlar, una conciencia que desencadenó una respuesta a la vida que perfectamente podría describirse como ira y enojo. La mujer de los barrios bajos, por su parte, respondió con apertura y gratitud a la oportunidad que le brindaba la sustancia psicodélica y se acercó a la muerte con una gran cordialidad interpersonal y una sensación de paz interior.

Son muchas las personas, entre ellas un gran número de profesionales de la salud mental, que han acabado asumiendo que el consumo de sustancias psicoactivas es intrínsecamente peligroso. Sin entender la importancia de la *dosis*, del *set* (es decir, de la estructura de la personalidad, de la preparación y de las expectativas) y del *setting* (es decir, del entorno físico y social) y de las variedades de estados alternativos de conciencia, han dado por sentado que las respuestas a los enteógenos son impredecibles y caprichosas. Algunos de quienes han ingerido algunas de las sustancias psicodélicas se han encontrado con estados de conciencia aterradores y parecen tener poca motivación para llegar a entender sus conflictos internos y experiencias desagradables; otros han conocido a amigos, familiares o pacientes que habían consumido psicodélicos y acabaron «metiéndose en problemas» y asumen, basándose en ello, que no son aconsejables para nadie. Algunos psiquiatras solo conocen a las víctimas de la salud mental que acuden a las salas de urgencias, de forma parecida a los internistas que tienen que lidiar con las víctimas de accidentes de automóvil. Esas personas tienden a no escuchar a quienes valoran la importancia de las experiencias beneficiosas, fundamentalmente porque el consumo fuera de los entornos médico y religioso prescritos es hoy ilegal y no siempre requiere asistencia psiquiátrica.

La forma en que se nos enseña a percibir las drogas en la primera infancia puede seguir siendo sumamente convincente en la edad adulta. En cuanto al alcohol, debo decir que, aunque nací después del experimento cultural de la prohibición (1920-1933), crecí dentro de una sección muy activa de la Women's Christian Temperancia (WCTU) de la iglesia metodista. De forma bastante simplista me enseñaron que, si nadie consumiera alcohol, no habría alcoholismo. Cuando me hice mayor y empecé a cuestionar un poco más las cosas, me di cuenta de que ese comentario equivalía a decir que, si nadie condujera automóviles, no habría accidentes de tráfico. En la calle principal de esa pequeña comunidad minera del hierro llamada Negaunee, que solo tenía dos manzanas de largo, había 22 tabernas. Ahora entiendo que esas tabernas debían de satisfacer algunas de las necesidades sociales de muchos residentes, la mayoría de los cuales pasaban largas horas trabajando en túneles subterráneos bastante lúgubres.

En mi casa, sin embargo, no había alcohol, salvo unas pocas gotas de brandy que, de vez en cuando, salpicaban el pastel de frutas de Navidad. Cuando la buena de la señora Baldasari regaló a mi padre, el director del instituto, una botella de su vino casero en agradecimiento por el modo en que había ayudado a su hijo, la botella permaneció en el armario bajo el fregadero de nuestra cocina durante casi un año. Finalmente llegó el día en que, estando ya en el instituto, vacié el malvado contenido de la botella por el desagüe para consternación, más de sesenta años después, de mi hermano mayor cuando se enteró. El alcohol tenía entonces, para mí, una carga emocional muy negativa y aún recuerdo vívidamente a un borracho que llamó con gran estruendo a nuestra puerta gritando obscenidades a mi asustada madre. Había sido un prometedor concertista de piano pero ahora, supuestamente a causa del alcohol, se había convertido en el zapatero del pueblo que, mientras cosía suelas y martilleaba tacones, escuchaba grabaciones de sus actuaciones en los escenarios de Chicago años atrás. También recuerdo que, cuando practicaba senderismo por parajes inexplorados, me topé, en lo más profundo del bosque, con una caldera de cobre y un serpentín de condensación, cubiertos por maleza y enredaderas, donde un par de décadas antes alguien había construido ilegalmente un alambique destinado a fabricar alcohol ilegal. No cabe la menor duda de que, de haberle pillado, le habrían encarcelado. A medida que fui madurando, mi tolerancia al alcohol fue aumentando, aunque no probé la cerveza hasta que abandoné literalmente las costas de Estados Unidos en un barco alemán con destino a Europa. Aquellas primeras lecciones de la escuela dominical sobre «los males del alcohol» habían calado muy hondo en mi mente. Ahora me doy cuenta de que, quienes crecieron en hogares con bares bien surtidos y parroquianos que no solo disfrutaban de las bebidas antes, durante y después de la cena, sino que consideraban que ofrecer alcohol formaba parte de una hospitalidad educada y cortés, contemplaban la misma sustancia desde una actitud completamente diferente.

En las últimas décadas he llegado a disfrutar de una copa de vino con una buena comida o de una botella de cerveza con los cangrejos de Maryland, pero nunca he desarrollado un gusto personal por los cócteles y el consumo ocasional de bebidas alcohólicas. También he aprendido que las actitudes cambian lentamente con la educación y la experiencia vital. Sigue preocupándome el alcohol, he sido testigo de la muerte de amigos por cirrosis hepática y he empatizado con muchos pacientes, voluntarios de investigación y sus familiares mientras trataba de ayudar a personas que padecían de adicción al alcohol. Pese a ello, sin embargo, jamás votaría a favor de una nueva prohibición del alcohol, porque creo que las personas pueden integrar responsablemente esta sustancia en su dieta y en su vida social. Es cierto que el uso moderado del alcohol puede proporcionar sensaciones gustativas agradables, algunos beneficios para la salud, sensaciones de relajación y aumentar la sensación de camaradería, pero, a diferencia de lo que ocurre con las sustancias psicodélicas, rara vez proporciona ideas o conocimientos relevantes para el desarrollo personal y espiritual. Además, y a diferencia también de lo que ocurre con las sustancias psicodélicas, el alcohol es físicamente adictivo y provoca daños fisiológicos.

Ahora bien, si los sacramentos psicodélicos tienen la capacidad de despertarnos a un conocimiento genuinamente espiritual, ¿por qué los gobiernos los temen, los declaran ilegales y amenazan con encarcelar a quienes tengan, en su jardín, ciertas especies de setas? ¿Por qué las leyes federales actuales de los Estados Unidos exigen que la psilocibina aprobada para su uso en investigación se guarde en una caja fuerte cerrada con llave y atornillada al suelo y en una instalación segura si la caja pesa menos de 340 kilos? A fin de cuentas, no se trata de un isótopo radiactivo, sino de una sustancia intrínsecamente sagrada que los indios han empleado sin mayor problema en sus ceremonias religiosas durante al menos 3.000 años.

Como ya hemos dicho, la investigación con estos compuestos en este momento concreto de la historia de los Estados Unidos requiere la autorización de dos agencias federales, la Administración Federal de Medicamentos (FDA) y la Administración para el Control de Drogas (DEA), y también debe ser aprobada por la Junta de Revisión Institucional local (IRB) que supervisa los proyectos de investigación, protegiendo a los sujetos humanos mediante la ponderación de la relación riesgo-beneficio, examinando la integridad de los informes de consentimiento informado y corroborando la integridad científica de los diseños de investigación. Como afirma claramente un reciente artículo publicado en *Nature Reviews* por tres expertos en psicofarmacología, David Nutt, Leslie King y David Nichols, los actuales controles gubernamentales y las restricciones legales han impedido el progreso internacional de la investigación científica del efecto de las sustancias psicodélicas. Hasta hace muy poco, parecía que la financiación gubernamental solo sería posible para la investigación que pretendiera documentar algún efecto adverso de su uso y cualquier estudio sobre su uso potencialmente positivo quedaba lejos del interés gubernamental. Esta situación resulta muy desconcertante en países en los que muchos estudiantes universitarios y otros ciudadanos optan por el consumo de sustancias psicodélicas. Uno esperaría que las agencias federales con responsabilidad sobre la salud de todos sus ciudadanos se interesaran por obtener toda la información posible sobre las respuestas a los diferentes enteógenos promoviendo y financiando la investigación científica, cosa que, lamentablemente, hasta la fecha, rara vez ha sido posible.

En realidad, el mosaico de leyes y su aplicación en diferentes partes del mundo resulta fascinante. Aunque el cultivo de cualquiera de las aproximadamente 180 especies de setas que contienen psilocibina en el jardín de casa se considera ilegal en la mayoría de estados y provincias, en 2005 la legislatura de Luisiana, por ejemplo, llegó a prohibir el cultivo de dos especies de campanillas (la *Ipomea violacea* y la *Rivea corymbosa*), a menos que se utilicen «con fines estrictamente estéticos, paisajísticos o decorativos». Hay, al menos, tres variedades de gloria de la mañana que, al parecer, producen semillas con efectos psicoactivos porque contienen amida de ácido lisérgico (LSA), una sustancia parecida al LSD que merece una investigación científica adicional. Uno no puede evitar preguntarse por el origen de los nombres tan singulares de estas especies conocidas como azul celestial, puertas perladas y platillos volantes. Una especie blanca llamada «ololiuqui» que los botánicos llaman *Turbina* (o *Rivea*) *corymbosa* ha sido utilizada en sus ceremonias religiosas por los indios de Centroamérica desde hace, al menos, doscientos años, combinada, en ocasiones, con hongos que contienen psilocibina.

Las semillas de gloria de la mañana, sobre todo aquellas que han sido regadas con otros productos químicos y se venden en paquetes, probablemente no sean sustancias enteógenas ideales porque, como sucede con muchos enteógenos vegetales naturales, contienen numerosos compuestos, algunos de los cuales pueden provocar náuseas u otros efectos adversos. La misma legislación de Luisiana especificaba otras 38 plantas y hongos, incluida la vid *Banisteriopsis caapi* que, aunque ni siquiera contiene un enteógeno, se utiliza en la preparación de la bebida sacramental ayahuasca. La legislación también especificaba el género de hongos *Psilocybe* y el hongo rojo brillante con manchas blancas conocido como *Amanita muscaria*, que parece tener una larga historia y, por arriesgado que pueda ser su uso por personas que carezcan de la necesaria información, puede haber sido un factor contribuyente, según John Allegro, al origen de las religiones judeocristianas. Parece que, para bien o para mal, los gobiernos se han enzarzado en una «guerra contra las plantas» –que algunos no dudarían en denominar guerra contra la conciencia– y que podría considerarse como los dolores que acompañan al parto de la conciencia espiritual de la especie humana.

Quizás todas las cautelosas salvaguardas hoy en vigor, por más extremas e innecesariamente alarmistas que puedan parecer –por no mencionar frustrantes para los investigadores cualificados y dedicados–, fueran comprensibles para recuperarnos de los traumas culturales de los 60 provocados por el choque de valores que acompañó a la guerra de Vietnam, los conflictos raciales, el movimiento feminista y la revolución sexual. Este conflicto cultural de nuestra historia se ilustra a menudo con los estereotipos extremos de los estudiantes occidentales ofreciendo flores a los soldados, cantando «Hare Krishna» y pronunciando eslóganes como «Haz el amor y no la guerra» en un extremo, y el otro extremo del espectro, igualmente distorsionado, compuesto por los gigantes de la industria obsesionados con el beneficio económico inmediato y las estrategias militares agresivas. Quizás, en el clima actual, convenga reconocer honestamente que, siendo una sociedad traumatizada, nuestra reacción ha sido desproporciona y que, a menudo, seguimos pensando en las sustancias enteógenas –ya sea en forma natural o farmacológica– de un modo tan confuso como ambivalente. Tal vez exista, en nuestra psique colectiva, el deseo de evitar el dolor y la culpa derivada de la violencia que hemos contribuido a perpetuar en el mundo, desde nuestra guerra con los indios americanos durante la época colonial hasta nuestras recientes luchas por hacer frente a las tensiones en el Sudeste Asiático y en Oriente Medio. Tomamos y aplicamos las mejores decisiones que, en épocas de crisis, tenemos a mano, pero, aun así, incurrimos invariablemente en una culpa que resulta más fácil negar que afrontar y resolver. Como dijo Karl Jaspers en su libro *Die Schuldfrage* (traducido como *El problema de la culpa*) cuando el Tercer Reich acabó colapsándose y la Segunda Guerra Mundial llegó a su fin, todos los ciudadanos son culpables de no informarse, no controlar las tendencias políticas y no escuchar ni expresar sinceramente las voces de su conciencia.

Como muchos sabemos, lo improbable ocurre de vez en cuando y a veces lo llamamos «coincidencias increíbles». En mayo de 1943, mientras aviones de combate británicos y estadounidenses lanzaban bombas sobre la ciudad de Dortmund, una niña rubia de siete años permaneció valientemente junto a su padre en la entrada del búnker de su barrio, observando las espectaculares llamaradas que encendían el cielo en medio de ensordecedoras explosiones. La destrucción se extendía por doquier y casi todo el mundo estaba traumatizado. En agosto de 1972, esa misma niña, que acabaría convirtiéndose en mi esposa y enfermera psiquiátrica de 36 años, estaba guiando a un paciente de cáncer terminal en una sesión psicodélica con dipropiltriptamina (DPT) en el Hospital Sinaí de Baltimore. Ese hombre, antiguo piloto de caza de las fuerzas aéreas estadounidenses, había estado sentado literalmente en la bodega de armamento de uno de esos aviones y, en repetidas ocasiones, había soltado bombas sobre Dortmund. Tenía 20 años en el momento de los bombardeos y ahora, a los 49, recordaba lo mucho que disfrutaba «disparando a los nazis». Mientras estaban cogidos de la mano durante y después de su sesión de DPT, compartiendo su aprecio mutuo por Beethoven y Brahms, así como su conexión humana en el presente, compartían también la conciencia de haberse visto atrapados en poderosas corrientes de acontecimientos globales que empequeñecían sus vidas individuales. Lo que ahora prevalecía era la aceptación y la reconciliación en el umbral de la muerte de un hombre en un momento histórico muy diferente.

En tiempos de transición cultural es habitual convocar grupos de trabajo de expertos y solicitar estudios e investigaciones adicionales, una actividad tan necesaria como bienvenida. Cada vez son más, en la actualidad, los científicos de distintos países que están investigando cuidadosamente la posibilidad de un uso responsable de diferentes sustancias psicodélicas, y sus hallazgos seguirán apareciendo en revistas profesionales. Sin embargo, ha habido una tendencia a ignorar la abundancia de conocimientos publicados en años anteriores como si, una vez más, nos viésemos obligados a inventar la rueda. Espero que, si combinamos las investigaciones pasadas y presentes y seguimos interesándonos por la seguridad y el beneficio de las sustancias psicodélicas, no tardaremos en que sea posible relajar de forma gradual y de un modo sensato y responsable los controles culturales. Su clasificación actual en la Lista I de los Estados Unidos como drogas que «actualmente carecen de uso médico aceptado» y «no son seguras para su uso bajo supervisión médica» está desfasada y ha revelado claramente que no es exacta ni apropiada. Resulta discutible que, siendo no adictivas, esas drogas tengan «un alto potencial de abuso» porque la legislación represiva tuvo muy poco en cuenta los resultados de la investigación de su posible «empleo» serio. Y también es muy curioso que haya tantas sustancias (como el alcohol, la cafeína y la nicotina) que, pese a tener su propio potencial de abuso, no figuren en ninguna lista. Es de esperar que, en los próximos años, los estudios bien diseñados con muestras cada vez mayores de personas proporcionen datos recientes sustanciales que posibiliten la toma de decisiones inteligentes.

18. Adentrándonos en un nuevo paradigma

Este cambio cultural tiene lugar en el contexto de un cambio todavía mayor, habitualmente denominado cambio de paradigma, una expresión acuñada por Thomas Kuhn en su libro *La estructura de las revoluciones científicas* y definido como la gran red de creencias y percepciones a través de las cuales la mayoría de la gente ve la realidad. Se trata de saber exactamente cuál es la «realidad» que se ha convertido en línea de partida común al mayor número de personas que componen una civilización. Ahora bien, como afirma el efecto del «centésimo mono», llega un momento en que una minoría pasa a ser una mayoría, momento en el cual se produce un cambio de conciencia en el que lo que anteriormente se consideraba muy improbable no solo se convierte de repente en algo razonable y aceptado, sino hasta evidente. «Por supuesto –dice entonces la gente– ¿cuál es el problema?». ¿Acaso no son las mujeres lo suficientemente inteligentes para votar? ¿Qué tiene que ver el color de la piel con la valía, el talento o las oportunidades? Cualquiera puede amar, ser responsable y contribuir de forma positiva a la sociedad con independencia de su identidad sexual.

Consideremos, por ejemplo, el cambio de paradigma que se llevó a cabo cuando la astronomía ptolemaica dio paso a la visión copernicana del universo. Para aquella, la Tierra era plana y los cuerpos celestes se desplazaban por el cielo siguiendo trayectorias irregulares llamadas epiciclos en medio de hermosas esferas cristalinas. Aristóteles y el papa Pablo V suscribieron este punto de vista y, si alguien decía entonces en un examen que la Tierra plana no era el centro del universo, se le informaba de que su respuesta era errónea. Con toda probabilidad, muchas tesis doctorales de aquella época informaban de observaciones detalladas de los «epiciclos» irregulares y dentados descritos por las diferentes estrellas en su desplazamiento por el firmamento. Y aunque los datos de sus observaciones fuesen razonablemente exactos, hoy consideraríamos primitivo y erróneo el marco de referencia con el que los interpretaron.

Hoy en día tenemos una visión mucho más copernicana o heliocéntrica y, aunque sigamos hablando de amaneceres y puestas de sol, sabemos muy bien que no es el Sol el que gira en torno a la Tierra, sino al revés. La astronomía contemporánea expande cada vez más nuestra imaginación y nos ha permitido conocer innumerables galaxias mucho más lejanas que nuestra Vía Láctea y medimos las distancias en años luz. El vestíbulo del Instituto del Telescopio Espacial del campus de la Escuela de Artes y Ciencias de la Johns Hopkins contiene un gran mural retroiluminado con lo que parece una increíble panorámica de estrellas brillantes, pero, en realidad, la mayoría de los puntos de luz no son estrellas, sino lejanas galaxias. Siempre me ha sorprendido que los empleados pasen por delante de ese escenario con sus bolsas de almuerzo sin caer, alguna que otra vez al menos, postrados en el suelo, desbordados por el asombro y la admiración.

Si las comprensiones de las que se tiene constancia en los estados místicos de conciencia son realmente válidas, el espacio, el tiempo y la sustancia podrían llegar a entenderse en el contexto de otro paradigma de la realidad que los físicos cuánticos parecen estar empezando a entender. Todos, como ya hemos dicho, aceptamos hoy que el escritorio en el que nos sentamos, por sólido que parezca, está hecho de partículas subatómicas en movimiento. La materia, en realidad, es energía en movimiento y, en última instancia, no son las fibras sólidas que percibimos con los ojos y las yemas de los dedos. Quizás ocurra lo mismo con nuestro cuerpo.

A principios del siglo XVII, Galileo Galilei, brillantemente representado por el dramaturgo alemán Bertolt Brecht, fue uno de los primeros en cuestionar la visión ptolemaica de la realidad. A diferencia del filósofo Giordano Bruno, quemado en la hoguera una década antes por atreverse a cuestionar la visión prevalente del mundo, Galileo disponía de una herramienta recién inventada, el telescopio. Con él pudo observar que las lunas de Júpiter desaparecían periódicamente al pasar por detrás del planeta y consideró esta observación como una prueba empírica de la visión copernicana.

En la obra de Brecht, Galileo Galilei aparece rodeado de las autoridades de su época –que cambian con el paso del tiempo y que, en su época, eran un filósofo, un teólogo y un matemático– y las invita a mirar por su telescopio y comprobar por sí mismas la emergencia de un nuevo paradigma fascinante y asombroso de la realidad. Sin embargo, se niegan a mirar comentando que, aunque se asomaran a ese estúpido tubo y viesen lo que Galileo afirmaba, esa no sería más que una alucinación. Después de todo, el Papa y Aristóteles estaban de acuerdo en que la Tierra era plana. Además, los telescopios eran utilizados por jóvenes rebeldes con fines exclusivamente recreativos, razón por la cual ningún padre responsable permitiría que su hijo tuviese un telescopio. Pero, por más que Galileo se viese censurado y condenado a arresto domiciliario, la visión que experimentó siguió siendo válida y reconocida finalmente por las generaciones venideras. Cabe decir que, en última instancia, el cambio de paradigma no implicó la menor amenaza para los teólogos, sino que expandió las dimensiones de nuestro universo y nos reveló un universo más amplio y magnífico. No cabe la menor duda de la belleza de las esferas celestiales de la antigüedad, pero... ¡es que no son acaso hermosas las nebulosas y las lejanas galaxias!

19. Un movimiento hacia el futuro

Alan Watts (1915-1973), uno de los primeros eruditos con formación teológica que comenzó a introducir en Occidente las religiones orientales –sobre todo el budismo Zen–, habló del «tabú de conocerse a uno mismo». Si nos tomamos en serio la conciencia mística y aceptamos que parece tratarse de un estado de conciencia que, más pronto o más tarde, nos espera a todos, deberemos aceptar que somos seres espirituales; que, de hecho, hay «algo de Dios dentro de cada uno de nosotros» y que, nos guste o nos desagrade, está acercándose el momento en que nos veremos obligados a admitir que somos incondicionalmente amados.

¿Qué cambios experimentaría nuestro mundo si cada vez fuesen más las personas espiritualmente despiertas y conscientes de los dominios temporal y eterno de la conciencia? Como lo evidencia el creciente interés por el yoga y las disciplinas meditativas, el aumento de la curiosidad y de la tolerancia por la visión sostenida por las diferentes religiones del mundo, y un mayor respeto por el uso terapéutico, educativo y sacramental de las sustancias psicodélicas, esta conciencia parece estar intensificándose en la mente de muchas personas.

En el estadio actual en que se halla nuestra evolución, impulsada por el uso constructivo de la tecnología, el aumento de los viajes internacionales e internet, cada vez es mayor la comunicación intercultural y el valor atribuido a la diversidad. Quizás llegue un momento en el que la creatividad y la mayor comprensión de otras sociedades y visiones religiosas nos ayuden a dejar de dirimir nuestras tensiones en el campo de batalla y empezar a hacerlo a través del diálogo respetuoso entre países o en las cámaras de las Naciones Unidas. ¿Hay algo acaso inmoral o absurdo en el hecho de amar en lugar de hacer la guerra? El amor intuido en los estados místicos no es ingenuo y débil, sino inteligente, sabio y sumamente poderoso. Ese amor puede expresarse tendiendo la mano a otras culturas con la determinación disciplinada de conocer su historia, su situación social y económica, su religión y sus lenguas y entablar un diálogo intercultural respetuoso, humilde y paciente.

Bien podríamos decir que las guerras y los conflictos forman parte del despliegue del drama divino, simples manifestaciones de la danza de Shiva. A fin de cuentas, la sucesión de acordes disonantes tiene su razón de ser y forma parte de la magnificencia de una sinfonía porque un simple acorde en do mayor sostenido resultaría bastante aburrido. Con el tiempo y la evolución de nuestra especie, sin embargo, podríamos estar avanzando hacia algún tipo de utopía mundial más apacible. Si las intuiciones de los místicos son válidas y la conciencia perdura más allá de la muerte del cuerpo físico, deberíamos preguntarnos por el sentido o hasta por la eficacia de matarnos en el campo de batalla y si no hay formas más evolucionadas de relacionarnos con quienes ven el mundo, creen y actúan de modos que nos resultan difíciles de entender.

Si queremos que el empleo prudente y responsable de las sustancias psicodélicas se convierta en una herramienta valiosa para entendernos a nosotros, a nuestros semejantes y al universo en el que estamos inmersos, deberemos hacer los ajustes necesarios en las actitudes, procedimientos y leyes actuales. ¿Cómo habría que garantizar el acceso y la posesión legal de las sustancias psicodélicas? ¿Quiénes deberían ser los custodios de su adecuado empleo? ¿Deberían guardarlas los profesionales de la salud mental y recetarlas los psiquiatras? ¿Correspondería a los profesionales de la religión decidir quién está preparado para recibir lo que se ha llamado «el sacramento que funciona»? ¿Habría que exigir, para su acceso legal, la pertenencia a una religión que acepta los enteógenos como sacramentos o deberíamos respetar la libertad religiosa al margen de toda afiliación a una determinada iglesia, sinagoga, templo o mezquita? ¿Habría que educar al ciudadano de a pie sobre el consumo de psicodélicos, cómo y cuándo hacerlo, o responsabilizarle de obtener los conocimientos necesarios para tomar sus propias decisiones? Lo permitimos con el alcohol, la nicotina, la cafeína y, cada vez más, con la marihuana, conscientes de que algunos consumirán estas sustancias de forma inadecuada y abusiva, mientras que muchos otros lo harán responsablemente. ¿Cuál es la mejor forma de garantizar la pureza, el etiquetado exacto y la dosificación adecuada de las sustancias psicodélicas para maximizar su seguridad y eficacia? Todas estas son cuestiones importantes que deberíamos estudiar y este es el momento más adecuado para hacerlo.

Personalmente creo en la necesidad de continuar con proyectos de investigación de muchos tipos destinados a investigar la posibilidad de integrar de manera responsable las sustancias psicodélicas en nuestra cultura. En un futuro inmediato se requerirá la supervisión y aprobación por parte de las agencias gubernamentales y las juntas de revisión institucional. Estos estudios no solo deberían centrarse en las posibles aplicaciones médicas, sino también, como hemos señalado en este libro, en su empleo en los entornos religioso y educativo.

Los científicos sociales cuentan con las habilidades necesarias para supervisar y valorar los efectos beneficiosos y perjudiciales puestos de relieve por dichos estudios.

Muchos de estos estudios podrían llevarse a cabo bajo el auspicio de universidades e instituciones de investigación. Otros podrían tener lugar en centros de retiro experimentales, ubicados quizás en parajes naturales pintorescos en donde las personas que quieran tener una experiencia psicodélica legal puedan solicitarlo, someterse a exámenes médicos, recibir asesoramiento, acceder a sustancias puras en la dosis adecuada, recibir la preparación, la orientación y el apoyo competente necesario durante el acceso a estados alternativos de conciencia y obtener asistencia inicial para su integración en contextos tanto individual como grupal. Estos centros, en los países que los patrocinen y apoyen, contarían con profesionales interdisciplinarios, tanto médicos como religiosos. También deberían incluir equipos de científicos sociales conocedores de los protocolos de investigación. Espero vivir lo suficiente, si no para participar como miembro del personal de un centro de este tipo, sí, al menos, para tener el honor de visitarlo. Y, en tanto ciudadano estadounidense, me sentiría especialmente orgulloso de que uno de esos primeros centros se estableciera con éxito en mi país.

Epílogo

Breve informe sobre la frontera existente entre la ciencia y la espiritualidad

Algunas sugerencias para tener en cuenta y explorar.

1. Recuerda, por si te queda alguna duda, que Dios (o cualquiera que sea el nombre con el que prefieras llamar a la Realidad Última) es.
2. Ya sea como Fundamento del Ser (Campo Búdico Celestial, Tierra Pura, Vacío que contiene toda la Realidad, Luminosidad Fundamental de la Conciencia Pura) o como Dios personal (lo llamemos Jehová, Jesús, Krishna o Buda), Dios nos espera y abraza.
3. Dentro de cada uno de nosotros hay cielos e infiernos perfectamente concebidos.
4. Si nos tomamos la mística lo suficientemente en serio, la naturaleza última de la materia y de la mente parece ser una fuente o fuerza ontológica de energía llamada amor.
5. La conciencia, nos guste o nos desagrade, parece indestructible.
6. Somos más de lo que sabemos de nosotros y podemos llegar a experimentar contenidos visionarios que no son el fruto de nuestra historia de desarrollo personal.
7. Dios se muestra de formas misteriosas y, cuando confiamos y actuamos en el mundo, se despliega en nosotros un proceso car-

gado de sentido. Cada uno de nosotros es una obra de arte que se halla en proceso de creación.
8. Hay verdad en el mito.
9. La verdadera humildad es el asombro reverencial ante la inconmensurable grandeza del Ser.
10. La belleza puede estar en el ojo del espectador y verse a través de él, pero también puede ser absoluta e increíblemente extraordinaria.
11. Todos estamos conectados entre nosotros y conectados también con todo lo que es; la Unidad entre la Humanidad, Gaia y la Red de Indra es algo completamente real.
12. El anhelo de conocer y de entender las verdades expresadas por la ciencia y la filosofía se halla sumido en ríos de tiempo que desembocan en el océano de la eternidad.
13. Más allá de toda palabra y concepto, lo que es *es*.

Bibliografía selecta

Artículos

Barbosa, Paulo Cesar Ribeiro, Suely Mizumoto, Michael P. Bogenschutz y Rick J. Strassman. 2012. «Health Status of Ayahuasca Users». *Drug Testing and Analysis* 4 (7-8): 601-609.

Barker, Steven A., Jimo Borjigin, Izabela Lomnicka y Rick Strassman. 2013. «Dimethyltryptamine Hallucinogens, Their Precursors, and Major Metabolites in Rat Pineal Gland Microdialysate». *Biomedical Chromatography* 27 (12): 1690-1700.

Bogenschutz, Michael P. 2013. «Studying the Effects of Classic Hallucinogens in the Treatment of Alcoholism: Rationale, Methodology and Current Research with Psilocybin». *Current Drug Abuse Reviews* 6 (1): 17-29.

Bogenschutz, Michael P., Alyssa A. Forcehimes, Jessica A. Pommy, Claire E. Wilcox, P.C.R. Barbosa y Rick J. Strassman. 2015. «Psilocybin-Assisted Treatment for Alcohol Dependence: A Proof-of-Concept Study». *Journal of Psychopharmacology* 29 (3): 289-299.

Carhart-Harris, Robin, Mendel Kaelen y David Nutt. 2014. «How Do Hallucinogens Work on the Brain?». *Psychologist* 27 (9): 662-665.

Dishotsky, Norman I., William D. Loughman, Robert E. Mogar y Wendell R. Lipscomb. 1971. «LSD and Genetic Damage». *Science* 172 (3982): 431-440.

Garcia-Romeu, Albert, Roland R. Griffiths y Matthew W. Johnson. 2015. «Psilocybin-Occasioned Mystical Experiences in the Treatment of Tobacco Addiction». *Current Drug Abuse Reviews* 7 (3).

Gasser, Peter, Dominique Holstein, Yvonne Michel, Rick Doblin, Berra Yazar-Klosinski, Torsten Passie y Rudolf Brenneisen. 2014. «Safety and Efficacy of Lysergic Acid Diethylamide-Assisted Psychotherapy for Anxiety Associated with Life-Threatening Diseases». *Journal of Nervous and Mental Disease* 202 (7): 513-520.

Gasser, Peter, Katharina Kirchner y Torsten Passie. 2014. «LSD-Assisted Psychotherapy for Anxiety Associated with a Life-Threatening Disease: A Qualitative Study of Acute and Sustained Subjective Effects». *Journal of Psychopharmacology* 29 (1): 57-68.

Griffiths, Roland R., Matthew W. Johnson, William A. Richards, Brian D. Richards, Una D. McCann y Robert Jesse. 2011. «Psilocybin Occasioned Mystical-Type Experiences: Immediate and Persisting Dose-Related Effects». *Psychopharmacology* 218 (4): 649-665.

Griffiths, Roland R., William A. Richards, Matthew W. Johnson, Una D. McCann y Robert Jesse. 2008. «Mystical-Type Experiences Occasioned by Psilocybin Mediate the Attribution of Personal Meaning and Spiritual Significance 14 Months Later». *Journal of Psychopharmacology* 22 (6): 621-632.

Griffiths, Roland R., William A. Richards, Una McCann y Robert Jesse. 2006. «Psilocybin Can Occasion Mystical-Type Experiences Having Substantial and Sustained Personal Meaning and Spiritual Significance». *Psychopharmacology* 187 (3): 268-283.

Grob, Charles S., Alicia L. Danforth, Gurpreet S. Chopra, Marycie Hagerty, Charles R. McKay, Adam L. Halberstadt y George R. Greer. 2011. «Pilot Study of Psilocybin Treatment for Anxiety in Patients with Advanced-Stage Cancer». *Archives of General Psychiatry* 68 (1): 71-78.

Grob, Charles S., Dennis J. McKenna, James C. Callaway, Glacus S. Brito, Edison S. Neves, Guilherme Oberlaender, Oswaldo L. Saide, Elizeu Labigalini, Christine Tacla, Claudio T. Miranda, Rick J. Strassman y Kyle B. Boone. 1996. «Human Psychopharmacology of Hoasca, a Plant Hallucinogen Used in Ritual Context in Brazil». *Journal of Nervous and Mental Disease* 184 (2): 86-94.

Halpern, John H., Andrea R. Sherwood, Torsten Passie, Kimberly C. Blackwell y A. James Ruttenber. 2008. «Evidence of Health and Safety in American Members of a Religion Who Use a Hallucinogenic Sacrament». *Medical Science Monitor* 14 (8): SR15-22.

Hendricks, Peter S., C. Brendan Clark, Matthew W. Johnson, Kevin R. Fontaine y Karen L. Cropsey. 2014. «Hallucinogen Use Predicts Reduced Recidivism Among Substance-Involved Offenders Under Community Corrections Supervision». *Journal of Psychopharmacology* 28 (1): 62-66.

Hoffman, Albert. 1997. «The Message of the Elusinian Mysteries for Today's World». En *Entheogens and the Future of Religion*, editado por Robert Forte, 31-40. San Francisco: Council on Spiritual Practices.

Hood, Ralph W. 2006. «The Common Core Thesis in the Study of Mysticism». En *Where God and Science Meet*, editado por P. McNamara, 3:119-38. Westport, Conn.: Praeger.

Hood, Ralph W., Nima Ghorbani, P. J. Watson, Ahad Framarz Ghramaleki, Mark N. Bing, H. Kristi Davison, Ronald J. Morris y W. Paul Williamson. 2001. «Dimensions of the Mysticism Scale: Confirming the Three-Factor Structure in the United States and Iran». *Journal for the Scientific Study of Religion* 40 (4): 691-705.

Johnson, Matthew W., Albert Garcia-Romeau, Mary P. Cosimano y Roland R. Griffiths. 2014. «Pilot Study of the 5-HT2AR Agonist Psilocybin in the Treatment of Tobacco Addiction». *Journal of Psychopharmacology* 28 (11): 983-992.

Johnson, Matthew W., William A. Richards y Roland R. Griffiths. 2008. «Human Hallucinogen Research: Guidelines for Safety». *Journal of Psychopharmacology* 22 (6): 603-619.

Katz, Steven T. 1978. «Language, Epistemology and Mysticism». En *Mysticism and Philosophical Analysis*, editado por Steven Katz, 22-74. Oxford: Oxford University Press.

Kraehenmann, Rainer, Katrin H. Preller, Milan Scheidegger, Thomas Pokorny, Oliver G. Bosch, Eric Seifritz y Franz X. Vollenweider. 2014. «Psilocybin-Induced Decrease in Amygdala Reactivity Correlates with Enhanced Positive Mood in Healthy Volunteers». *Biological Psychiatry*.

Krebs, Teri S. y Pål-Orjan Johansen. 2013. «Psychedelics and Mental Health: A Population Study». PLOS ONE 8 (8): 10.1371/journal.pone.0063972.

Leary, Timothy. 1964. «The Religious Experience: Its Production and Interpretation». *Psychedelic Review* 1 (3): 324-346.

Leary, Timothy, George H. Litwin y Ralph Metzner. 1963. «Reactions to Psilocybin Administered in a Supportive Environment». *Journal of Nervous and Mental Disease* 137 (6): 561-573.

MacLean, Katherine A., Matthew W. Johnson y Roland R. Griffiths. 2011. «Mystical Experiences Occasioned by the Hallucinogen Psilocybin

Lead to Increases in the Personality Domain of Openness». *Journal of Psychopharmacology* 25 (11): 1453-1461.

Moreno, Francisco A., Christopher B. Wiegand, E.K. Taitano y Pedro L. Delgado. 2006. «Safety, Tolerability and Efficacy of Psilocybin in 9 Patients with Obsessive-Compulsive Disorder». *Journal of Clinical Psychiatry* 67 (11): 1735-1740.

Nutt, David J., Leslie A. King y David E. Nichols. 2013. «Effects of Schedule I Drug Laws on Neuroscience Research and Treatment Innovation». *Nature Reviews: Neuroscience* 14:577-585.

Pahnke, Walter N. y William A. Richards. 1966. «Implications of LSD and Experimental Mysticism». *Journal of Religion and Health* 5:175-208.

Pollan, Michael. 2015. «The Trip Treatment». *New Yorker*, 9 de febrero 36-47.

Richards, William A. 2014. «Here and Now: Discovering the Sacred with Entheogens». *Zygon: Journal of Religion and Science* 49 (3): 652-665.

Roberts, Thomas B. 2014. «From the 500-Year Blizzard of Words to Personal Sacred Experiences-the New Religious Era». En *Seeking the Sacred with Psychoactive Substances: Chemical Paths to Spirituality and to God*, editado por J. Harold Ellens, 1:1-22. Santa Barbara: Praeger/ABC-CLIO.

Sewell, R. Andrew, John H. Halpern y Harrison G. Pope, Jr. 2006. «Response of Cluster Headache to Psilocybin and LSD». *Neurology* 66 (12): 1920-1922.

Tjio, Joe-Hin, Walter N. Pahnke y Albert A. Kurland. 1969. «LSD and Chromosomes: A Controlled Experiment». *Journal of the American Medical Association* (JAMA) 210 (5): 849-856.

Tupper, Kenneth W. 2002. «Entheogens and Existential Intelligence: The Use of Plant Teachers as Cognitive Tools». *Canadian Journal of Education* 27 (4): 499-516.

—. 2003. «Entheogens and Education: Exploring the Potential of Psychoactives as Educational Tools». *Journal of Drug Education and Awareness* 1 (2): 145-161.

Yensen, Richard y Donna Dryer. 1995. «Thirty Years of Psychedelic Research: The Spring Grove Experiment and Its Sequels». En *Worlds of Consciousness: Proceedings of 1094 Conference*, editado por Adolf Dittrich,

Albert Hofmann y Hanscarl Leuner, 5:141-176. Göttingen: Verlag für Wissenschaft und Bildung.

Libros

Allegro, John M. 1970. *The Sacred Mushroom and the Cross: A Study of the Nature and Origins of Christianity Within the Fertility Cults of the Ancient Near East*. Garden City, N.Y.: Doubleday.

Barnard, G. William. 2011. *Living Consciousness: The Metaphysical Vision of Henri Bergson*. Albany: State University of Nueva York Press.

Bonny, Helen L. y Louis M. Savary. 2005 [1973]. *Music and Your Mind: Listening with New Consciousness*. New Braunfels, Tex.: Barcelona Publishers.

Brecht, Bertolt. 1966. *Galileo*. Traducido por Charles Laughton. Nueva York: Grove.

Brunton, Paul. 1935. *A Search in Secret India*. Nueva York: Dutton.

Bugental, James F. 1978. *Psychotherapy and Process*. Nueva York: McGraw-Hill.

Campbell, Joseph. 2008 [1949]. *The Hero with a Thousand Faces*. Segunda ed. San Francisco: New World Library.

Capra, Fritjof. 2000 [1975]. *The Tao of Physics: An Exploration of the Parallels Between Modern Physics and Eastern Mysticism*. Boston: Shambhala.

Clark, Walter H. 1969. *Chemical Ecstasy*. Nueva York: Sheed and Ward.

Cohen, Sidney. 1964. *The Beyond Within: The LSD Story*. Nueva York: Atheneum.

Eck, Diana L. 1993. *Encountering God: A Spiritual Journey from Bozeman to Banaras*. Boston: Beacon.

Ellens, J. Harold, ed. 2014. *Seeking the Sacred with Psychoactive Substances: Chemical Paths to Spirituality and to God*. Vols. 1-2. Santa Barbara: Praeger/ABC-CLIO.

Ellens, Harold y Thomas B. Roberts. 2015. *The Psychedelic Policy Quagmire: Voices on Intellect, Health, Religion, Multiculture, Freedom, and Law*. Westport, Conn.: Praeger/ABC-CLIO.

Fadiman, James. 2011. *The Psychedelic Explorer's Guide: Safe, Therapeutic and Sacred Journeys*. Rochester: Park Street Press.

Forman, Robert K.C., ed. 1990. *The Problem of Pure Consciousness: Mysticism and Philosophy*. Nueva York: Oxford University Press.
Fox, Matthew. 1983. *Original Blessing: A Primer in Creation Spirituality*. Santa Fe: Bear.
Goldsmith, Neal M. 2010. *Psychedelic Healing: The Promise of Entheogens for Psychotherapy and Spiritual Development*. Rochester: Healing Arts Press.
Goldstein, Joseph y Jack Kornfield. 1987. *Seeking the Heart of Wisdom: The Path of Insight Meditation*. Boston: Shambhala.
Grof, Stanislav. 1975. *Realms of the Human Unconscious: Observations from LSD Research*. Nueva York: Viking.
—. 2000. *Psychology of the Future: Lessons from Modern Consciousness Research*. Albany: State University of Nueva York Press.
—. 2005. *When the Impossible Happens: Adventures in Nonordinary Reality*. Louisville, Colo.: Sounds True.
—. 2006. *The Ultimate Journey: Consciousness and the Mystery of Death*. Ben Lomand, Calif.: Multidisciplinary Association of Psychedelic Studies.
—. 2010. *Holotropic Breathwork: A New Approach to Self-Exploration and Therapy*. Albany: State University of New York Press.
Gyatso, Tenzin (14.° Dalái Lama). 2005. *The Universe in a Single Atom: The Convergence of Science and Spirituality*. Nueva York: Morgan Road.
Heigl, Peter. 1980. *Mystik und Drogen-Mystik: Ein kritischer Vergleich*. Düsseldorf: Patmos.
Hesse, Herman. 1956. *Journey to the East*. Traducido por Hilda Rosner. Nueva York: Farrar, Straus and Giroux.
Hill, Scott J. 2013. *Confrontation with the Unconscious: Jungian Depth Psychology and Psychedelic Experience*. Londres: Muswell Hill Press.
Hofmann, Albert. 2009 [1983]. *LSD, My Problem Child: Reflections on Sacred Drugs, Mysticism and Science*. Traducido por Jonathan Ott. Sarasota: Multidisciplinary Association for Psychedelic Studies.
Holland, Julie, ed. 2001. *Ecstasy: the Complete Guide, a Comprehensive Look at the Risks and Benefits of MDMA*. Rochester, Vt.: Park Street Press, 2001.
Huxley, Aldous. 1945. *The Perennial Philosophy*. Nueva York: Harper.
—. 1963. *The Doors of Perception and Heaven and Hell*. Nueva York: Harper and Row.

—. 1999. Moksha: *Aldous Huxley's Classic Writings on Psychedelics and the Visionary Experience*. Editado por Michael Horowitz y Cynthia Palmer. Rochester: Inner Traditions/Bear.

Huxley, Laura A. 2000. *This Timeless Moment: A Personal View of Aldous Huxley*. Nueva York: Celestial Arts.

James, William. *The Varieties of Religious Experience*. Nueva York: Modern Library, 1902.

Jaspers, Karl. 1949. *The Perennial Scope of Philosophy*. Traducido por Ralph Manheim. Nueva York: Philosophical Library.

—. 1954. *Way to Wisdom*. Traducido por R. Manheim. New Haven: Yale University Press.

Josuttis, Manfred y Hanscarl Leuner, eds. 1972. *Religion und die Droge: Ein Symposion über religiöse Erfahrungen under Einfluß von Halluzinogenen*. Stuttgart: W. Kohlhammer.

Jungaberle, Henrik, Peter Gasser, Jan Weinhold y Rolf Verres, eds. 2008. *Therapie mit psychoaktiven Substanzen: Praxis und Kritik der Psychotherapie mit LSD, Psilocybin und MDMA*. Berna: Huber.

Kähler, Martin. 1964. *So Called Historical Jesus and the Historic Biblical Christ*. Traducido por Carl E. Braaten. Minneapolis: Augsburg Fortress, 1964.

Kelly, Edward F., E.W. Kelly, A. Crabtree, A. Gauld, M. Grosso y B. Greyson. 2007. *Irreducible Mind: Toward a Psychology for the 21st Century*. Lanham, Md.: Rowman and Littlefield.

Khan, Hazrat Inayat. 1996. *The Mysticism of Sound and Music*. Boston: Shambhala.

Kornfield, Jack. 2008. *The Wise Heart: A Guide to the Universal Teachings of Buddhist Psychology*. Nueva York: Bantam Dell.

Kuhn, Thomas. 2012 [1962]. *The Structure of Scientific Revolutions*. Chicago: University of Chicago Press.

Lattin, Don. 2010. *The Harvard Psychedelic Club*. Nueva York: Harper Collins.

Leary, Timothy. 1966. *Psychedelic Prayers After the Tao te Ching*. Herhonkson, N.Y.: Poets Press.

Leary, Timothy, Ralph Metzner y Richard Alpert. 1964. *The Psychedelic Experience: A Manual Based on the Tibetan Book of the Dead*. New Hyde Park, N.Y.: University Books.

Leneghan, Sean. 2011. *The Varieties of Ecstasy Experience: An Exploration of Person, Mind and Body in Sydney's Club Culture*. Saarbrücken: LAP Lambert.

Letcher, Andrew. 2007. *Shroom: A Cultural History of the Magic Mushroom*. Nueva York: Harper Collins.

Leuner, Hanscarl. 1981. *Halluzinogene: Psychische Grenzzustände in Forschung und Psychotherapie*. Berna: Hans Huber.

Maslow, Abraham H. 1964. *Religions, Values and Peak Experiences*. Columbus: Ohio State University Press.

—. 1966. *The Psychology of Science: A Reconnaissance*. Nueva York: Harper and Row.

—. 1968 [1962]. *Toward a Psychology of Being*. Segunda ed. Nueva York: Van Nostrand Reinhold.

Masters, Robert E.L. y Jean Houston. 1966. *The Varieties of Psychedelic Experience*. Nueva York: Dell.

McNamara, Patrick, ed. 2006. *Where God and Science Meet: The Psychology of Religious Experience*. Vol. 3. Westport, Conn.: Praeger.

Merkur, Dan. 2001. *The Psychedelic Sacrament: Mana, Meditation and Mystical Experience*. Rochester: Park Street Press.

Metzner, Ralph, ed. 1968. *The Ecstatic Adventure*. Nueva York: Macmillan.

—. 2006 [1999]. *Sacred Vine of Spirits: Ayahuasca*. Rochester: Park Street Press.

Narby, Jeremy. 1998. *The Cosmic Serpent: DNA and the Origins of Knowledge*. Nueva York: Tarcher.

—. 2005. *Intelligence in Nature: An Inquiry Into Knowledge*. Nueva York: Tarcher.

Newberg, Andrew B. y Eugene G. D'Aquilli. 2001. *Why God Won't Go Away: Brain Science and the Biology of Belief*. Nueva York: Ballantine.

Otto, Rudolf. 1958 [1932]. *The Idea of the Holy*. Nueva York: Galaxy.

Pahnke, Walter N. «Drugs and Mysticism: An Analysis of the Relationship Between Psychedelic Drugs and Mystical Consciousness». Tesis doctoral, Harvard University. Maps.org.

Passie, Torsten, Wilfried Belschner y Elisabeth Petrow, eds. 2013. *Ekstasen: Kontexte-Formen-Wirkungen*. Würtzburg, Ergon.

Paul, Russill. 2004. *The Yoga of Sound: Healing and Enlightenment Through the Sacred Practice of Mantra*. Novato, Calif.: New World Library.

Pollan, Michael. 2001. *The Botany of Desire: A Plant's Eye View of the World.* Nueva York: Random House.
Powell, Simon G. 2011. *The Psilocybin Solution.* Rochester: Inner Traditions/Bear.
—. 2012. *Darwin's Unfinished Business: The Self-Organizing Intelligence of Nature.* Rochester: Park Street Press.
—. 2015. *Magic Mushroom Explorer, Psilocybin and the Awakening Earth.* Rochester: Park Street Press.
Roberts, Thomas B., ed. 2006. *Psychedelic Horizons.* Exeter: Imprint Academic.
—. 2012 [2001]. *Spiritual Growth with Entheogens: Psychoactive Sacraments and Human Transformation.* Rochester: Park Street Press.
—. 2013. *The Psychedelic Future of the Mind: How Entheogens Are Enhancing Cognition, Boosting Intelligence, and Raising Values.* Rochester: Park Street Press.
Ruck, Carl A.P. 2006. Sacred Mushrooms of the Goddess: Secrets of Eleusis. Berkeley: Ronin.
Sessa, Ben. 2012. *The Psychedelic Renaissance: Reassessing the Role of Psychedelic Drugs in 21st Century Psychiatry and Society.* Londres: Muswell Hill Press.
Shannon, Benny. 2010. *The Antipodes of the Mind: Charting the Phenomenology of the Ayahuasca Experience.* Londres: Oxford University Press.
Shroder, Tom. 2014. *Acid Test: LSD, Ecstasy, and the Power to Heal.* Nueva York: Blue Rider.
Shulgin, Alexander y Ann Shulgin. 1991. *PIHKAL: A Chemical Love Story.* Berkeley: Transform.
—. 1997. *TIHKAL: The Continuation.* Berkeley: Transform.
Sinnott, Edmund W. 1957. *Matter, Mind and Man.* Nueva York: Harper/Atheneum.
Smith, Huston. 1976. *Forgotten Truth: The Primordial Tradition.* Nueva York: Harper and Row.
—. 1989 [1982]. *Beyond the Post-Modern Mind.* Wheaton, Ill.: Theosophical Publishing.
—. 2000. *Cleansing the Doors of Perception: The Religious Significance of Entheogenic Plants and Chemicals.* Nueva York: Tarcher/Putnam.

—. 2001. *Why Religion Matters: The Fate of the Human Spirit in an Age of Disbelief*. Nueva York: HarperSanFrancisco/Harper Collins.
Smith, Huston y Jeffrey Paine. 2009. *Tales of Wonder: Adventures Chasing the Divine*. Nueva York: HarperOne, 2009.
Smith, Huston y R. Snake. 1996. *One Nation Under God: The Triumph of the Native American Church*. Santa Fe: Clear Light.
Stace, Walter T. 1960. *Mysticism and Philosophy*. Philadelphia: J.B. Lippincott.
Stamets, Paul. 1996. *Psilocybin Mushrooms of the World: An Identification Guide*. Berkeley: Ten Speed.
—. 2005. *Mycelium Running: How Mushrooms Can Help Save the World*. Berkeley: Ten Speed.
Stevenson, Ian. 1980 [1974]. *Twenty Cases Suggestive of Reincarnation*. Charlottesville: University of Virginia Press.
Strassman, Rick. 2001. *DMT: The Spirit Molecule*. Rochester: Park Street Press.
—. 2014. *DMT and the Soul of Prophecy: A New Science of Spiritual Revelation in the Hebrew Bible*. Rochester: Park Street Press.
Strassman, Rick, Slawek Wojtowicz, Luis Eduardo Luna y Ede Frecska. 2008. *Inner Paths to Outer Space: Journeys to Alien Worlds Through Psychedelics and Other Spiritual Technologies*. Rochester: Park Street Press.
Teasdale, Wayne. 1999. *The Mystic Heart*. Novato, Calif.: New World Library.
Teilhard de Chardin, Pierre. 1961. *Hymn of the Universe*. Nueva York: Harper.
—. 1965 [1959]. *The Phenomenon of Man*. Nueva York: Harper.
Tillich, Paul. 1952. *The Courage to Be*. New Haven: Yale University Press.
—. 1955. *Biblical Religion and the Search for Ultimate Realty*. Chicago: University of Chicago Press.
—. 1966. *The Future of Religions*. Editado por Jerald C. Brauer. Nueva York: Harper and Row.
Wasson, Robert Gordon, Albert Hofmann y Carl A.P. Ruck. 1998 [1978]. *The Road to Eleusis: Unveiling the Secret of the Mysteries*. Los Ángeles: William Dailey Rare Books.
Wasson, Robert Gordon, Stella Kramrisch, Jonathan Ott y Carl A.P. Ruck. 1986. *Persephone's Quest: Entheogens and the Origins of Religion*. New Haven: Yale University Press.
Watts, Alan. 1962. *The Joyous Cosmology*. Nueva York: Pantheon.

Documentales

Aya Awakenings: A Journey of Shamanic Discovery. 2013. Dir. Rak Razam, Icaro. www.aya-awakenings.com/watch

Dirty Pictures. 2010. Dir. Etienne Sauret. Turn of the Century Pictures/Isis Films. www.dirtypicturesthefilm.com. www.youtube.com/watch?v=f5q1bBVzDpc

DMT: The Spirit Molecule. 2010. Dir. Mitch Schultz. Spectral Alchemy Productions. *From Inspiration to Transformation (The Creation of Guided Imagery and Music, and Invited by Music)*. 2008. Prod. Eric Bonny y Marilyn F. Clark. Bonny Institute.

Hofmann's Potion. 2002. Dir. Connie Littlefield. Prod. Kent Martin. Atlantic Studio. Film Board of Canada. www.youtube.com/watch?v=4uxvwiwY2OU

LSD: Documentary on Psychedelic Drugs. 2009. Prod. Caragol Wells. Explorer Series. National Geographic Television. www.youtube.com/watch?v=3aZre1Liboo

Manna-Psilocybin Mushroom Inspired Documentary. 2003. Prod. y dir. por Simon G. Powell. Eco-Shamanic Media. www.youtube.com/watch?v=_xfe7g-3Xuk

Neurons to Nirvana: Understanding Psychedelic Medicines. 2013. Dir. Oliver Hockenhull. Mangu TV. www.mangu.tv/node/1945

Neurons to Nirvana: The Great Medicines. 2014. Dir. Oliver Hockenhull. Moksha Media. www.thegreatmedicines.com

A New Understanding: The Science of Psilocybin. 2014. Dir. Roslyn Dauber. Prod. Robert Barnhart.

Psychedelic Mysticism: Walter Pahnke and the Good Friday Experiment. 2015. Dir. Susan Gervasi. Lazy G Films. www.lazygfilms.net

Science and Sacraments: Psychedelic Research and Mystical Experiences. 2012. Betsy Gordon Foundation. Prod. Elgin Productions. Psychoactive Substances Research Collection, Purdue University Libraries Archives. www.ScienceandSacraments.com

Lista de reproducción de la música empleada durante la investigación de los efectos de la psilocibina realizada en la Johns Hopkins (versión de 2008)

Investigación sobre estados de conciencia

WILLIAM A. RICHARDS Y BRIAN D. RICHARDS

Secuencia: compositor, fuente de la grabación, selección y duración.

Antonio Vivaldi. *Guitar Concerti*. Los Romeros, Iona Brown, Academy of St. Martin in the Fields. Philips 412-624-2
Andante, concierto RV532 en sol mayor para dos mandolina, cuerdas y órgano, 3:30
Largo, concierto RV93 en re mayor para guitarra, cuerdas y órgano, 3:53
Largo, concierto RV356 en la menor, 2:20

Paul Horn. *Inside the Taj Mahal*. Kuckuck 11062-2
«Mumtaz Mahal», 3:21
«Shah Jahan», 5:36

Ron Korb. *Flute Traveller: A Musical Journey Across Five Continents*. Oasis productions, SOCAN NHCD 205
«Flauta alto», 2:16

Russill Paul. *PM Yoga Chants Gaiam*. Relaxation 3142. CD incluido en el libro *The Yoga of Sound*. Novato, Calif.: New World library, 2004
«By the stream», 10:54
«Om Namah Shivaya», 2:27

Edward Elgar. *Enigma Variations*. Leonard Bernstein. BBC Symphony. The Artist's Album. DGG 457 691-2
N.º 9, «Nimrod», 6:08

Morten Lauridsen. *A Robert Shaw Christmas: Angels On High*. Robert Shaw. Shaw Chamber Singers. Telarc20 CD-80461
«O Magnum Mysterium», 6:13

Russian Orthodox Chant. *Sacred Treasures III, Hearts of Space*. St. Petersburg Chamber Choir, 025041111423
«Alleluia, mirad al novio», 5:29

Henryk Górecki. *Sinfonía 3, Op*. 36 Dawn Upshaw. David Zinman. London Sinfonietta. Elektra Nonesuch 9 79282-2
lento-sostenuto tranquillo ma cantabile, 26:25

Johannes Brahms. *Ein Deutsches Requiem, Op. 45*. Herbert Blomstedt, San Francisco Symphony and Chorus. London 443 771-2
«Selig sind Die, da Leid tragen», 10:36
«Denn alles Fleish, es ist wie Gras», 14:33

Johannes Brahms. Sinfonía 2 en re mayor, Op. 73. Leonard Bernstein. New York Philharmonic. Sony. SK 61829
Adagio non troppo, 10:08

Johannes Brahms. *Ein Deutsches Requiem*, Op. 45. Herbert Blomstedt. San Francisco Symphony and Chorus. London 443 771-2
«Wie lieblich sind Deine Wohnungen», 5:34

J.S. Bach. *Misa en si menor*. Robert Shaw. Atlanta Symphony and Chamber Chorus. Telarc CD-80233
Kyrie I, 10:21
Kyrie II, 4:24

Lista de la música empleada

Samuel Barber. *Cuarteto de cuerda, Opus II*. Leonard Bernstein. New York Philharmonic. Sony SMK 63088
Adagio para cuerda, 9:54

Antonio Vivaldi. *Gloria en re mayor, R589*. Robert Shaw. Atlanta Symphony and Chamber Chorus. Telarc CD-80194
«Gloria in excelsis», 2:22
«Et in terra pax», 5:58

J.S. Bach. *Bach Stokowski*. Leopold Stokowski. EMI CDM 7243 5 66385 2 5
«Komm süsser Tod», BMV 478, 5:51

W.A. Mozart. *Vesperae solennes de confessore, K/KV339*. Kiri Te Kanawa. Sir Colin Davis. London Symphony and Chorus. Philips 412 873-2
«Laudate Dominum», 5:11

Johannes Brahms. *Concierto para violin y orquesta en re mayor, Op. 77*. Jascha Heifetz. Fritz Reiner. Chicago Symphony. HMG 09026- 61742-2
Adagio, 8:12

Henryk Górecki. *Sinfonía 3, Op. 36*. Dawn Upshaw. David Zinman. London Sinfonietta. Elektra Nonesuch 9 79282-2
Lento e largo-tranquillissimo, 9:22

Edward Elgar. *Serenata para orquesta de cuerdas, Op. 20*. Mark Elder. Hallé Symphony. CDHLL 7501
larghetto, 6:29

Gabriel Fauré. *Requiem, Op. 48*. Coro del colegio St. John. Cambridge. George Guest. London 436 486-2
«In Paradisum», 3:41

W.A. Mozart, Concierto para clarinete en la Major, KV 622. Jacques lancelot. Jean-François Paillard. Orchestra de Chambre Jean-François Paillard. Erato 2292-45978-2
Adagio, 7:04

Arvo Pärt. *Sanctuary*. Richard Studt. Bournemouth Sinfonietta. Virgin Classics. CSC 7243 5 45314 2 2
«Cantus in Memory of Benjamin Britten», 6:10

Bohuslav Matéj Cernohorsky. *Cernohorsky Religious Works*. Czech Madrigal Singers. Frantisek Xaver Thuri. Gioia Della Musica. Supraphon 11 1598-2 931
«Quare Domine, Iraceris-Memento Abraham», 8:58

Ludwig van Beethoven. *Piano Concerto 5 (Emperor), Op. 73*. Leon Fleisher. George Szell. Cleveland Orchestra. Sony SBK 46549
Adagio un Poco Moto, 8:25

Charles Gounod. *St. Cecelia Mass*. Barbara Hendricks. Georges Prêtre. French Radio New Philharmonic. EMI, CDC 7 47094 2
Sanctus, 5:18
Benedictus, 3:16

Russill Paul. *The Yoga of Sound, Shakti Yoga*. Relaxation, CD 3133
«Om Namah Shivaya», 17:35

Richard Wagner. *Tristán e Isolda*. Jesús López-Cobos. Cincinnati Symphony. Telarc CD-80379
prelude and liebestod, 17:24

W.A. Mozart. *Grosse Messe C-Moll*. Leonard Bernstein. Chor und Symphonie-Orchester des Bayerischen Rundfunks. Deutsche Grammaphon 431 791-2
«Ave Verum corpus», KV618 3:56

Gustav Mahler. *Symphony 5.* Lorin Maazel. Vienna Philharmonic. Sony SBK 89850
Adagietto, Sehr Langsam, 10:33

Alan Hovhaness. *Symphony 2, Op. 132: Mysterious Mountain.* Gerard Schwarz. Royal Liverpool Philharmonic. Telarc 80604
Andante con Moto, 7:42

Joseph Canteloube. *Songs of the Auvergne.* Dawn Upshaw. Kent Nagano. Orchestre de l'Opèra National de Lyon. Erato 0630-17577-2
«Bailèro», 5:36
«perl'èfon», 3:09

Richard Strauss. *Death and Transfiguration.* André Previn. Vienna Philharmonic. Telarc CD-80167
Moderato, 2:20
tranquillo, 6:03

Russill Paul. *The Yoga of Sound, Nada Yoga.* Relaxation cd 3133
«evening shadows fall», 23:29

J.S. Bach. Bach Stokowski. Leopold Stokowski. CDM 7243 5 66385 2 5 Pasacalle y Fuga en do menor, BMV 582, 14:51

Enya. *Watermark.* Reprise 9 26774-2
«storms in Africa II», 2:59

Ladysmith Black Mambazo. *Shaka Zulu.* Warner Brothers Collection. Rhino/WEA 081227998622
«king of kings», 4:07

Adiemus. *Pure Moods.* Virgin 724384218621
«Adiemus», 3:59

John Lennon. *The John Lennon Collection*. Abbey Road Capitol 077774644624
    «Here Comes the Sun», 3:03

Gipsy Kings. *Mosaique*. Nonsuch 075596089227
    «Caminando por la calle», 4:22

Mercedes Sosa. Polygram International, serie Millennium, 042283231429
    «Gracias a la vida», 4:22

Leontyne Price. *The Essential Leontyne Price: Spirituals, Hymns, and Sacred Songs*. RCA 090266815722
    «Swing Low, Sweet Chariot», 3:24

Louis Armstrong. *What A Wonderful World*. Intercontinental 600 607707405826
    «What a Wonderful World», 2:21

editorial **K**airós

Puede recibir información sobre
nuestros libros y colecciones inscribiéndose en:

www.editorialkairos.com
www.editorialkairos.com/newsletter.html

Numancia, 117-121 • 08029 Barcelona • España
tel. +34 934 949 490 • info@editorialkairos.com

¿Por qué donar?

Multidisciplinary Association for Psychedelic Studies (MAPS) es una organización educativa y de investigación sin fines de lucro fundada en 1986 destinada a la creación de entornos médicos, legales y culturales para que la gente pueda beneficiarse del empleo cuidadoso de los psicodélicos y la marihuana. Los lectores interesados en este tema pueden encontrar más detalles al respecto en maps.org.

Entre sus objetivos cabe destacar:

- El desarrollo de psicodélicos y marihuana medicinal a los que pueda accederse con prescripción médica.
- La formación de terapeutas y el establecimiento de una red de centros de tratamiento.
- Alentar la investigación científica de la espiritualidad, la creatividad y la neurociencia.
- Educar adecuadamente al público sobre los riesgos y los beneficios de los psicodélicos y la marihuana.

La donación contribuye a la creación de un mundo en el que sea posible el acceso con receta a psicodélicos y marihuana para uso médico que puedan ser empleados de forma legal y segura para el crecimiento personal, la creatividad y la espiritualidad. Las donaciones son deducibles de impuestos y pueden realizarse mediante tarjeta de crédito o un cheque personal a nombre de MAPS. También son bienvenidas las donaciones de acciones y animamos a los interesados a incluir a MAPS en su testamento o planificación patrimonial (maps.org/bequests).

MAPS se toma muy en serio la privacidad. Nuestra lista de correo electrónico es estrictamente confidencial y no se comparte con otras organizaciones. El boletín mensual de MAPS se envía en un sobre neutro.

Suscríbase a nuestro boletín por correo electrónico en maps.org.

3141 Stevens Creek Blvd #40563
San Jose, CA 95117
Tel.: 831-429-MDMA (6362). Fax: 831-429-6370
Email: askmaps@maps.org
Web: maps.org | psychedelicscience.org

Libro publicado gracias al apoyo de Jonas Di Gregorio y Kristina Soriano, asesores de la Psychedelic Literacy Fund

Psychedelic
Literacy
Fund

Psychedelic Literacy Fund es una iniciativa filantrópica destinada a financiar la traducción a distintos idiomas de libros, ebooks y audiolibros sobre terapia psicodélica. El fondo está gestionado por RSF Social Finance, una institución financiera sin ánimo de lucro con sede en San Francisco (California).

La creación de este fondo se debe al interés y la pasión de Jonas Di Gregorio y Kristina Soriano por los libros y terapias psicodélicas y a su conciencia de las dificultades a las que se enfrentan principalmente quienes no hablan inglés para encontrar información fidedigna sobre estos temas. Estos libros son, para muchas personas, el único medio con que cuentan para conocer los beneficios y los riesgos que acompañan a dichas terapias. El Psychedelic Literacy Fund aspira a eliminar las barreras lingüísticas para que personas de todo el mundo puedan acceder a este tipo de contenidos.

Desde una perspectiva global, la integración en la sociedad de información fiable sobre el potencial de los psicodélicos como herramienta de curación es muy importante, especialmente en un momento como este en el que la psicoterapia psicodélica está empezando a legalizarse.

Los fundadores del Psychedelic Literacy Fund están abiertos a la posibilidad de crear nuevas asociaciones con editores, autores, agentes literarios y traductores que se comprometan a difundir este precioso contenido al público en general.

Su donación contribuirá a que personas de todo el mundo puedan acceder a libros sobre terapias psicodélicas en su lengua materna. Estas donaciones son deducibles de impuestos según lo permitido por la ley y pueden realizarse mediante cheque, tarjeta de crédito o transferencia bancaria. RSF Social Finance acepta donaciones en todas las monedas, incluidos Bitcoins y otras criptomonedas.

RSF Social Finance forma parte de la Rudolf Steiner Foundation y «ofrece la posibilidad de que las personas adapten sus donaciones a sus valores» y contribuyan a «crear un mundo en el que el dinero se base en una economía basada en la generosidad y la interconexión y se halle al servicio de las intenciones más elevadas del espíritu humano».

Los lectores interesados pueden encontrar más información al respecto en https://psychedelicliteracy.org